annabrevet

SUJETS et CORRIGÉS 2020

L'Intégrale 3

Français
Christine Formond • Louise Taquechel

Maths
Emmanuelle Michaud • Bernard Demeillers

Histoire-géo EMC
Christophe Clavel • Jean-François Lecaillon

Sciences et technologie
Sonia Madani • Nadège Jeannin • Nicolas Nicaise

Épreuve orale
Cécile Gaillard • Gaëlle Perrot • Isabelle Provost
Laure Péquignot-Grandjean • Hélène Ricard
Matthieu Verrier

Achevé d'imprimer
Par Maury imprimeur à Malesherbes - France
Dépôt légal 05250-5/01 - Août 2019

ISSN 1168-3791 ISBN 978-2-401-05250-5

Hatier

L'Intégrale

Comment utiliser ton Annabrevet 2020 ?

Cela dépend de ton objectif

MON

1

Comprendre le déroulement de **l'épreuve**

- Infos ➔ pages 12 à 16
- Conseils ➔ pages 17 à 25

2

M'entraîner sur toutes les matières du **programme**

■ **en français**
➔ sujets **1** à **8**

■ **en maths**
➔ sujets **9** à **41**

■ **en histoire-géo et EMC**
➔ sujets **42** à **59**

■ **en sciences et technologie**
➔ sujets **60** à **70**

■ **pour l'épreuve orale**
➔ sujets **71** à **79**

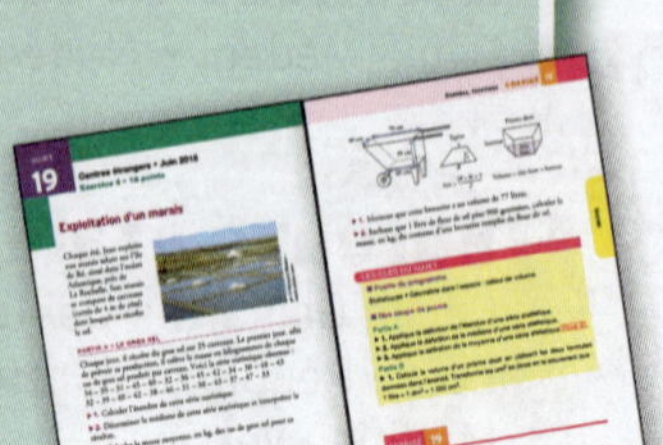

3 Consolider mes **connaissances**

- en français
  → fiches **1** à **10**
- en maths
  → fiches **11** à **22**
- pour l'épreuve orale
  → fiches **23** à **30**

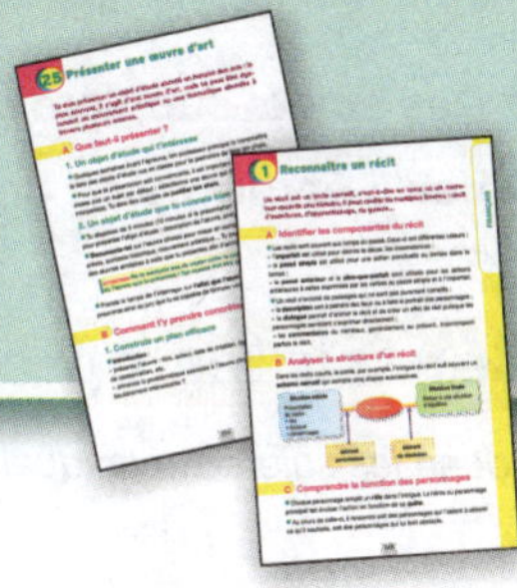

OBJECTIF

4 Me mettre dans les **conditions de l'examen** et faire des sujets complets

- Français → sujet **1**
- Maths → sujet **9**
- Histoire-géo et EMC → sujets **42** à **44**
- Sciences et technologie → sujets **60** et **61**

Connecte-toi sur www.annabac.com

Grâce à cet ouvrage, accède gratuitement à plein de ressources complémentaires – podcasts, quiz, vidéos, sujets corrigés –, dans toutes les matières.

Pour profiter de cette offre, rends-toi dans la rubrique « Vous avez acheté un ouvrage Hatier ? »

SOMMAIRE

Tout ce que tu dois savoir sur...

Réussir les épreuves

Coche les sujets sur lesquels tu t'es entraîné.

Français

VISIONS POÉTIQUES DU MONDE

PROGRÈS ET RÊVES SCIENTIFIQUES

Maths

SUJET DE FRANCE MÉTROPOLITAINE 2019

NOMBRES ET CALCULS

ORGANISATION ET GESTION DE DONNÉES, FONCTIONS

SOMMAIRE

GRANDEURS ET MESURES

ESPACE ET GÉOMÉTRIE

ALGORITHMIQUE ET PROGRAMMATION

Histoire, géographie et EMC

Exercice 1 : Analyser un document • Exercice 2 : Maîtriser les différents langages

SUJETS DE FRANCE MÉTROPOLITAINE 2019

SOMMAIRE

HISTOIRE

GÉOGRAPHIE

EMC

Sciences et technologie

Oral

Le mémo du brevet

• Coordination éditoriale : Grégoire Thorel et Anaïs Goin assistés de Cloé Bineau et de Luce Valli
• Édition : Jean-Marc Cheminée et Clothilde Diet
• Graphisme : Tout pour plaire et Dany Mourain
• Maquette : Hatier et Nadine Aymard
• Infographie : STDI, Coredoc et Vincent Landrin
• Cartographie : STDI
• Illustration : Juliette Baily
• Mise en page : STDI

Des sujets supplémentaires

sur annabac.com

Complétez vos révisions avec cette sélection de sujets en accès gratuit.

- **Rendez-vous sur le site www.annabac.com.**
- **Saisissez le titre du sujet dans le moteur de recherche.**
- **D'un clic, vous affichez le corrigé.**

Français

80 **Se raconter, se représenter** • Une inégale répartition des tâches
81 **Dénoncer les travers de la société** • Une fuite dans l'imaginaire
82 **Agir dans la cité** • Une fois cyclone passé…

Maths

83 **Organisation et gestion de données, fonctions** • La fréquence cardiaque
84 **Grandeurs et mesures** • Vitesse d'un TGV passant en gare
85 **Espace et géométrie** • Les pentes

Histoire-géographie EMC

86 **Géographie** • Mobilités et croissance des aires urbaines
87 **EMC** • Le vote, droit et devoir civique

Sciences et technologie

88 **Physique-chimie** • Voyage à bord d'un voilier écologique
89 **SVT** • La transition énergétique

D'autres ressources sur annabac.com

Avec ce livre, accédez à des ressources dans toutes les matières :

FICHES DE COURS — PODCASTS DE RÉVISION — EXERCICES — AUTRES SUJETS

Pour profiter de cette offre, reportez-vous au mode d'emploi de la page 3.

Tout ce que tu dois savoir sur…

Les 5 épreuves du brevet

1 Comment s'organise le brevet ?

Le brevet comprend quatre épreuves écrites – en français, en maths, en histoire-géographie EMC et en sciences – et une épreuve orale (voir fiche 10).

A Les épreuves écrites de français et de maths

Notées chacune sur **100 points**, les épreuves écrites de français et de mathématiques sont les épreuves majeures de l'examen.

1. L'épreuve de français (3 heures)

● Elle est structurée en trois temps :

1. Tu dois d'abord répondre à des **questions** sur un texte littéraire et sur une image (1 h 10). L'une des questions, généralement sur 10 points, est un exercice de réécriture.

2. Puis une **dictée** de 600 signes environ (20 minutes) t'est proposée.

3. L'épreuve se termine par une **rédaction** (1 h 30). Tu as le choix entre deux sujets : un sujet de réflexion et un sujet d'imagination.

● Les réponses aux questions sont notées sur 50 points ; la dictée, sur 10 points ; la rédaction, sur 40 points.

Épreuve de FRANÇAIS

DESCRIPTIF

- 3 heures
- 100 points
- 3 parties :
  - travail sur un texte et une image
  - dictée
  - rédaction

MÉTHODE

1. Lisez plusieurs fois le sujet avant de répondre aux questions.
2. Préparez votre rédaction au brouillon (environ 45 min).
3. Gardez du temps pour relire l'ensemble de votre devoir (environ 15 min).

CONSEILS

- Pendant l'année, repérez les fautes d'orthographe que vous faites souvent pour les corriger lors de la relecture.
- Soignez votre écriture pour faciliter le travail du correcteur !

▶ **Plus d'informations dans les fiches 4, 5 et 6.**

2. L'épreuve de maths (2 heures)

● Le sujet est constitué de **six à huit exercices** indépendants les uns des autres. Certains prennent la forme de questionnaires à choix multiple (QCM) ; les autres proposent des questions ouvertes. Les énoncés peuvent s'appuyer sur des situations de la vie courante ou sur d'autres disciplines.

> INFO **Le sujet comprend en général au moins un exercice d'algorithmique.**

● L'**évaluation** valorise la clarté et la précision des raisonnements ainsi que la qualité de la rédaction mathématique. Si tu ne termines pas un exercice, les démarches engagées seront prises en compte dans la notation.

Épreuve de MATHS

DESCRIPTIF

- 2 heures
- 100 points
- 6 à 8 exercices

MÉTHODE

1. Survolez l'intégralité du sujet.
2. Commencez par les exercices qui vous semblent les plus faciles.
3. Justifiez et rédigez toutes vos réponses (sauf pour les QCM).

CONSEILS

- Quand vous développez un calcul, passez à la ligne pour chaque étape et encadrez le résultat.
- Vos figures doivent être précises, soignées et bien codées.

▶ **Plus d'informations dans la fiche 7.**

B Les deux autres épreuves écrites

Le brevet comprend également deux épreuves écrites notées chacune sur **50 points**, portant :
– l'une sur le programme d'histoire-géographie et d'enseignement moral et civique (EMC) ;
– l'autre sur le programme de physique-chimie, de SVT et de technologie.

1. L'épreuve d'histoire-géo et EMC (2 heures)

Le sujet comprend **trois exercices** : un dans chaque domaine.

1. Le premier exercice (en histoire ou en géographie) porte sur la compréhension, l'analyse et l'interprétation d'un corpus documentaire.

2. Le deuxième exercice (en géographie ou en histoire) appelle un développement rédigé et – le cas échéant – un travail graphique.

3. Le troisième exercice porte sur le programme d'EMC.

Épreuve d'HISTOIRE-GÉO. EMC

DESCRIPTIF

2 heures

50 points

3 exercices
- d'histoire
- de géographie
- d'EMC

MÉTHODE

1. Répondez de manière claire et concise aux premières questions portant sur le(s) document(s).

2. Organisez votre développement construit en 2 ou 3 paragraphes.

3. En EMC, essayez de vous projeter dans la situation pratique décrite.

CONSEIL

Pendant l'année, apprenez régulièrement les repères temporels et spatiaux pour pouvoir réaliser la tâche graphique (frise chronologique, schéma, carte).

▶ **Plus d'informations dans la fiche 8.**

2. L'épreuve de sciences et technologie (1 heure)

● Cette épreuve porte sur **deux des trois disciplines** suivantes : physique-chimie ; sciences de la vie et de la Terre ; technologie.

INFO Les matières sont tirées au sort chaque année.

● Le sujet se compose, pour chaque discipline, d'un ou de plusieurs exercices d'une durée totale de 30 minutes.

Épreuve de SCIENCES
(SVT, physique-chimie,technologie)

DESCRIPTIF

- 1 heure
- 50 points
- Exercices se rapportant à 2 des 3 matières

MÉTHODE

1. Lisez attentivement tous les documents.
2. Pour les questions ciblées, identifiez précisément les informations demandées.
3. Pour les questions de synthèse, choisissez bien vos arguments et faites apparaître les étapes de votre raisonnement.

CONSEIL

Soignez la présentation et la rédaction : elles comptent dans la notation de l'épreuve.

▶ **Plus d'informations dans la fiche 9.**

2 À quelle condition obtient-on son brevet ?

Pour obtenir le diplôme du brevet, il faut qu'en ajoutant les points du contrôle continu et ceux des épreuves finales, tu totalises au moins 400 points sur 800.

A Le décompte des points

1. Les points du contrôle continu

- À la fin de l'année, sur la base du travail effectué en cours, tes professeurs se réunissent pour évaluer ton degré de maîtrise des huit composantes du socle commun de connaissances et de compétences. Pour chaque composante, le barème ci-contre est appliqué :

Degré de maîtrise	Nombre de points
Maîtrise insuffisante	10 points
Maîtrise fragile	25 points
Maîtrise satisfaisante	35 points
Très bonne maîtrise	50 points

- Tu peux alors obtenir au maximum 8 × 50, soit **400 points**, si tu as une très bonne maîtrise des huit composantes du socle.

INFO Des points supplémentaires sont accordés aux candidats ayant suivi un enseignement de complément, selon le niveau acquis.

2. Les notes obtenues lors des cinq épreuves finales

- À ces points s'ajoutent les notes obtenues aux épreuves finales, selon ce système de notation :
- En additionnant les cinq notes maximales, on arrive également à un total de **400 points**.

Épreuve	Notation sur…
Français	100 points
Maths	100 points
Histoire-géo EMC	50 points
Sciences	50 points
Épreuve orale	100 points

B Le diplôme et les mentions

- Pour obtenir ton brevet, il te suffit d'avoir **400 points sur 800**.
- Des mentions sont décernées selon cette règle :

Mention	Note
Assez bien	au moins 480 points
Bien	au moins 560 points
Très bien	au moins 640 points

3 Comment te préparer à l'examen ?

Les épreuves finales du brevet constituent ton premier examen. Cela peut générer du stress. Mais, si tu es en bonne forme et que tu as travaillé régulièrement tout au long de l'année, tu n'as aucune raison de t'inquiéter.

A De manière générale

1. La préparation physique

- Il est recommandé de **dormir correctement** dans les deux derniers mois avant l'examen. Le manque de sommeil risque en effet de réduire tes performances intellectuelles.
- Pour mieux gérer ton stress, continue de **faire du sport**, sans excès, dans les jours qui précèdent l'examen.

2. La préparation intellectuelle

Cette préparation-là s'effectue tout au long de l'année.

- En premier lieu, sois **attentif en cours**.
- **Apprends tes leçons** au fur et à mesure ; n'attends pas le contrôle. Donne du sens à ce que tu apprends : n'hésite pas à expliquer, à l'oral ou à l'écrit, le contenu de ta leçon à un proche ou à un camarade de classe.
- Lors de la préparation d'un contrôle, entraîne-toi à **extraire de ta mémoire** ce que tu y as mis. Révise pour de vrai !

> ATTENTION ! **Réviser n'est pas seulement relire. Il faut reformuler mentalement ce que tu lis et, si possible, par écrit, devant une feuille blanche.**

B Dans chaque discipline

- En **mathématiques et en sciences**, fais une fiche de révision par chapitre : note les définitions et les propriétés à connaître, illustrées par des exemples rédigés.
- En **français**, prends le temps nécessaire pour lire attentivement les textes qu'on te donne à lire à la maison (sous forme d'extraits ou d'œuvres complètes).
- En **histoire, géographie et EMC**, pour chaque chapitre, note les points principaux en t'appuyant sur ton cours ou ton manuel.

4 Comment réussir les questions de français ?

Les questions portent sur un texte d'une trentaine de lignes, d'un auteur de langue française, et sur un document iconographique.

A Comprendre les documents

1. Le texte

- **Lis deux ou trois fois** le texte. Identifie son **genre** : récit, théâtre, poésie… Mobilise tes connaissances sur l'auteur, si tu le connais, et sur l'époque de parution du livre (la date est toujours indiquée).
- Dans le cas d'un texte narratif, repère les personnages, le lieu et l'époque de l'action. S'agit-il d'un récit à la 1re personne ? à la 3e personne ?

2. L'image

- Regarde attentivement le document iconographique.
- Interroge-toi : quel élément permet de faire le lien avec le texte ?

B Traiter les questions de grammaire

- Lis l'ensemble des questions avant de répondre. Elles suivent une progression : il est donc recommandé de les traiter **dans l'ordre**.
- Les questions de grammaire portent sur des éléments précis : un mot, une phrase, un verbe, une figure de style… Elles appellent en général des **réponses assez brèves**, mais qui doivent être **justifiées**.

> ATTENTION ! **Toutes tes réponses doivent être rédigées.**

- Pour la réécriture, veille à bien faire toutes les transformations orthographiques impliquées par le changement initial. **Souligne les mots à modifier** : verbes, noms et adjectifs, pronoms, déterminants possessifs, etc. Attention également aux mots qui ne changent pas : toutes les fautes de copie sont pénalisées !

C Traiter les questions de compréhension

- Regarde bien le **barème** de chaque question : plus le nombre de points est élevé, plus ta réponse doit être longue et argumentée.
- Les dernières questions te demandent de faire le bilan (visée de l'auteur, intérêt du texte) et de confronter le texte et l'image. Prends appui sur les documents pour détailler ta réponse et **justifier ton point de vue**.

> CONSEIL **Pour toutes tes réponses, rédige de manière simple et claire, et pense à citer le texte.**

5 Comment réussir la dictée ?

Le texte de la dictée, de 600 signes environ, a toujours un rapport avec le texte initial : même œuvre, même auteur ou même thème.

A Écouter

- Lors de la première lecture, concentre-toi sur le **sens** du texte et repère ses difficultés. Demande-toi si le récit est à la 1re ou à la 3e personne.

> INFO **La dictée est lue au total trois fois.**

- Identifie le type du texte et le **temps dominant** : généralement, imparfait et passé simple pour un récit, présent ou imparfait pour une description.

B Écrire

1. Les verbes

- Fais attention aux temps qui, à l'oral, peuvent se confondre :
- participe passé et infinitif des verbes du 1er groupe (*aimé/aimer*) ;
- imparfait et passé simple (*je marchais/je marchai*) ;
- futur et conditionnel présent (*je partirai/je partirais*).
- Pour les différencier, **change de personne** : *il partira / il partirait*.

2. Les chaînes d'accord

- Repère le sujet de chaque **verbe** pour savoir comment accorder celui-ci.
- Pour chaque **adjectif**, demande-toi à quel **nom** il se rapporte pour l'accorder correctement en genre et en nombre.
- N'oublie pas d'accorder les **participes passés** qui doivent l'être.

3. Les homophones

Sois attentif à bien distinguer les homophones : *ou/où*, *quand/qu'en*, *c'est/s'est*… Identifie leur **classe grammaticale** pour ne pas te tromper.

> CONSEIL **Essaie de retrouver l'orthographe des mots que tu ne connais pas à partir de mots formés sur le même radical.**

C Se relire

- Effectue plusieurs relectures, en te concentrant à chaque fois sur **un point précis** : l'accord sujet-verbe ; les homophones, etc.
- Vérifie que tes phrases commencent par une majuscule, forme correctement les accents et rends ton écriture la plus **lisible** possible.

6 Comment réussir la rédaction ?

Tu as le choix entre un sujet de réflexion et un sujet d'imagination. Tous deux portent sur la même thématique que les documents distribués dans la première partie de l'épreuve.

A Comprendre le sujet

Lis les deux sujets et choisis rapidement celui que tu veux traiter.

1. Le sujet de réflexion

- On te demande d'exprimer **ton avis** sur une question précise. Tu dois écrire un texte à dominante **argumentative** en justifiant ton point de vue.
- Le plus souvent, il s'agit d'écrire un petit essai. On peut aussi te demander de développer une argumentation dans une lettre ou sous forme de dialogue.

2. Le sujet d'imagination

- Il peut s'agir d'écrire la suite d'un récit, de raconter la même scène en changeant de point de vue ou d'imaginer une autre scène sur le même thème. On pourra également te demander de **raconter une expérience personnelle**, en précisant les sentiments que tu as éprouvés à cette occasion.

> CONSEIL **Pense à enrichir tes récits par des descriptions et des dialogues, même lorsque les consignes ne le précisent pas.**

- La consigne t'indique clairement le **type de texte** attendu : texte essentiellement narratif, lettre, récit avec passages dialogués…

B Travailler au brouillon

- Accorde **45 minutes** à cette étape.
- Pour un **sujet de réflexion**, contente-toi d'écrire au brouillon le plan et les idées principales de chaque paragraphe, sans faire de phrases complètes. L'introduction et la conclusion, en revanche, seront totalement rédigées.
- Pour un **sujet d'imagination**, rédige tout ton texte au brouillon. Écris au crayon et saute des lignes. Organise ton texte **en paragraphes**.
- Quand tu as terminé ton premier jet, **retravaille-le** : vérifie que les phrases s'enchaînent bien et qu'il n'y a pas trop de répétitions ; puis corrige les erreurs.

C Recopier efficacement

- Accorde **30 minutes** à cette dernière étape. Recopie lisiblement ton texte : il doit faire 2 pages minimum, soit 300 mots environ.
- Il te restera **15 minutes** pour te relire et supprimer les erreurs d'inattention.

7 Comment réussir l'épreuve de maths ?

Pour chaque exercice de mathématiques, tu dois comprendre le problème posé, utiliser les données fournies, mobiliser tes connaissances et expliquer clairement ton raisonnement.

A Bien gérer son temps

- Commence par **survoler l'intégralité** du sujet. Les exercices sont indépendants : tu peux les traiter dans l'ordre que tu veux.
- Tu disposes de 2 heures pour faire 6 à 8 exercices : tu dois donc accorder environ **15 minutes** à chacun. Veille néanmoins à garder **10 minutes** à la fin de l'épreuve pour te relire.
- Si tu peines sur une question ou sur un exercice, ne t'y attarde pas trop : passe au suivant, et tu y reviendras ensuite.

B Bien analyser chaque exercice

- Lis une fois chaque énoncé ; puis relis en soulignant les **données clés**.
- En géométrie, si l'énoncé ne fournit pas de figure, **trace rapidement celle-ci au brouillon** : tu visualiseras mieux le problème et feras apparaître des configurations connues.

C Bien rédiger et bien présenter sa copie

1. La présentation de la copie

- Travaille d'abord au brouillon, afin d'éviter les ratures.
- Sur ta copie, indique bien le numéro de chacun des exercices. Quand tu développes un **calcul**, passe à la ligne pour chaque étape et souligne le résultat. Tes **figures** doivent être précises, soignées et bien codées.

2. La qualité de la rédaction

Tu dois **justifier et rédiger** toutes tes réponses, sauf dans les QCM.

- Dans une démonstration, explicite les hypothèses te permettant de faire appel à une propriété, écris la formule employée.
- Quand tu donnes une réponse chiffrée, fais attention à la précision demandée, n'oublie pas l'unité.
- De façon générale, exprime-toi dans un français correct et efforce-toi d'employer avec justesse le vocabulaire mathématique.

8 Comment réussir l'épreuve d'histoire, géographie et EMC ?

Selon les exercices, les attentes diffèrent : ce ne sont pas les mêmes compétences qui sont évaluées.

A L'analyse de document

- Tu es d'abord interrogé sur la nature du document : tu dois ainsi, selon l'exercice, identifier l'auteur ou la date, le type de document, présenter le contexte.
- Les questions suivantes t'amènent à **relever des informations** dans le document, à expliquer un point précis. Parfois, il t'est demandé de porter un regard critique sur les limites du document.
- L'une des questions te conduit à **mettre en relation différents aspects** du document pour construire une réponse plus approfondie. Dans ce cas, ta connaissance du cours est essentielle.

> CONSEIL **Dans une analyse de document, comme dans un développement construit, utilise les mots-clés du chapitre concerné.**

B Le développement construit et la tâche graphique

- Rédiger un développement construit nécessite une bonne **connaissance du sujet** et une certaine **aisance rédactionnelle**. Les deux viennent avec l'entraînement.
- Le jour du brevet, commence par définir les termes principaux du sujet. Puis rédige ton développement en **organisant ton propos en deux ou trois** paragraphes.
- Les **tâches graphiques**, en histoire (frise chronologique) comme en géographie (carte ou schéma), doivent faire l'objet d'un apprentissage régulier au cours de l'année. Tu dois être à l'aise avec les repères temporels et spatiaux du programme et savoir les présenter sous une forme visuelle claire.

C L'exercice d'enseignement moral et civique

- L'exercice d'EMC comporte **un ou deux documents** sur un thème : tu dois les étudier en répondant à quelques **questions**.
- La dernière question consiste en une mise en situation. Par exemple, tu dois expliquer à un correspondant étranger en quoi la France est une démocratie. Tu dois donc rédiger ta réponse en intégrant d'une part des éléments de connaissances, vus en cours, d'autre part des éléments rédactionnels qui montreront que tu as bien pris en compte la situation.

9 Comment réussir l'épreuve de sciences et technologie ?

L'épreuve de sciences et technologie propose deux exercices se rapportant à deux de ces trois matières : physique-chimie, SVT et technologie.

A Quels sont les documents proposés ?

- Les documents (textes, tableaux, graphiques…) proposés dans chaque exercice **rendent compte d'un phénomène** ou présentent le fonctionnement d'un appareil ou d'un système technique.
- Commence par **lire tous les documents**. Souligne les mots et éléments importants. Identifie bien les intitulés des lignes et colonnes d'un tableau, les grandeurs dans un graphique.

B Comment répondre aux questions ?

1. Les questions ciblées

- Pour les questions ciblées, une **réponse courte** convient souvent.
- Certaines questions font uniquement appel à tes **connaissances** ou à ta compréhension. Elles peuvent parfois prendre la forme d'un **QCM**. D'autres questions te conduisent à **chercher** dans les documents **des informations** qui te serviront à étayer ta réponse.
- On peut également te demander de **calculer** (une vitesse, une énergie, une masse volumique, etc.) ; tracer une courbe ; compléter un algorithme extrait d'un programme Scratch ; retrouver des éléments manquants pour compléter la chaîne d'énergie et la chaîne d'information d'un système.

> CONSEIL **Pour conduire un calcul, écris d'abord la formule littérale, puis effectue l'application numérique. Précise l'unité de chaque grandeur.**

2. Les questions de synthèse

- Les questions de synthèse nécessitent une **démonstration** : tu devras **confirmer** ou **infirmer** un fait à l'aide des documents et de tes connaissances. D'autres nécessitent de faire la synthèse des données de plusieurs documents, puis un bilan.
- Choisis bien tes arguments, en prenant appui sur les documents. Pense à faire apparaître les **liens logiques** dans tes explications.
- Répondre aux **questions de synthèse** implique de **raisonner** à partir de tes connaissances et des documents. Tu dois décomposer ce raisonnement en étapes.

10 Comment s'organise l'épreuve orale du brevet ?

L'épreuve orale est composée d'un exposé suivi d'un entretien avec un jury.

A Comment se déroule l'épreuve ?

● C'est à toi de choisir ce que tu veux présenter : soit une œuvre étudiée en **histoire des arts**, soit un **projet** mené dans le cadre des EPI ou d'un parcours éducatif (parcours Avenir, parcours citoyen, parcours éducatif de santé, parcours d'éducation artistique et culturelle).

● Tu peux passer l'oral **seul(e) ou à plusieurs** (3 élèves maximum). Si tu es seul(e), ton exposé dure 5 minutes, suivies de 10 minutes d'entretien avec le jury. En groupe, l'exposé dure 10 minutes et l'entretien 15 minutes.

> **CONSEIL Répartissez équitablement le temps de parole, car la note est individuelle !**

● Tu dois t'exprimer de façon claire et montrer ce que le travail sur l'œuvre ou le projet t'a apporté. Tu peux présenter au jury une réalisation concrète faite pendant l'année ou préparer un diaporama pour appuyer ton exposé, mais c'est ta **prestation orale** qui est évaluée.

B Quelles sont les modalités de l'épreuve ?

L'épreuve est notée sur **100 points** :
– 50 points pour la maîtrise de l'expression orale ;
– 50 points pour la maîtrise du sujet présenté.

1. Évaluation de l'expression orale

Tu dois montrer que tu es capable :
– de t'exprimer devant plusieurs personnes et d'échanger avec elles ;
– d'utiliser un vocabulaire correct, précis et varié ;
– d'exposer ton **point de vue**, d'exprimer tes émotions (face à une œuvre notamment).

2. Évaluation de la maîtrise du sujet

Sur cet aspect, le jury évalue ta capacité à :
– construire un exposé structuré ;
– analyser une œuvre ou un projet de manière critique et argumentée ;
– justifier un choix, une démarche, un avis...

> **ASTUCE S'exprimer en public, surtout avec le trac, est difficile. Entraîne-toi au maximum avant l'épreuve !**

1re partie : exposé

5-10 min.

MÉTHODE

1. Présentez votre projet.
2. Expliquez les différentes étapes du travail.
3. Faites le bilan : quelles difficultés avez-vous rencontrées ?

ÉPREUVE ORALE

15-25 min. 100 pts

OBJECTIF

Vous devez présenter, seul(e) ou par équipe de deux ou trois, un dossier d'histoire des arts ou un projet réalisé dans le cadre des EPI.

CONSEILS

Soignez votre expression : elle compte autant que votre maîtrise du sujet.

2e partie : entretien

10-15 min.

MÉTHODE

1. Assurez-vous de bien maîtriser votre sujet pour pouvoir répondre aux questions précises du jury.
2. Les questions plus larges vous permettent de mettre en valeur votre culture et votre expérience.

79 sujets expliqués

... et corrigés

SUJET

1

France métropolitaine • Juillet 2019

100 points

Jeux de l'enfance

DOCUMENT A **Texte littéraire**

Dans son roman Le Premier Homme, *Albert Camus raconte son enfance en Algérie dans les années 1920. Il s'est représenté dans le personnage de Jacques et évoque ici les jeux qu'il partage avec ses camarades.*

Tous les jours, à la saison, un marchand de frites activait son fourneau. La plupart du temps, le petit groupe n'avait même pas l'argent d'un cornet. Si par hasard l'un d'entre eux avait la pièce nécessaire, il achetait son cornet, avançait gravement vers la plage, suivi du cortège respectueux des camarades et, devant la mer, à l'ombre d'une vieille barque démantibulée, plantant ses pieds dans le sable, il se laissait tomber sur les fesses, portant d'une main son cornet bien vertical et le couvrant de l'autre pour ne perdre aucun des gros flocons croustillants. L'usage était alors qu'il offrît une frite à chacun des camarades, qui savourait religieusement l'unique friandise chaude et parfumée d'huile forte qu'il leur laissait. Puis ils regardaient le favorisé qui, gravement, savourait une à une le restant des frites. Au fond du paquet, restaient toujours des débris de frites. On suppliait le repu[1] de bien vouloir les partager. Et la plupart du temps, sauf s'il s'agissait de Jean, il dépliait le papier gras, étalait les miettes de frites et autorisait chacun à se servir, tour à tour, d'une miette. […] Le festin terminé, plaisir et frustration aussitôt oubliés, c'était la course vers l'extrémité ouest de la plage, sous le dur soleil, jusqu'à une maçonnerie à demi détruite qui avait dû servir de fondation à un cabanon disparu et derrière laquelle on pouvait se déshabiller. En quelques secondes, ils étaient nus, l'instant d'après dans l'eau, nageant vigoureusement et maladroitement, s'exclamant, bavant et recrachant, se défiant à des plongeons ou à qui resterait le plus longtemps sous l'eau. La mer était douce, tiède, le soleil léger maintenant sur les têtes mouillées, et la gloire de la lumière emplissait ces jeunes corps d'une joie qui les faisait crier sans arrêt. Ils régnaient sur la vie et sur la mer, et ce que le monde peut donner de plus fastueux[2], ils le recevaient et en usaient sans mesure, comme des seigneurs assurés de leurs richesses irremplaçables.

Ils en oubliaient même l'heure, courant de la plage à la mer, séchant sur le sable l'eau salée qui les faisait visqueux, puis lavant dans la mer le sable qui les habillait de gris. Ils couraient, et les martinets[3] avec des cris rapides commençaient de voler plus bas au-dessus des fabriques et de la plage. Le ciel, vidé de la touffeur[4] du jour, devenait plus pur puis verdissait, la lumière se détendait et, de l'autre côté du golfe, la courbe des maisons et de la ville, noyée jusque-là dans une sorte de brume, devenait plus distincte. Il faisait encore jour, mais des lampes s'allumaient déjà en prévision du rapide crépuscule d'Afrique. Pierre, généralement, était le premier à donner le signal : « Il est tard », et aussitôt, c'était la débandade, l'adieu rapide. Jacques avec Joseph et Jean couraient vers leurs maisons sans se soucier des autres. Ils galopaient hors de souffle. La mère de Joseph avait la main leste[5]. Quant à la grand-mère de Jacques…

Albert Camus, *Le Premier Homme*, 1994,

1. Le repu : celui qui n'a plus faim.
2. Fastueux : très luxueux.
3. Martinets : oiseaux au vol rapide, qui ressemblent aux hirondelles.
4. Touffeur : chaleur étouffante.
5. Avoir la main leste : donner facilement des gifles, des coups, en guise de réprimande.

DOCUMENT B Doisneau, *La voiture fondue*, 1944

TRAVAIL SUR LE TEXTE LITTÉRAIRE ET SUR L'IMAGE

50 POINTS • 1 h 10

Les réponses doivent être entièrement rédigées.

Grammaire et compétences linguistiques

▶ **1.** Lignes 9 à 11 : « L'usage était alors qu'il offrît une frite à chacun des camarades, qui savourait religieusement l'unique friandise chaude et parfumée d'huile forte qu'il leur laissait. »

a) Quel est le groupe complément d'objet de « savourait » ? (*1 point*)

b) Pour vérifier la délimitation de ce groupe complément d'objet, réécrivez la phrase en le remplaçant par un pronom. (*1 point*)

c) Relevez deux expansions du nom « friandise » de nature (ou classe) grammaticale différente. Précisez la nature (ou classe) grammaticale de chacune d'elles. (*4 points*)

▶ **2.** Lignes 17-18 : « Le festin terminé, plaisir et frustration aussitôt oubliés, c'était la course vers l'extrémité ouest de la plage ».

Remplacez les deux groupes soulignés par deux propositions subordonnées conjonctives compléments circonstanciels de temps. (*2 points*)

▶ **3.** « Si par hasard l'un d'entre eux avait la pièce nécessaire, il achetait un cornet, avançait gravement vers la plage, suivi du cortège respectueux des camarades et, […], plantant ses pieds dans le sable, il se laissait tomber sur les fesses, portant d'une main son cornet bien vertical et le couvrant de l'autre. » (l. 3-8)

Réécrivez ce passage en remplaçant « l'un d'entre eux » par « deux d'entre eux ». Faites toutes les modifications nécessaires. (*10 points*)

Compréhension et compétences d'interprétation

▶ **4.** Lignes 1 à 17 :

a) La scène évoquée se répète plusieurs fois. Qu'est-ce qui l'indique précisément ? Deux éléments de réponse sont attendus. (*2 points*)

b) Pourquoi ce moment est-il particulièrement important pour les enfants ? Vous justifierez votre réponse en vous appuyant sur le texte. Deux éléments de réponse sont attendus. (*4 points*)

▶ **5.** Lignes 17 à 29 :

a) Comment l'écrivain montre-t-il que les enfants sont heureux au moment de la baignade ? Vous justifierez votre réponse en vous appuyant sur le texte. Deux éléments de réponse sont attendus. (*4 points*)

b) Pourquoi peut-on dire qu'ils sont transformés par la baignade ?
Vous justifierez votre réponse en vous appuyant sur le texte.
Deux éléments de réponse sont attendus. (*4 points*)

▶ **6.** Lignes 30 à 43 : quels changements apparaissent à la fin du texte ? Développez trois éléments de réponse en vous appuyant sur des passages précis. (*6 points*)

▶ **7.** En vous aidant de vos réponses aux questions précédentes, donnez un titre significatif à chacun des trois moments de la journée évoqués dans le texte (lignes 1 à 17, lignes 17 à 29 et lignes 30 à 43). (*6 points*)

▶ **8.** Quels liens pouvez-vous établir entre la photographie de Robert Doisneau et le texte d'Albert Camus ? Développez votre réponse en vous appuyant sur des éléments précis. (*6 points*)

DICTÉE — 10 POINTS • 20 min

Le nom de l'auteur, le titre de l'œuvre, ainsi que « les glycines » sont écrits au tableau.

D'après Albert Camus
Le Premier Homme, 1994

Dès qu'ils étaient au complet, ils partaient, promenant la raquette le long des grilles rouillées des jardins devant les maisons, avec un grand bruit qui réveillait le quartier et faisait bondir les chats endormis sous les glycines poussiéreuses. Ils couraient, traversant la rue, essayant de s'attraper, couverts déjà d'une bonne sueur, mais toujours dans la même direction, vers le champ, non loin de leur école, à quatre ou cinq rues de là. Mais il y avait une station obligatoire, à ce qu'on appelait le jet d'eau, sur une place assez grande, une énorme fontaine ronde à deux étages, où l'eau ne coulait pas, mais dont le bassin, depuis longtemps bouché, était rempli jusqu'à ras bord, de loin en loin, par les énormes pluies du pays.

RÉDACTION — 40 POINTS • 1 h 30

Vous traiterez au choix l'un des deux sujets suivants.

Sujet d'imagination

Devenu adulte, un des enfants de la photographie de Robert Doisneau raconte, comme Albert Camus, les jeux de son enfance. Il évoque la scène représentée sur la photographie. Vous imaginerez son récit en montrant comment le jeu permet aux enfants, dans un moment de joie partagée, de transformer la réalité qui les entoure. Vous choisirez d'écrire votre récit à la première ou à la troisième personne.

Sujet de réflexion

La littérature, le cinéma et les autres arts permettent de découvrir la vie de personnages fictifs ou réels. Que peut vous apporter cette découverte ? Vous développerez votre point de vue en prenant appui sur des exemples précis, issus de votre culture personnelle et des œuvres étudiées lors de votre scolarité.

LES CLÉS DU SUJET

■ Les documents

Le texte littéraire (document A)

Dans ce texte d'inspiration autobiographique, Albert Camus (1913-1960) évoque les jeux d'un petit groupe de garçons dans les années 1920, en Algérie. Les épisodes heureux racontés ici semblent intemporels.

L'image (document B)

Robert Doisneau (1912-1994) est un photographe célèbre pour avoir immortalisé dans ses clichés la ville de Paris et ses habitants anonymes. La photographie représente des enfants jouant dans une carcasse de voiture sur une place en ruine : en 1944, la ville n'a pas été épargnée par les bombardements.

■ Rédaction (sujet d'imagination)

Recherche d'idées

• Imagine les sentiments éprouvés par un adulte faisant le récit des jeux de son enfance : l'attendrissement, l'amusement, la nostalgie, et peut-être aussi un peu de tristesse.

• Pense à l'époque à laquelle la photographie a été prise. En 1944, les enfants ont connu la guerre et les bombardements ; en cette période douloureuse, le jeu doit revêtir une importance particulière.

Conseils de rédaction

• Si tu choisis d'écrire un texte à la 3e personne, fais intervenir le récit de l'adulte dans le cadre d'un dialogue avec un autre personnage l'interrogeant sur son enfance.

• Ne te contente pas de décrire la photographie. Donne des noms aux enfants, indique leurs traits de caractère et leur relation avec le personnage principal.

Rédaction (sujet de réflexion)

Recherche d'idées

- Pars de ta propre expérience pour définir les rapports que tu entretiens avec les personnages des œuvres d'art : admiration, identification, amitié, intérêt, rejet…
- D'autres formes d'art que la littérature et le cinéma présentent des personnages ; en peinture, pense par exemple aux artistes qui ont fait leur autoportrait : Van Gogh, Francis Bacon, Frida Kahlo, etc.

Conseils de rédaction

- Présente la question en introduction. Efforce-toi de formuler au moins trois idées différentes, chacune développée dans un paragraphe. La conclusion rappellera très brièvement ce qui a été dit, avant d'élargir la réflexion, par exemple en évoquant l'importance de l'art dans notre société.
- Tire tes exemples de domaines variés : romans, films, peintures, photographies. Évite les références tirées de domaines ne relevant pas de l'art : téléréalité, biographies de célébrités, etc.

CORRIGÉ 1

TRAVAIL SUR LE TEXTE LITTÉRAIRE ET SUR L'IMAGE

Grammaire et compétences linguistiques

▶ **1. a)** Le groupe complément d'objet direct de « savourait » est « l'unique friandise chaude et parfumée d'huile forte qu'il leur laissait ».

b) « L'usage était alors qu'il offrît une frite à chacun des camarades, qui la savourait religieusement. »

c) Deux expansions du nom « friandise » de natures grammaticales différentes :

– « unique », adjectif qualificatif épithète ;

– « qu'il leur laissait », proposition subordonnée relative.

▶ **2.** « Après que le festin était terminé, dès que plaisir et frustration étaient oubliés, c'était la course vers l'extrémité ouest de la plage. »

▶ **3.** *Les modifications sont en couleur.*

« Si par hasard deux d'entre eux avaient la pièce nécessaire, ils achetaient un cornet, avançaient gravement vers la plage, suivis du cortège respectueux des camarades et, […], plantant leurs pieds dans le sable, ils se laissaient tomber sur les fesses, portant d'une main leur cornet bien vertical et le couvrant de l'autre. »

REMARQUE
Attention aux déterminants possessifs : chaque enfant a plusieurs pieds (*leurs pieds*), mais chaque enfant n'a qu'un cornet (*leur cornet*).

Compréhension et compétences d'interprétation

▶ **4. a)** La scène évoquée se répète plusieurs fois. Les compléments circonstanciels de temps « tous les jours » et « la plupart du temps » l'indiquent clairement. De plus, le texte est écrit à l'imparfait qui a ici la valeur d'imparfait d'habitude, de répétition.

b) Ce moment est particulièrement important pour les enfants, car il est rare : la plupart du temps, ils n'ont pas les moyens de s'offrir ce plaisir. Le partage du cornet est vécu comme une sorte de cérémonie : « leur camarade avançait gravement vers la plage, suivi du cortège respectueux des camarades. » Ces derniers savouraient « religieusement » la frite offerte.

▶ **5. a)** Les enfants sont particulièrement heureux au moment de la baignade. Leur précipitation est grande : « en quelques secondes », « l'instant d'après » ; leur joie est immense : « la joie […] les faisait crier sans arrêt ».

b) Les enfants sont transformés par la baignade. Ils oublient le temps : les faveurs et les rancœurs du partage des frites (« plaisir et frustration aussitôt oubliés »), l'heure du retour également (« ils en oubliaient même l'heure »). Le plaisir les rend puissants : ces enfants sans argent deviennent des « seigneurs » qui règnent « sur la vie et sur la mer » et sont assurés de « leurs richesses irremplaçables ».

▶ **6.** Des changements apparaissent à la fin du texte. Ils concernent la lumière : le ciel change de couleur (« verdissait »), les contours sont plus nets (« la courbe des maisons […] devenait plus distinct »), le jour tombe (« rapide crépuscule d'Afrique »). Ils concernent aussi les personnages : le groupe d'enfants soudé se sépare : « c'était la débandade », « sans se soucier des autres ».

▶ **7.** Les titres pour chacun des trois moments évoqués dans le texte pourraient être :

– « La cérémonie du cornet » ;

– « Les seigneurs de la mer » ;

– « La fin des plaisirs ».

CONSEIL
Évite les titres trop vagues, comme « la baignade », « le partage » ; choisis plutôt des groupes nominaux avec des expansions.

▶ **8.** Les deux documents représentent le plaisir des jeux de l'enfance. Ils montrent que l'amusement des enfants n'a aucun rapport avec l'argent : la baignade est gratuite, la carcasse de voiture est abandonnée.

Les jeunes partagent un même jeu, le groupe semble soudé : grands et petits se mélangent sur la photographie et, dans le texte, les enfants sont indifférenciés lors de la baignade.

Les plaisirs évoqués paraissent intemporels : les enfants d'aujourd'hui éprouvent les mêmes joies, à travers les mêmes jeux.

DICTÉE

POINT MÉTHODE

1 Le texte comporte de nombreux adjectifs. Identifie les noms ou pronoms auxquels ils se rapportent pour les accorder (*Ils couraient [...], couverts*).

2 Mémorise l'orthographe de ces expressions courantes : *au complet, de loin en loin, à ras bord*.

3 Attention aux formes en *-ant* : lorsqu'il s'agit de l'adjectif verbal, on l'accorde (*des activités plaisantes*) ; lorsqu'il s'agit du participe présent, il reste invariable (*des activités plaisant aux enfants*). Pour reconnaître l'adjectif, vois si le féminin est possible.

Dès qu'ils étaient au complet, ils partaient, promenant la raquette le long des grilles rouillées des jardins devant les maisons, avec un grand bruit qui réveillait le quartier et faisait bondir les chats endormis sous les glycines poussiéreuses. Ils couraient, traversant la rue, essayant de s'attraper, couverts déjà d'une bonne sueur, mais toujours dans la même direction, vers le champ, non loin de leur école, à quatre ou cinq rues de là. Mais il y avait une station obligatoire, à ce qu'on appelait le jet d'eau, sur une place assez grande, une énorme fontaine ronde à deux étages, où l'eau ne coulait pas, mais dont le bassin, depuis longtemps bouché, était rempli jusqu'à ras bord, de loin en loin par les énormes pluies du pays.

RÉDACTION

Voici un exemple de rédaction sur chacun des deux sujets.
Attention, les indications entre crochets ne doivent pas figurer sur ta copie.

Sujet d'imagination

[Introduction] En fouillant dans un tiroir l'autre jour, je suis tombé par hasard sur une photographie en noir et blanc. Elle avait été prise à la fin de la guerre et immortalisait un moment particulier. Nous habitions à Paris lorsque le conflit avait éclaté. Dans la capitale occupée, mes parents tremblaient dès que nous échappions à leur surveillance, ce qui n'arrivait pas souvent. Puis la ville avait été libérée, et nous aussi. Paris en ruine était alors devenue un immense terrain de jeu.

[Le récit du jeu dans la carcasse du taxi] Ce jour-là, nous avions découvert la carcasse d'un taxi, fondue, sans portes ni vitres. Toujours entreprenant, mon grand frère Maxime se jucha sur l'avant du capot. Notre voisin Paul, qui avait perdu son père la première année de la guerre, s'installa à la place du chauffeur ; il ordonna à ses deux petites sœurs qui le suivaient partout de jouer les clientes. Obéissant à leur idole, elles s'efforçaient de prendre l'accent distingué des bourgeoises d'avant-guerre pour ordonner avec l'autorité voulue : « Rue Vaugirard, Monsieur. » Et moi, j'avais la meilleure place. Maxime, pour une fois protecteur, m'avait placé à ses côtés, au-dessus, et je dominais notre troupe. Le regard perdu au loin, j'avais dégotté un câble que j'agitais, comme un conducteur de diligence, dans une tentative folle d'ordonner aux chevaux sous le capot d'aller plus vite. Max, lui, allait plus loin encore : il était le capitaine de notre bateau, fixant l'océan de ruines qui nous entourait et décidant du cap à suivre.

> **CONSEIL**
> Puisqu'il s'agit d'un souvenir, certains détails peuvent être flous. L'histoire, même lacunaire, semble alors plus authentique.

[Conclusion] Je n'ai aucun souvenir de l'adulte qui a pris la photographie. Pour moi, nous étions seuls et soudés. Ce moment où chacun trouva dans le jeu un rôle à sa mesure, symbolise vraiment dans mon esprit la fin de la guerre. Ce n'est pas sans émotion que je me rends compte, aujourd'hui, de ce qui se jouait ce jour-là : nous avions le droit, à nouveau, d'être heureux.

Sujet de réflexion

[Introduction] Que ce soit en lisant un roman, en regardant un film ou même en observant une photographie, nous découvrons la vie des personnages qui peuplent les œuvres d'art. Que nous procurent ces découvertes ?

[Élargir ses connaissances] Certaines œuvres nous présentent des individus vivants à une époque et dans un contexte très éloignés des nôtres. Nous découvrons des détails de leurs existences : la lecture de la bande dessinée de Tardi, *C'était la guerre des tranchées*, nous permet d'appréhender le quotidien d'un soldat de la Grande Guerre, dans toute son horreur.

[Comprendre l'âme humaine] Les œuvres d'art aident également à appréhender l'esprit humain, en mettant des mots sur des sentiments que nous éprouvons confusément et que nous peinons à comprendre et à exprimer. Les ouvrages autobiographiques nous montrent ainsi des personnes à nu, dans toute la vérité de leur nature, comme l'expliquait Rousseau au début de ses *Confessions*. L'aspect déplaisant et torturé de la nature humaine apparaît dans les autoportraits de Francis Bacon.

> **CONSEIL**
> Donne au moins un exemple dans chaque paragraphe.

[Rêver] Mais rencontrer un personnage, c'est aussi s'enthousiasmer pour un caractère, ressentir une amitié sincère pour cet individu qui nous ressemble, ou même s'identifier à cet être de papier. Qui n'a jamais rêvé d'être D'Artagnan, le héros des *Trois mousquetaires,* multipliant les duels, entouré de ses meilleurs amis ? Cette vie rêvée, intense, la littérature nous y donne accès.

[Trouver des modèles] Enfin, l'art choisit souvent des personnages dont la vie peut avoir valeur d'exemple. Le cinéma met fréquemment en scène des personnages altruistes, courageux et dévoués au bien-être général. Découvrir leur vie, c'est prendre conscience des valeurs qui les guident, et s'en inspirer pour notre quotidien. Le film de Justin Chadwick, *Mandela : un long chemin vers la liberté*, peut ainsi être une source d'inspiration pour beaucoup.

[Conclusion] Les raisons de s'intéresser à la vie de personnages fictifs ou réels au travers de l'art sont donc variées, preuve que l'art occupe toujours une place importante dans notre société.

SUJET

2

France métropolitaine • Juin 2018

100 points

Un café et quelques vers

DOCUMENT A **Texte littéraire**

La scène se déroule, après la Seconde Guerre mondiale, dans la ville de Blémont qui a subi d'importantes destructions.

Léopold s'assura que la troisième était au complet. Ils étaient douze élèves, quatre filles et huit garçons qui tournaient le dos au comptoir. Tandis que le professeur gagnait sa place au fond de la salle, le patron alla retirer le bec de cane[1] à la porte d'entrée afin de s'assurer contre toute intrusion. Revenu à son zinc[2], il but encore un coup de vin blanc et s'assit sur un tabouret. En face de lui le professeur Didier s'était installé à sa table sous une réclame d'apéritif accrochée au mur. Il ouvrit un cahier, jeta un coup d'œil sur la classe de troisième et dit :

– Hautemain, récitez.

Léopold se pencha sur son siège pour voir l'élève Hautemain que lui dissimulait la poutre étayant le plafond. La voix un peu hésitante, Hautemain commença :

Seigneur, que faites-vous, et que dira la Grèce ?
Faut-il qu'un si grand cœur montre tant de faiblesse[3] ?

– Asseyez-vous, dit le professeur lorsque Hautemain eut fini. Quinze.

Il notait avec indulgence. Estimant que la plupart de ces enfants vivaient et travaillaient dans des conditions pénibles, il voulait les encourager et souhaitait que l'école, autant que possible, leur offrît les sourires que leur refusait trop souvent une existence troublée.

À son zinc, Léopold suivait la récitation des écoliers en remuant les lèvres et avalait anxieusement sa salive lorsqu'il sentait hésiter ou trébucher la mémoire du récitant. Son grand regret, qu'il n'oserait jamais confier à M. Didier, était de ne participer à ces exercices qu'en simple témoin. Léopold eût aimé réciter, lui aussi :

Captive, toujours triste, importune à moi-même,
Pouvez-vous souhaiter qu'Andromaque vous aime[3] ?

Malgré la timidité et le respect que lui inspirait Andromaque, il lui semblait qu'il eût trouvé les accents propres à émouvoir le jeune guerrier. Il se plaisait à imaginer sa voix, tout amenuisée par la mélancolie et s'échappant du zinc comme une vapeur de deuil et de tendresse.

– Les cahiers de préparation, dit le professeur Didier.

Les élèves ayant étalé leurs cahiers, il alla de table en table s'assurer qu'ils avaient exécuté le travail portant sur un autre passage d'Andromaque. Pendant qu'il regagnait sa place, Léopold se versa un verre de blanc.

– Mademoiselle Odette Lepreux, lisez le texte. […]

Odette se mit à lire d'une voix claire, encore enfantine, où tremblaient des perles d'eau fraîche :

Où fuyez-vous, Madame ?
N'est-ce point à vos yeux un spectacle assez doux
Que la veuve d'Hector pleurante à vos genoux[4] *?*

Sur ces paroles d'Andromaque, la patronne, venant de sa cuisine, pénétra discrètement dans l'enceinte du zinc. Comme elle s'approchait du cafetier, elle eut la stupéfaction de voir les larmes ruisseler sur ses joues cramoisies et interrogea :

– Qu'est-ce que t'as ?

– Laisse-moi, murmura Léopold. Tu peux pas comprendre. […]

Odette Lepreux poursuivait sa lecture :

Par une main cruelle hélas ! J'ai vu percer
Le seul où mes regards prétendaient s'adresser[4].

La patronne considérait cet homme étrange, son mari, auquel ses reproches et ses prières n'avaient jamais réussi, en trente ans de vie commune, à tirer seulement une larme.

Ne revenant pas de son étonnement, elle oublia une minute ce qu'elle était venue lui dire.

Marcel Aymé, *Uranus*, 1948 © Éditions Gallimard.

---

1. Bec de cane : élément de serrurerie qui permet de fermer une porte de l'intérieur sans utiliser de clé.
2. Zinc : comptoir de bar.
3. Le texte en italique renvoie à des extraits de la tragédie *Andromaque* de Jean Racine (1667). Après la prise de Troie, Andromaque, veuve d'Hector, devient la prisonnière de Pyrrhus, qui tombe amoureux d'elle. Dans ces deux passages, Andromaque s'adresse à Pyrrhus pour le convaincre de renoncer à cet amour.
4. Dans ces extraits, Andromaque s'adresse à Hermione qui devait épouser Pyrrhus. Hermione considère donc Andromaque comme une rivale. Andromaque lui déclare qu'elle n'aime que son mari, Hector, mort transpercé par une épée.

DOCUMENT B **Photo tirée du film *Uranus*, 1990**

Photogramme tiré du film *Uranus* réalisé par Claude Berri, 1990.

TRAVAIL SUR LE TEXTE LITTÉRAIRE ET SUR L'IMAGE

50 POINTS • 1 h 10

Les réponses doivent être entièrement rédigées.

Compréhension et compétences d'interprétation

▶ **1.** Où se déroule la scène ? Qui est Léopold ? Pourquoi la situation présentée peut-elle surprendre ? Justifiez votre réponse. *(4 points)*

▶ **2.** Lignes 11 à 26 : Comment se manifeste l'intérêt de Léopold pour le cours du professeur Didier ? Développez votre réponse en vous appuyant sur trois éléments significatifs. *(6 points)*

▶ **3.** Lignes 26 à 33 : Quels liens Léopold établit-il avec le personnage tragique d'Andromaque ? Comment l'expliquez-vous ? Développez votre réponse. *(6 points)*

▶ **4.** Lignes 40 à 48 : Que ressent Léopold quand Odette lit l'extrait d'Andromaque ? Justifiez votre réponse en vous appuyant sur une image que vous analyserez. (*6 points*)

▶ **5. a)** Par quelles oppositions la scène du film reproduite ci-dessus cherche-t-elle à faire rire le spectateur ?
Donnez trois éléments de réponse. (*6 points*)

b) Qu'est-ce qui peut relever également du comique dans la fin du texte (l. 45-58) ? *(4 points)*

Grammaire et compétences linguistiques

▶ **6.** L'une des phrases suivantes contient une proposition subordonnée relative et l'autre une proposition subordonnée complétive :
« Léopold s'assura que la troisième était au complet » (l. 1)
« Léopold se pencha sur son siège pour voir l'élève Hautemain que lui dissimulait la poutre étayant le plafond. » (l. 11-12)

a) Trouvez dans quelle phrase se trouve la proposition subordonnée relative. Recopiez-la sur votre copie. (*1 point*)

b) Trouvez dans quelle phrase se trouve la proposition subordonnée complétive. Recopiez-la sur votre copie. *(1 point)*

c) Expliquez comment vous avez pu différencier chacune de ces deux propositions. *(3 points)*

▶ **7.** Voici deux phrases au discours direct dont le verbe introducteur est au présent :
Andromaque demande à Pyrrhus : « Seigneur, que faites-vous, et que dira la Grèce ? »
Andromaque déclare à Hermione : « J'ai vu percer le seul où mes regards prétendaient s'adresser. »
Sur votre copie, réécrivez ces deux phrases au discours indirect en mettant le verbe introducteur au passé simple. Vous ferez toutes les modifications nécessaires. *(10 points)*

▶ **8.** « La patronne considérait cet homme étrange, son mari, auquel ses reproches et ses prières n'avaient jamais réussi, en trente ans de vie commune, à tirer seulement une larme. » (l. 54-56)

a) Donnez un synonyme de l'adjectif « étrange ». *(1 point)*

b) L'adjectif « étrange » vient du latin *extraneus* qui signifiait « qui n'est pas de la famille, étranger ». Comment ce sens premier peut-il enrichir le sens de cet adjectif dans le texte ? *(2 points)*

DICTÉE 10 POINTS • 20 min

Les noms propres « Blémont », « Saint-Euloge » et « Progrès », ainsi que le nom de l'auteur et le titre de l'œuvre sont écrits au tableau.

Marcel Aymé
Uranus, 1948
© Éditions Gallimard

Le collège de Blémont étant détruit, la municipalité avait réquisitionné certains cafés pour les mettre à la disposition des élèves, le matin de huit à onze heures et l'après-midi de deux à quatre. Pour les cafetiers, ce n'étaient que des heures creuses et leurs affaires n'en souffraient pas. Néanmoins, Léopold avait vu d'un très mauvais œil qu'on disposât ainsi de son établissement et la place Saint-Euloge avait alors retenti du tonnerre de ses imprécations. Le jour où pour la première fois les élèves étaient venus s'asseoir au café du Progrès, il n'avait pas bougé de son zinc, le regard soupçonneux, et affectant de croire qu'on en voulait à ses bouteilles. Mais sa curiosité, trompant sa rancune, s'était rapidement éveillée et Léopold était devenu le plus attentif des élèves.

RÉDACTION — 40 POINTS • 1 h 30

Vous traiterez au choix l'un des sujets suivants.

Sujet d'imagination

« – Laisse-moi, murmura Léopold. Tu peux pas comprendre. » (l. 50)
À la fin du cours, c'est à M. Didier, le professeur de français, que Léopold se confie sur son grand regret de n'avoir pu poursuivre ses études et découvrir des œuvres littéraires.
Racontez la scène et imaginez leur conversation en insistant sur les raisons que donne Léopold et sur les émotions qu'il éprouve.

Sujet de réflexion

Vous avez lu en classe ou par vous-même de nombreuses œuvres littéraires dans leur intégralité ou par extraits. Vous expliquerez ce que vous ont apporté ces lectures et vous direz pour quelles raisons il est toujours important de lire aujourd'hui.

LES CLÉS DU SUJET

Les documents

Le texte littéraire (document A)

Dans son roman *Uranus*, Marcel Aymé (1902-1967) s'intéresse à la France de l'après-guerre et met en scène Léopold, un cafetier ; l'école du village ayant été bombardée pendant la guerre, Léopold accueille dans son établissement un maître et ses élèves.

L'image (document B)

Le photogramme tiré du film adapté du roman de Marcel Aymé montre le personnage de Léopold, joué par Gérard Depardieu, visiblement ému et inspiré par les récitations entendues ; son attitude contraste avec celle de sa femme, occupée à éplucher des pommes de terre.

■ Rédaction (sujet d'imagination)

Recherche d'idées

• Léopold n'a pas fait d'études : au début du XXe siècle, il était fréquent d'arrêter l'école à douze ans, après le certificat d'études, pour aider ses parents et entrer dans la vie active.

• Essaye de mentionner des auteurs ou des œuvres qui auraient pu marquer le jeune Léopold lors de ses années d'école : Victor Hugo, Alexandre Dumas, Molière...

Conseils de rédaction

• Dresse une liste de synonymes pour désigner les personnages : « le cafetier », « le tenancier », « l'admirateur de Racine », « cet homme imposant », pour Léopold ; « le maître », « l'indulgent professeur », « le pédagogue », pour M. Didier.

• Léopold aura le temps de parole le plus important. Le dialogue obéit à des règles précises : on ouvre les guillemets avant la première prise de parole. Un tiret signale un changement d'interlocuteur. On ferme les guillemets lorsque le dialogue est interrompu par une phrase complète du narrateur.

■ Rédaction (sujet de réflexion)

Recherche d'idées

• Pars de ton expérience pour trouver ce que peut apporter la lecture d'œuvres littéraires : enrichissement personnel, acquisition d'une culture commune, mais aussi plaisir.

• Réfléchis également à l'intérêt de la lecture à notre époque : tu peux, par exemple, opposer les mots aux images, les livres aux films, pour comprendre l'apport supplémentaire des livres.

Conseils de rédaction

• Consacre un ou deux paragraphes aux apports de la lecture, puis un autre aux raisons pour lesquelles, aujourd'hui encore, la lecture reste une activité essentielle.

• Appuie-toi sur des exemples personnels. Tu peux aussi te référer au personnage de Léopold, sensible au plaisir provoqué par les mots.

CORRIGÉ 2

TRAVAIL SUR LE TEXTE LITTÉRAIRE ET SUR L'IMAGE

Compréhension et compétences d'interprétation

▶ **1.** La scène se déroule dans un café. Léopold, le patron de l'établissement, assiste à un cours de français dispensé à des élèves de troisième par leur professeur, M. Didier. Cette situation peut surprendre, mais le paratexte amène un élément de réponse : la ville de Blémont a connu « d'importantes destructions ». L'école ayant été détruite pendant la guerre, le café se transforme à certaines heures en salle de classe.

▶ **2.** Léopold semble intéressé par le cours du professeur. Il suit avec attention les récitations des élèves : « Léopold se pencha sur son siège pour voir l'élève Hautemain ». Il partage leurs appréhensions : « [Il] avalait anxieusement sa salive lorsqu'il sentait hésiter ou trébucher la mémoire du récitant. » On comprend finalement qu'il aimerait lui aussi participer à ces exercices : « Léopold eût aimé réciter, lui aussi. »

▶ **3.** Léopold éprouve de la fascination et du respect pour le personnage d'Andromaque, auquel il s'identifie. Il comprend les émotions ressenties par le personnage et s'imagine pouvoir trouver les accents propres à exprimer le destin tragique d'Andromaque. Il est également sensible à la poésie des vers de Racine. Le texte littéraire et l'émotion qu'il provoque lui permettent d'échapper à son quotidien trivial.

▶ **4.** Quand Odette lit l'extrait d'Andromaque, Léopold se met à pleurer. Il est touché, l'émotion le submerge, alors qu'il écoute la voix claire de la jeune fille, « où tremblaient des perles d'eau fraîche ». La métaphore assimile les mots à des gouttes d'eau et souligne la grâce et la fraîcheur de la récitante. Les larmes que semble évoquer la métaphore se retrouvent dans les vers cités (« la veuve d'Hector pleurante à vos genoux ») et dans les pleurs que l'on voit « ruisseler » sur les joues du cafetier.

> INFO +
> Le terme d'« image », dans la question, recouvre non seulement les figures de style, mais également tout procédé d'écriture particulier.

▶ **5. a)** La scène tirée du film peut amuser par les oppositions qu'elle souligne. Le mari et la femme adoptent des attitudes très différentes : lui, debout, regardant vers le ciel d'un air heureux et inspiré, semble déclamer des vers ; elle, assise, morose, se tait, a les yeux baissés sur les pommes de terre qu'elle épluche. Ces oppositions révèlent le décalage du personnage masculin avec son milieu et peuvent prêter à rire.

b) Cette confrontation entre deux mondes, celui de l'héroïsme tragique des vers de Racine, et celui du quotidien prosaïque d'un patron de café, se retrouve à la fin du texte, où la patronne peine à comprendre ce qui arrive à celui qu'elle côtoie depuis trente ans. L'identification du cafetier au personnage d'Andromaque peut sembler touchante, mais aussi amusante dans la mesure où celui qui pleure sur les vers de Racine a les joues « cramoisies » par les trois verres de vin blanc qu'il s'est servi successivement.

Grammaire et compétences linguistiques

▶ **6. a)** « que lui dissimulait la poutre étayant le plafond » est une subordonnée relative.

b) « que la troisième était au complet » est une subordonnée complétive.

c) La subordonnée relative complète un nom (ici, « l'élève Hautemain »), tandis que la complétive est complément du verbe (ici, « s'assura »).

La première est facultative, la seconde est ici essentielle à la phrase.

▶ **7.** *Les modifications sont en couleur.*

Andromaque demanda à Pyrrhus ce qu'il faisait, et ce que dirait la Grèce.

Andromaque déclara à Hermione qu'elle avait vu percer le seul où ses regards prétendaient s'adresser.

> REMARQUE
> Lorsque le verbe introducteur des paroles est au passé, le présent devient de l'imparfait, le futur du conditionnel présent. L'apostrophe directe « Seigneur » est impossible à conserver.

▶ **8. a)** « bizarre » ou « curieux » sont des adjectifs synonymes d'« étrange ».

b) Le sens étymologique peut enrichir le sens de l'adjectif dans le texte : l'attitude de son mari est aussi étrange que s'il venait d'un autre monde, d'un autre milieu, où les règles et les comportements seraient différents et malaisés à comprendre.

DICTÉE

POINT MÉTHODE

1 Accorde le participe passé avec le sujet lorsqu'il est employé avec l'auxiliaire *être*, et non lorsqu'il est employé avec *avoir*.

2 Le verbe « disposer » est au subjonctif imparfait : on le reconnaît grâce au *que* qui le précède.

3 Attention à certains mots difficiles : *réquisitionné*, *imprécations* et *soupçonneux*.

Dans la phrase *ce n'étaient que des heures creuses*, l'accord du verbe à la 3e personne du singulier (terminaison *-ait*) est également possible.

Le collège de Blémont étant détruit, la municipalité avait réquisitionné certains cafés pour les mettre à disposition des élèves, le matin de huit à onze heures et l'après-midi de deux à quatre. Pour les cafetiers, ce n'étaient que des heures creuses et leurs affaires n'en souffraient pas. Néanmoins, Léopold avait vu d'un très mauvais œil qu'on disposât ainsi de son établissement et la place Saint-Euloge avait alors retenti du tonnerre de ses imprécations. Le jour où pour la première fois les élèves étaient venus s'asseoir au café du Progrès, il n'avait pas bougé de son zinc, le regard soupçonneux, et affectant de croire qu'on en voulait à ses bouteilles. Mais sa curiosité, trompant sa rancune, s'était rapidement éveillée et Léopold était devenu le plus attentif des élèves.

RÉDACTION

Voici un exemple de rédaction sur chacun des deux sujets.
Attention les indications entre crochets ne doivent pas figurer sur ta copie.

Sujet d'imagination

[Fin du cours] Les enfants avaient rangé leurs affaires. Léopold se dirigea vers l'entrée pour libérer les élèves.

[Confidences de Léopold] Le professeur se disposait lui aussi à quitter le café lorsqu'un coup d'œil sur le visage empourpré du tenancier le fit hésiter.

« Tout va bien ? Vous n'avez pas l'air dans votre assiette. Voulez-vous vous asseoir ?

– Ce n'est rien, c'est juste… Vous savez je n'ai pas… Et puis, c'est stupide de toute façon ! »

Interloqué, le maître regarda le cafetier sans comprendre ; ce dernier, pour cacher sa gêne, lui tourna le dos pour se resservir un verre de vin blanc.
M. Didier haussa les épaules et s'apprêta à partir, lorsqu'il entendit, dans un souffle, une voix murmurer avec tendresse :

« Seigneur, que faites-vous, et que dira la Grèce ?
Faut-il qu'un cœur si grand montre tant de faiblesse ? »

– Racine fait souvent cet effet, annonça tranquillement le professeur.

– Vraiment ? Oh, vous savez, quand j'entends les enfants réciter, je regrette de ne pas avoir été plus longtemps à l'école. Mes parents avaient besoin de moi pour la boutique. À douze ans, fini pour moi. Ce n'était pas de leur faute, allez. Pourtant j'aurais aimé continuer. C'est surtout la poésie qui m'enchantait. Je me souviens de quelques vers d'Hugo que je me récitais avec délice. Quand j'entends les enfants, je deviens, je sais que vous allez trouver ça ridicule, mais je deviens cette princesse qui pleure son époux. Comment font-ils, tous ces écrivains, pour trouver les mots qui traduisent ce qu'on a en nous ? »

GAGNE DES POINTS
Emploie un niveau de langue qui correspond au personnage.

[Réaction du maître d'école] À la fin de sa tirade, le patron avala d'un trait le verre qu'il avait devant lui. Très ému, M. Didier lui sourit :
« Si je vous prête des livres, nous feriez-vous l'honneur de nous lire, chaque matin, un passage que vous avez apprécié ? Ce serait un plaisir pour nous de vous entendre. »

CONSEIL
N'hésite pas à reprendre des éléments du texte support : les vers de Racine que Léopold rêve de réciter, et son goût pour le vin blanc, par exemple.

M. Didier ne s'était pas moqué ! Il l'intégrait même à sa classe ! Soulagé et ravi, Léopold lui proposa : « Un petit blanc ? »

Sujet de réflexion

[Introduction] Les œuvres littéraires peuvent être découvertes grâce à l'école ou de manière personnelle. Nous verrons, tout d'abord, ce que ces lectures, imposées ou choisies, nous apportent ; nous expliquerons, ensuite, pour quelles raisons il est toujours important de lire aujourd'hui.

CONSEIL
Structure ton texte par des paragraphes bien marqués et emploie un connecteur logique au début de chacune de tes parties.

[La lecture est un enrichissement] Le premier apport de la lecture est sans doute l'enrichissement de sa culture personnelle. Lorsqu'un professeur impose une lecture, c'est qu'il la considère comme riche d'enseignements. Les grandes œuvres, en effet, procurent au lecteur la connaissance d'un monde qui n'est pas le leur. Comment puis-je savoir à quoi ressemblait la vie à Paris sous Louis XIII ? Grâce à la lecture des *Trois mousquetaires* et des aventures de D'Artagnan aux prises avec le cardinal de Richelieu.

[La lecture est un plaisir] C'est toutefois un autre aspect qui me vient à l'esprit en premier lieu quand on parle des apports de la lecture : la notion de plaisir. En effet, si les œuvres littéraires du passé continuent à être lues aujourd'hui, c'est surtout pour les plaisirs qu'elles procurent : plaisir de rêver, de s'identifier aux personnages, de frémir avec eux ; plaisir de la langue également. Le personnage de Léopold, dans l'ouvrage de Marcel Aymé, témoigne du ravissement qu'apportent les œuvres littéraires.

[Il est important de lire aujourd'hui] Mais notre époque tend à détrôner les mots au profit des images. Les œuvres littéraires ont pourtant encore une place aujourd'hui. Les images figent, tandis que les mots suggèrent. La part d'interprétation est plus grande, et le plaisir ressenti plus personnel. Il n'est pas rare d'être déçu par un film adapté d'un livre, lorsqu'on a lu l'ouvrage avant. L'écrit est toujours plus riche que ce que le film nous donne à voir.

[Conclusion] Les œuvres littéraires sont d'une telle richesse qu'elles ne s'épuisent pas. Leur valeur va bien au-delà de l'époque qui les a produites ; mêmes anciennes, elles ont toujours leur place aujourd'hui.

SUJET

3

Amérique du Sud • Novembre 2018

100 points

Angoisses d'avenir

DOCUMENT A **Texte littéraire**

Dans son récit autobiographique Je dirai malgré tout que cette vie fut belle, *Jean d'Ormesson nous fait part des interrogations de sa jeunesse.*

J'imagine que c'est surtout à cause de moi et pour moi que mes parents envisagèrent de revenir à Paris malgré l'occupation allemande. J'avais seize ans. Je n'avais pas la moindre idée de ce que je voulais faire après le baccalauréat. À vrai dire, ce dont j'avais surtout envie, c'était de ne rien faire du tout.

Très attaché à ses convictions, mais libéral et tolérant, mon père nous avait souvent répété à mon frère et à moi qu'il nous laissait libres de choisir notre avenir – à condition, bien entendu, de servir l'État. Je le comparais volontiers au vieux Ford[1] qui proposait à ses acheteurs des voitures automobiles de la couleur qu'ils souhaitaient – à condition qu'elles fussent noires. Ah ! bien sûr. Nous étions libres : nous pouvions devenir diplomate, conseiller d'État, inspecteur des Finances, membre de la Cour des comptes, gouverneur de la Banque de France ou préfet, mais en aucun cas banquier, marchand de biens, artiste peintre, footballeur, chanteur ou producteur de cinéma. Mon père nourrissait une particulière méfiance à l'égard des hommes d'affaires et des comédiens. J'avais un faible pour les acteurs. Il redoutait comme la peste de me voir monter sur les planches ou gagner de l'argent.

Je n'avais aucune envie de devenir banquier ni artiste. J'avais remarqué assez tôt que quand un doux vieillard demandait à une petite fille ce qu'elle voulait faire plus tard, elle répondait volontiers infirmière ou vétérinaire. Les garçons se voulaient plutôt pompier ou pilote de ligne. J'avais un peu honte de constater que je n'avais aucune espèce de préférence. Je le savais en secret mais il m'était impossible d'exprimer ce que je ressentais. La vraie réponse à la terrible question : « Que voudrais-tu faire plus tard ? » était : « Rien. »

Je me souviens, l'été, à Saint-Fargeau, avant et après la guerre, de redoutables promenades à pied autour de la pièce d'eau où mon père me demandait avec une tendre insistance ce que je comptais faire de ma vie. La question roulait en torrent dans ma tête. Et aucune réponse ne me venait à l'esprit.

Un demi-siècle plus tard, je découvrais avec bonheur un texte de François Mauriac. L'auteur du *Bloc-Notes*, de *Thérèse Desqueyroux*, du *Nœud de vipères* et du *Désert de l'amour* assurait qu'à défaut d'une vocation affirmée dès l'enfance un des signes les plus sûrs de la volonté de consacrer sa vie à la littérature était le refus de toute autre activité et de toute autre ambition.

J'aimais ne rien faire. J'aimais rêver – de préférence à rien. J'aimais attendre. Attendre quoi ? Précisément, rien. J'aimais étudier. Je ne tenais pas tellement à vivre. Peut-être, après une enfance très heureuse, redoutais-je l'épreuve de la vie. Je craignais comme la peste de m'engager dans l'une ou l'autre des voies que m'offrait l'existence.

Peut-être aussi avais-je compris obscurément que les études, pour dire les choses en un mot, représentaient la meilleure façon de ne pas travailler. Ou du moins de ne pas choisir un de ces compartiments du travail qui constituaient autant de pièges dont il vous est impossible de sortir dès que vous avez glissé dans l'engrenage l'ombre d'un doigt de pied.

J'aimais beaucoup lire. Ou faire semblant de lire.

Jean d'Ormesson, *Je dirai malgré tout que cette vie fut belle*, 2016,
© Éditions Gallimard.

1. Henry Ford, industriel fondateur de la marque automobile Ford.

DOCUMENT B **Jean-Baptiste Greuze, *Le Petit Paresseux*, 1755**

Musée Fabre, Montpellier.

TRAVAIL SUR LE TEXTE LITTÉRAIRE ET SUR L'IMAGE

50 POINTS • 1 h 10

Les réponses doivent être entièrement rédigées.

Grammaire et compétences linguistiques

▶ **1.** « Très attaché à ses convictions, mais libéral et tolérant » (l. 6). Quelle est la classe grammaticale du mot souligné ? Quel rapport logique introduit-il ? *(2 points)*

▶ **2.** Réécrivez le passage suivant en remplaçant « je » par « nous », qui désigne le narrateur et son frère. *(10 points)*

« Je me souviens, l'été, à Saint-Fargeau, avant et après la guerre, de redoutables promenades à pied autour de la pièce d'eau où mon père me demandait avec une tendre insistance ce que je comptais faire de ma vie. La question roulait en torrent dans ma tête. Et aucune réponse ne me venait à l'esprit. » (l. 28 à 32)

▶ **3.** Dans le troisième paragraphe (l. 20 à 27), relevez au moins quatre modalisateurs. Quel effet produisent-ils ? *(3 points)*

▶ **4. a)** À qui renvoie le pronom « je » dans le premier paragraphe ? *(1 point)*
b) « J'imagine » (l. 1), « J'avais » (l. 3) : quels sont les temps employés ? Comment comprenez-vous leur usage ? *(4 points)*

Compréhension et compétences d'interprétation

▶ **5.** Dans le deuxième paragraphe (l. 6 à 19), le narrateur énumère les carrières que son père souhaite pour lui. Quel est leur point commun ? *(3 points)*

▶ **6.** Que souhaite faire le narrateur ? Expliquez votre réponse en vous appuyant sur le texte. *(4 points)*

▶ **7.** « Ah ! bien sûr. Nous étions libres » (l. 11-12) : le narrateur pense-t-il ce qu'il écrit ?
Justifiez votre réponse en relevant au moins deux éléments entre les lignes 6 et 19. *(5 points)*

▶ **8.** « La question roulait en torrent dans ma tête » (l. 31).
Identifiez et expliquez l'image que l'auteur emploie dans cette phrase. *(5 points)*

▶ **9.** Quelle représentation de la vie d'adulte le narrateur se fait-il ? Vous vous appuierez plus particulièrement sur votre lecture des derniers paragraphes pour répondre. *(7 points)*

▶ **10.** Le texte et le tableau offrent-ils selon vous une image positive de la paresse ? *(6 points)*

DICTÉE — 10 POINTS • 20 min

Le titre de l'œuvre et le nom de l'auteur sont écrits au tableau.

Jean d'Ormesson
Je dirai malgré tout que cette vie fut belle
© Éditions Gallimard, 2016

Mais ce qui sépare surtout le journaliste de l'écrivain, c'est le mystère du temps. Le temps passe et il dure. Le journaliste est tout entier du côté du temps qui passe. L'écrivain est tout entier du côté du temps qui dure. Il est interdit au journaliste de réclamer si peu de temps que ce soit pour donner à l'article qui doit paraître le soir même plus de force et de tenue. Il est recommandé à l'écrivain de prendre tout son temps – de longues soirées d'hiver, des semaines entières de printemps, parfois des mois et des mois – pour effacer de ses textes la moindre faiblesse et la moindre imperfection.

RÉDACTION 40 POINTS • 1 h 30

Vous traiterez au choix l'un des deux sujets suivants.

Sujet d'imagination

L'été suivant, lors d'un repas de famille, le père du narrateur interroge à nouveau ses fils sur leurs projets d'avenir. Les deux frères affichent des choix radicalement différents.
Imaginez le dialogue animé qui s'ensuit et les réactions des différents personnages présents autour de la table.

Sujet de réflexion

Dans le texte, le narrateur associe le travail à un piège « dont il vous est impossible de sortir » (l. 47-48).
Selon vous, s'engager dans un métier constitue-t-il un piège ou un moyen de s'épanouir ?
Vous répondrez à cette question en prenant appui sur vos connaissances, vos lectures et votre culture personnelle.

LES CLÉS DU SUJET

■ Les documents

Le texte littéraire (document A)

Jean d'Ormesson (1925-2017) est un écrivain académicien. *Dans Je dirai malgré tout que cette vie fut belle*, l'un de ses derniers livres, il revient, entre autres, sur son enfance et sa jeunesse. Pour le titre de cet ouvrage autobiographique, il emprunte au poète Aragon l'un de ses vers.

L'image (document B)

Jean-Baptiste Greuze (1725-1805) est un peintre français. Son œuvre consiste en scènes de genre et en portraits. Il est considéré comme le peintre de la morale et des sentiments intimes.

Rédaction (sujet d'imagination)

Recherche d'idées

• Commence par définir le lieu, le moment et les personnages présents.

• Choisis ensuite les projets d'avenir des deux frères : il s'agit en premier lieu de choix professionnels, mais cela peut être aussi le choix d'un cadre de vie, etc.

• Il s'agit d'un sujet d'imagination : tu peux t'autoriser une certaine fantaisie dans le choix des projets d'avenir.

Conseils de rédaction

Ton texte devra comporter :

– un dialogue, principalement entre le père, le narrateur et son frère, mais aussi avec d'autres membres de la famille ;

– des passages narratifs et descriptifs qui mettront en évidence les réactions des personnages (inquiétude, admiration, colère, indignation, soulagement…).

Rédaction (sujet de réflexion)

Recherche d'idées

• Recherche dans tes lectures, les films que tu as vus, dans tes connaissances historiques ou d'actualité des exemples pour appuyer tes idées. Ainsi, pour illustrer les aspects négatifs du travail, tu peux citer : *Germinal* de Zola, qui évoque avec beaucoup de réalisme le travail dans les mines au XIXe siècle ; *Les Temps modernes* de Charlie Chaplin, qui présente une satire du travail à la chaîne ; le poème d'Hugo, *Melancholia*, contre le travail des enfants.

• Recherche aussi des arguments positifs : le travail libère l'homme ; il lui permet de gagner sa vie ; il peut être source d'épanouissement…

Conseils de rédaction

Tu peux organiser ton devoir de la manière suivante :

• Introduction : présentation de la question.

• Première partie : aspects néfastes du travail (exploitation de l'homme, esclavage, tâches absurdes et répétitives, conditions inhumaines…).

• Seconde partie : aspects positifs du travail (autonomie financière, épanouissement, participation active à la société…).

• Conclusion : synthèse des deux parties.

CORRIGÉ 3

TRAVAIL SUR LE TEXTE LITTÉRAIRE ET SUR L'IMAGE

Grammaire et compétences linguistiques

▶ **1.** « Mais » est une conjonction de coordination qui introduit un rapport d'opposition.

> INFO +
> Les conjonctions de coordination sont : *mais, ou, et, donc, or, ni, car.*

▶ **2.** *Les modifications sont en couleur.*

« Nous nous souvenons, l'été, à Saint-Fargeau, avant et après la guerre, de redoutables promenades à pied autour de la pièce d'eau où notre père nous demandait avec une tendre insistance ce que nous comptions faire de notre vie. La question roulait en torrent dans notre tête. Et aucune réponse ne nous venait à l'esprit. »

▶ **3.** Les modalisateurs sont nombreux : « Je n'avais aucune envie », « J'avais remarqué », « J'avais un peu honte de constater que je n'avais aucune espèce de préférence. », « il m'était impossible d'exprimer ce que je ressentais », « de redoutables promenades ». Un modalisateur est un mot ou groupe de mots qui exprime la subjectivité du locuteur : certitude, incertitude, atténuation, probabilité, renforcement de l'énoncé, satisfaction, soulagement, etc.

▶ **4. a)** Le pronom « je » renvoie au narrateur qui n'est autre que l'auteur, puisqu'il s'agit d'un récit autobiographique.

b) Le verbe *imaginer* est conjugué au présent de l'indicatif. C'est un présent d'énonciation, le présent de l'écriture.

Le verbe *avoir* est conjugué à l'imparfait de l'indicatif : c'est le temps du souvenir.

Compréhension et compétences d'interprétation

▶ **5.** Le point commun à toutes ces carrières, c'est qu'il s'agit de carrières de la fonction publique qui consistent à servir l'État.

▶ **6.** Le narrateur souhaite ne rien faire : « À vrai dire, ce dont j'avais surtout envie, c'était de ne rien faire du tout. »

Pour lui, ne rien faire, cela signifie rêver, attendre, lire, étudier, mais ne surtout pas choisir un métier, une carrière.

▶ **7.** Le narrateur ne pense pas ce qu'il écrit : cette remarque est ironique. La liberté de choix que le père laisse à ses fils est très limitée, comme l'indiquent les emplois répétés de « mais » et « à condition de ».

▶ **8.** L'auteur emploie une métaphore. La question de son père sur son avenir envahit sa conscience, obsédante, comme un torrent au flux impétueux qui emporte tout. Il ne peut plus penser à autre chose.

INFO +
Une métaphore est une comparaison qui n'est pas introduite par un outil de comparaison (*comme, tel, ainsi que*…).

▶ **9.** Le narrateur se fait une idée négative et pessimiste de l'âge adulte :

« Peut-être, après une enfance très heureuse, redoutais-je l'épreuve de la vie. » Il pense que si l'enfance est un âge heureux, insouciant et libre, l'âge adulte est fait de contraintes, de choix définitifs, de pièges redoutables qui propulsent vers un destin tout tracé dans lequel l'homme est pris comme dans un « engrenage ».

▶ **10.** Je trouve que le texte offre plutôt une image positive de la paresse ou plutôt de l'art de ne rien faire. En fait, peut-on vraiment parler de paresse ?

Le narrateur ne se montre pas paresseux : il ne rechigne pas devant la lecture ni devant les études. Ce récit serait plutôt, selon moi, un éloge de l'art de rêver, d'imaginer, de penser. Quant au jeune garçon du tableau, si le titre laisse à penser qu'il s'agit d'un petit paresseux qui s'endort sur le livre qu'il devrait lire, ne pourrait-on pas imaginer aussi qu'il est en train de rêver aux aventures merveilleuses qu'il vient de lire ?

DICTÉE

POINT MÉTHODE

1 La lettre *n* devient *m* devant *m*, *b*, *p* : *temps, printemps, imperfection*.

2 Attention à ne pas confondre les homophones suivants :

– *ce* et *se* : *ce* peut être remplacé par *cela* ; *se* par *me, te*…

– *c'est, s'est* ou encore *ses* : *c'est* peut-être remplacé par *cela est* ; *ses* par *mes, tes*…

Mais ce qui sépare surtout le journaliste de l'écrivain, c'est le mystère du temps. Le temps passe et il dure. Le journaliste est tout entier du côté du temps qui passe. L'écrivain est tout entier du côté du temps qui dure. Il est interdit au journaliste de réclamer si peu de temps que ce soit pour donner à l'article qui doit paraître le soir même plus de force et de tenue. Il est recommandé à l'écrivain de prendre tout son temps – de longues soirées d'hiver, des semaines entières de printemps, parfois des mois et des mois – pour effacer de ses textes la moindre faiblesse et la moindre imperfection.

RÉDACTION

Voici un exemple de rédaction sur chacun des deux sujets.
Attention les indications entre crochets ne doivent pas figurer sur ta copie.

Sujet d'imagination

[Circonstances et introduction de la question] L'été suivant, la famille était réunie dans le jardin pour fêter l'anniversaire de grand-mère : mes parents, mon frère, mes grands-parents et une vieille tante complètement sourde. C'était une chaude journée estivale, l'atmosphère était sereine. Le repas touchait à sa fin ; j'espérais avoir échappé à la terrible question rituelle, quand mon père demanda soudain : « Alors, les garçons, quels sont vos projets d'avenir ? »

[Réponse du frère] Mon frère se lança dans une longue tirade sur ses ambitions professionnelles : il hésitait entre politique et diplomatie, mais souhaitait de tout cœur servir l'État. Des murmures approbateurs soulignèrent son discours :

> CONSEIL
> Tu peux alterner discours direct, indirect, indirect libre et discours narrativisé.

« Qu'il parle bien, ce petit, s'extasia ma grand-mère.

– Je suis fier de toi, mon enfant, tu es le digne fils de ton père, lança mon grand-père de sa voix tonitruante. Levons nos verres à ton bel avenir ! »

Ma mère souriait modestement. Elle était fière de son rejeton. De mon côté, je m'enfonçai profondément dans mon siège en osier, avec l'envie de disparaître... « Et toi, mon chéri ? », gazouilla ma grand-mère.

[Réponse du narrateur] Je bredouillai une réponse assez embarrassée : je n'avais pas encore fait de choix, j'étais jeune... Allez leur dire que vous ne voulez rien faire !

« Qu'est-ce qu'il a dit ? », s'inquiéta la tante Rose qui n'avait rien saisi de la conversation.

> CONSEIL
> Pense à varier les verbes de parole : *demander, s'extasier, lancer d'une voix tonitruante, gazouiller, bredouiller...*

Un désir de bravade s'empara de moi :

« J'aimerais bien devenir comédien à la Comédie-Française, tentai-je...

Mon père laissa tomber le cigare qu'il venait d'allumer :

– Comment peux-tu... ? Il n'y aura jamais de saltimbanque dans notre famille, hurla-t-il. Il ne manquerait plus que cela !

– Ou écrivain. J'aimerais bien écrire et, qui sait, entrer à l'Académie française.

– Tu écriras ma biographie quand je serai devenu un grand homme, s'enthousiasma mon frère.

[Conclusion] Toute l'assemblée se mit à rire. Je m'en étais bien sorti, mais ce n'était que partie remise.

Sujet de réflexion

[Introduction] Si l'on considère l'étymologie du mot qui aurait pour origine le nom d'un instrument de torture, le travail serait quelque chose de négatif, longtemps dévalorisé. Mais cette conception n'a-t-elle pas changé ?

[Le travail qui déshumanise] Aux siècles précédents, le travail est souvent dépeint comme ce qui déshumanise l'homme. Sous l'Antiquité, il était dévolu aux esclaves, considérés comme des machines. Une fois l'esclavage aboli, l'homme a continué à être exploité au profit de quelques-uns. Ainsi, lorsque Zola écrit *Germinal*, c'est pour montrer les conditions de travail inhumaines des mineurs. Même les enfants, dès leur plus jeune âge, étaient confrontés à cet enfer, ce dont s'insurge Victor Hugo dans *Melancholia*.

Si les conditions des ouvriers s'améliorent au XXe siècle, certains écrivains et cinéastes comme Céline (*Voyage au bout de la nuit*) et Charlie Chaplin (*Les Temps modernes*) dépeignent le travail à la chaîne comme une nouvelle forme d'esclavage. Lorsque Jean d'Ormesson parle d'« engrenage », comment ne pas penser à Charlot avalé par la machine ?

[Le travail source d'épanouissement] Cependant, toutes ces expériences négatives ne doivent pas nous amener à considérer le travail comme nécessairement nocif. Les conditions de travail et la conception du travail ont beaucoup changé : un métier peut apporter une grande liberté et être source d'épanouissement.

Pour cela, il faut bien sûr qu'il soit librement choisi et qu'il ait du sens. Certains préféreront des tâches manuelles (maçons, mécaniciens, boulangers…) ; d'autres choisiront d'être médecins, journalistes, ou avocats. Certains souhaiteront travailler au cœur de la nature, d'autres préféreront un environnement urbain. L'essentiel est de prendre plaisir à ce qu'on fait et d'avoir le sentiment d'apporter sa pierre à la société.

[Conclusion] Longtemps considéré de manière négative, le travail a été considérablement revalorisé. Certains peuvent craindre d'être enfermés dans un secteur professionnel, mais aucun choix n'est définitif : il est toujours possible de reprendre des études, de partir à l'étranger à la recherche d'expériences nouvelles, ou encore de créer sa propre société.

SUJET

4

D'après France métropolitaine • Juin 2017

100 points

La vie urbaine

DOCUMENT A **Texte littéraire**

Giono a décidé de vivre à la campagne, au plus près de la nature. Néanmoins, il va parfois à Paris. Il évoque ici son expérience de la ville.

Quand le soir vient, je monte du côté de Belleville[1]. À l'angle de la rue de Belleville et de la rue déserte, blême et tordue, dans laquelle se trouve *La Bellevilloise*[2], je connais un petit restaurant où je prends mon repas du soir. Je vais à pied. Je me sens tout dépaysé par la dureté du trottoir et le balancement des hanches qu'il faut avoir pour éviter ceux qui vous frôlent. Je marche vite et je dépasse les gens qui vont dans ma direction ; mais quand je les ai dépassés, je ne sais plus que faire, ni pourquoi je les ai dépassés, car c'est exactement la même foule, la même gêne, les mêmes gens toujours à dépasser sans jamais trouver devant moi d'espaces libres. Alors, je romps mon pas et je reste nonchalant[3] dans la foule. Mais ce qui vient d'elle à moi n'est pas sympathique. Je suis en présence d'une anonyme création des forces déséquilibrées de l'homme. Cette foule n'est emportée par rien d'unanime. Elle est un conglomérat de mille soucis, de peines, de joies, de fatigues, de désirs extrêmement personnels. Ce n'est pas un corps organisé, c'est un entassement, il ne peut y avoir aucune amitié entre elle, collective, et moi. Il ne peut y avoir d'amitié qu'entre des parties d'elle-même et moi, des morceaux de cette foule, des hommes ou des femmes. Mais alors, j'ai avantage à les rencontrer seuls et cette foule est là seulement pour me gêner. Le premier geste qu'on aurait si on rencontrait un ami serait de le tirer de là jusqu'à la rive, jusqu'à la terrasse du café, l'encoignure de la porte, pour avoir enfin la joie de véritablement le rencontrer.

[…]

De tous ces gens-là qui m'entourent, m'emportent, me heurtent et me poussent, de cette foule parisienne qui coule, me contenant sur les trottoirs devant *La Samaritaine*[4], combien seraient capables de recommencer les gestes essentiels de la vie s'ils se trouvaient demain à l'aube dans un monde nu ?

Qui saurait orienter son foyer en plein air et faire du feu ?

Qui saurait reconnaître et trier parmi les plantes vénéneuses les nourricières comme l'épinard sauvage, la carotte sauvage, le navet des montagnes, le chou des pâturages ?

Qui saurait tisser l'étoffe ?

Qui saurait trouver les sucs pour faire le cuir ?

Qui saurait écorcher un chevreau ?

Qui saurait tanner la peau ?

Qui saurait vivre ?

Ah ! c'est maintenant que le mot désigne enfin la chose ! Je vois ce qu'ils savent faire : ils savent prendre l'autobus et le métro. Ils savent arrêter un taxi, traverser une rue, commander un garçon de café ; ils le font là tout autour de moi avec une aisance qui me déconcerte et m'effraie.

Jean Giono, *Les Vraies Richesses*, 1936.

1. Belleville : quartier parisien dans l'Est de la ville. 2. *La Bellevilloise* : coopérative ouvrière qui permettait aux ouvriers d'acheter des produits de consommation moins chers. C'est aussi, en 1936, un lieu culturel très connu. 3. Nonchalant : lent et indifférent. 4. *La Samaritaine* : grand magasin parisien, fondé en 1870.

DOCUMENT B **Jean-Pierre Stora, « Allées piétonnières »**

Lavis encre de chine, 64 × 50, 1995.

TRAVAIL SUR LE TEXTE LITTÉRAIRE ET SUR L'IMAGE

50 POINTS • 1 H 10

Les réponses aux questions doivent être entièrement rédigées.

Grammaire et compétences linguistiques

▶ **1. a)** Quel est ici le sens du mot « entassement » (l. 16) ? Trouvez un synonyme de ce nom dans les lignes qui précèdent. *(3 points)*

b) « Elle est… personnels. » (l. 14-15) : quel est le procédé d'écriture utilisé dans cette phrase ? *(2 points)*

c) En vous appuyant sur vos deux réponses précédentes, expliquez comment le narrateur perçoit la foule. *(2 points)*

▶ **2.** « Le premier geste qu'on <u>aurait</u> si on rencontrait un ami <u>serait</u> de le tirer de là jusqu'à la rive » (l. 20-22)

a) Quel est le temps et le mode des verbes soulignés ? *(2 points)*

b) Justifiez son emploi. *(2 points)*

▶ **3.** « […] je connais un petit restaurant où je prends mon repas du soir. Je vais à pied. Je me sens tout dépaysé par la dureté du trottoir et le balancement des hanches qu'il faut avoir pour éviter ceux qui vous frôlent. » (l. 3-6)

Réécrivez ce passage en remplaçant « je » par « nous » et en mettant les verbes conjugués à l'imparfait. *(10 points)*

Compréhension et compétences d'interprétation

▶ **4.** En vous appuyant sur le premier paragraphe, expliquez la formule du narrateur (l. 4) : « Je me sens tout dépaysé ». *(4 points)*

▶ **5.** Lignes 30 à 38 :

a) Quelles remarques pouvez-vous faire sur la disposition et les procédés d'écriture dans ce passage ? Trois remarques au moins sont attendues. *(5 points)*

b) Quel est, selon vous, l'effet recherché par le narrateur dans ce passage ? Développez votre réponse. *(2 points)*

▶ **6.** Dans le dernier paragraphe, pourquoi le narrateur est-il déconcerté et effrayé (l. 42-43) ? Justifiez votre réponse en vous appuyant sur le texte. *(4 points)*

▶ **7.** Ce texte est extrait d'un livre intitulé *Les Vraies Richesses*. Quelles sont, selon vous, les « vraies richesses » auxquelles pense l'auteur ? Rédigez une réponse construite et argumentée. *(6 points)*

▶ **8.** Que ressentez-vous en regardant l'œuvre de Jean-Pierre Stora (document B) ? Expliquez votre réponse. *(4 points)*

▶ **9.** Cette œuvre (document B) peut-elle illustrer la manière dont le narrateur perçoit la foule dans le texte de Jean Giono (document A) ? Développez votre réponse. *(4 points)*

DICTÉE — 10 POINTS • 20 MIN

Le nom de l'auteur et le titre de l'œuvre sont écrits au tableau au début de la dictée.

Jean Giono
Les Vraies Richesses, 1936

De temps en temps, je m'arrête, je tourne la tête et je regarde vers le bas de la rue où Paris s'entasse : des foyers éclatants et des taches de ténèbres piquetées de points d'or. Des flammes blanches ou rouges flambent d'en bas comme d'une vallée nocturne où s'est arrêtée la caravane des nomades. Et le bruit : bruit de fleuve ou de foule. Mais les flammes sont fausses et froides comme celles de l'enfer. En bas, dans un de ces parages sombres est ma rue du Dragon, mon hôtel du Dragon. Quel ordre sournois, le soir déjà lointain de ma première arrivée, m'a fait mystérieusement choisir cette rue, cet hôtel au nom dévorant et enflammé ? Il me serait facile, d'ici, d'imaginer le monstre aux écailles de feu.

RÉDACTION — 40 POINTS • 1 H 30

Vous traiterez au choix l'un des deux sujets. Votre rédaction sera d'une longueur minimale d'une soixantaine de lignes (300 mots environ).

Sujet de réflexion

Pensez-vous comme Jean Giono que la ville soit un lieu hostile ? Vous proposerez une réflexion organisée et argumentée en vous appuyant sur vos lectures et vos connaissances personnelles.

Sujet d'imagination

Vous vous sentez vous aussi « dépaysé(e) » en arrivant dans une ville. Racontez cette expérience. Vous décrivez les lieux que vous découvrez, vous évoquez vos impressions et vos émotions.
Vous ne signerez pas votre texte de votre nom.

LES CLÉS DU SUJET

■ Les documents

Le texte littéraire (document A)

Dans *Les Vraies Richesses*, Jean Giono dénonce la vanité de la vie citadine et chante la gloire de la campagne et d'une vie plus proche de la nature. L'extrait présenté ici se situe au début de l'ouvrage.

L'image (document B)

Jean-Pierre Stora s'est passionné pour les foules qui déambulent dans des centres commerciaux ou des aéroports. Nombre de ses œuvres soulignent l'absurdité de certains comportements dans ces lieux.

■ Rédaction (sujet de réflexion)

Recherche d'idées

• Pour appuyer la thèse de Jean Giono, reprends des idées présentes dans le texte : l'anonymat de la foule, le rythme de vie trop rapide, la perte de sens et le dédain des vraies richesses.

• Pour terminer ton devoir, en guise d'ouverture, tu peux introduire la notion d'espace périurbain : désormais la différence entre ville et campagne n'est plus aussi nette qu'avant.

Conseils de rédaction

• Tu peux répondre positivement ou négativement à la question posée ; tu peux aussi choisir une réflexion opposant les deux thèses : la ville perçue comme hostile ; puis la ville considérée comme accueillante et agréable.

• Utilise des expressions comme *existence citadine* ou *mode de vie urbain* pour éviter de trop répéter le mot *ville*.

■ Rédaction (sujet d'imagination)

Recherche d'idées

• Tu peux choisir d'évoquer une grande ville réelle connue de tous, une ville réelle de taille plus modeste, ou encore une ville fictive.

• Le sentiment d'étrangeté ressenti en arrivant dans cette ville peut avoir plusieurs causes : une différence avec ta région d'origine, ou un décalage par rapport à tes attentes concernant cette ville.

Conseils de rédaction

• Rédige le texte à la première personne. Tu peux consacrer un premier paragraphe à la description de la ville, et un second à tes impressions ; ou bien mêler description et récit des émotions ressenties.

• Exprime la surprise (*stupéfait, ébahi, ahuri…*), la fascination (*émerveillé, enthousiaste, enchanté…*) ou le rejet (*malaise, répugnance…*).

FRANÇAIS

CORRIGÉ 4

TRAVAIL SUR LE TEXTE LITTERAIRE ET SUR L'IMAGE

Grammaire et compétences linguistiques

▶ **1. a)** Le mot *entassement* désigne un amas d'éléments rassemblés en tas ou en pile. Dans le texte, le synonyme *conglomérat* est employé.

b) Le procédé employé est une énumération.

c) La foule est vue comme un rapprochement d'éléments disparates, étrangers les uns aux autres. Cette foule est perçue négativement, comme hostile : « Mais ce qui vient d'elle à moi n'est pas sympathique. »

▶ **2. a)** Les deux verbes sont conjugués au conditionnel présent.

b) Le conditionnel exprime ici l'irréel du présent, et fonctionne en association avec la conditionnelle introduite par « si ».

▶ **3.** *Les modifications sont mises en couleur.*

« Nous connaissions un petit restaurant où nous prenions notre repas du soir. Nous allions à pied. Nous nous sentions tout dépaysés par la dureté du trottoir et le balancement des hanches qu'il fallait avoir pour éviter ceux qui vous frôlaient. »

> ATTENTION !
> Le mot « tout » ne s'accorde pas, car c'est ici un adverbe : il peut être remplacé par « très » ou « absolument ».

Compréhension et compétences d'interprétation

▶ **4.** À Paris, le narrateur, qui habituellement vit à la campagne, se sent hors de son habitat naturel : il a du mal à s'adapter aux trottoirs, à la foule, aux habitudes urbaines.

▶ **5. a)** Ces lignes sont construites selon un même modèle : une succession de phrases interrogatives, où l'on relève à chaque fois une anaphore (« qui saurait ») et un parallélisme de construction (qui + verbe au conditionnel + verbe à l'infinitif + COD). Chaque interrogation est précédée d'un alinéa : la mise en page crée ainsi une rupture avec le reste du texte.

b) Ces questions sont des interrogations oratoires : la réponse évidente qu'elles supposent, « personne », souligne l'incapacité des hommes modernes à accomplir les tâches essentielles qui ont permis la survie de l'espèce humaine à travers les siècles (s'orienter, faire du feu, se nourrir…). Le mode de vie urbain est donc complètement dissocié de la nature. L'accumulation de questions, comme une démonstration implacable, aboutit à la conclusion finale : personne ne saurait plus vivre.

> ZOOM
> Les interrogations oratoires (ou rhétoriques) sont des questions qui n'attendent pas de réponse, car celle-ci est évidente.

▶ **6.** Le narrateur est déconcerté de voir à quel point les talents de l'homme moderne sont vains ; il constate que les gens se contentent d'exécuter des gestes futiles, comme « arrêter un taxi » ou « commander un garçon de café », et il est effrayé de voir qu'ils se sentent à l'aise dans ce monde qui n'a pas grand sens, alors même qu'ils ne connaissent plus les gestes essentiels à la survie.

▶ **7.** Les « vraies richesses » dont parle Giono n'ont rien à voir avec ce que savent faire les citadins. L'expression désigne les savoir-faire utiles et concrets dont l'homme a besoin quand il vit en harmonie avec la nature (*faire du feu, tisser l'étoffe, vivre*), mais aussi les rencontres individuelles, à l'écart de la foule (« le premier geste qu'on aurait si on rencontrait un ami serait de le tirer de là jusqu'à la rive, […] pour avoir enfin la joie de véritablement le rencontrer »).

▶ **8.** L'œuvre présente une série d'allées séparées dans lesquelles des gens se pressent et avancent : tous sont en mouvement, personne ne s'arrête, chacun marche seul.

Les silhouettes humaines, isolées mais toutes identiques, sont semblables à des robots qui défilent sans fin, sans que l'on ne connaisse ni l'origine ni le but du déplacement.

Le comportement humain apparaît donc sous un jour très négatif : tristesse et pessimisme l'emportent lorsqu'on regarde cette image.

▶ **9.** Les points communs sont nombreux entre les deux documents. On ne peut identifier sur le lavis les individus dans la foule : tous se ressemblent, sans distinction d'âge ou de sexe, ce qu'accentue l'usage du noir et blanc. Ils sont obligés d'avancer, au sein d'une foule indifférente. De même Jean Giono parlait d'un « entassement », d'« une anonyme création ». De plus, cette vision de la foule est triste, angoissante, ou ainsi que le disait Giono, « pas sympathique ». Cette œuvre peut donc illustrer le texte.

DICTÉE

POINT MÉTHODE

1 Deux phrases présentent des sujets inversés ; identifie-les avec précision pour accorder correctement les verbes : […] *où s'est arrêtée la caravane des nomades* ; […] *est ma rue du Dragon*.

2 Attention aux homophones *ou* (= ou bien) et *où*, présents à quatre reprises dans le texte.

3 Veille à l'accord des adjectifs au pluriel : *éclatants, piquetées, sombres*… Attention au nom *ténèbres* qui est féminin pluriel.

De temps en temps, je m'arrête, je tourne la tête et je regarde vers le bas de la rue où Paris s'entasse : des foyers éclatants et des taches de ténèbres piquetées de points d'or. Des flammes blanches ou rouges flambent d'en bas comme d'une vallée nocturne où s'est arrêtée la caravane des nomades. Et le bruit : bruit de fleuve ou de foule. Mais les flammes sont fausses et froides comme celles de l'enfer. En bas, dans un de ces parages sombres est ma rue du Dragon, mon hôtel du Dragon. Quel ordre sournois, le soir déjà lointain de ma première arrivée, m'a fait mystérieusement choisir cette rue, cet hôtel au nom dévorant et enflammé ? Il me serait facile, d'ici, d'imaginer le monstre aux écailles de feu.

RÉDACTION

Voici un exemple de rédaction sur chacun des deux sujets. Attention les indications entre crochets ne doivent pas figurer sur ta copie.

Sujet de réflexion

[Introduction] Dans son ouvrage *Les Vraies Richesses*, Jean Giono présente la ville comme un lieu hostile qui ne permet pas les rencontres individuelles. La ville est-elle réellement un lieu désagréable et nuisible ? Nous nous demanderons d'abord pour quelles raisons la ville est un environnement parfois néfaste pour l'homme ; nous verrons ensuite que la ville peut aussi être synonyme d'épanouissement personnel.

[Un lieu hostile] La vie urbaine n'est pas toujours agréable, pour plusieurs raisons. Tout d'abord, les citadins vivent entassés : les logements en appartements offrent souvent peu d'espace et les déplacements se font dans la foule et la promiscuité. Dans cet environnement anonyme, personne ne se préoccupe de savoir qui nous sommes vraiment. Ensuite, comme Jean Giono le fait remarquer, la vie en ville éloigne l'homme de la nature et des connaissances indispensables à sa survie : nul citadin ne sait plus aujourd'hui allumer un feu en pleine nature sans briquet ni allumettes.

[Un lieu d'épanouissement] Néanmoins, le mode de vie urbain a quelques conséquences positives. En effet, la ville favorise de multiples rencontres, ce qui n'est pas le cas de l'environnement rural. Nombre de jeunes gens sont ravis de s'installer en ville pour suivre leurs études : ils nouent de nouvelles relations, avec des gens ayant les mêmes centres d'intérêt. Par ailleurs, la vie citadine, en concentrant les activités humaines, offre un accès privilégié à la culture et aux savoirs : les formations et les expositions ne sont jamais aussi nombreuses qu'en ville.

[Conclusion] La ville est désagréable par certains aspects et éloigne l'homme de la nature, elle peut pour cela être considérée comme hostile. Mais elle permet également de multiplier les rencontres, ce qui en fait un lieu d'épanouissement. Aujourd'hui toutefois, la distinction entre ville et campagne n'est plus aussi marquée qu'auparavant : ainsi, les espaces périurbains présentent en même temps les caractéristiques de la ville et celles de la campagne.

Sujet d'imagination

[Circonstances] Un matin, lorsque j'étais enfant, ma mère m'annonça qu'à Pâques nous nous rendrions à Nice pour une réunion de famille chez le parrain de mon frère, dont je n'avais absolument aucun souvenir. Je n'étais pas ravie à l'idée de m'éloigner de mes amis durant les vacances. Je n'imaginais pas alors à quel point j'allais être dépaysée en arrivant là-bas.

[Découvertes et émotions] Lorsque le train s'arrêta en gare de Nice, je crus arriver dans un pays étranger. La chaleur, la lumière, la décontraction des passants me semblèrent d'emblée à mille lieues de ma Normandie natale. Chez moi, quand il ne pleut pas, le ciel est souvent couvert, l'herbe est verte et l'humidité omniprésente. Mais là, je découvrais une autre France. C'était la ville certes, mais pas la ville grise : une ville orange, une ville lumineuse, une ville aérée. Que de couleurs ! Et les odeurs…

> CONSEIL
> Pense à solliciter tous les sens dans ta description : vue, ouïe, odorat…

Notre chemin nous fit passer devant un grand parc, et la profusion de fleurs odorantes, dont je me souviens encore, me bouleversa : la nature, bien que cadenassée entre les grilles d'un parc, réussissait à imposer sa force et sa beauté. Je fus immédiatement séduite par cet environnement et n'eus qu'une envie : voir la mer qui bordait cette cité. Je dus attendre le lendemain pour l'apercevoir, mais je ne fus pas déçue : elle était grandiose et se faisait entendre avant même d'être vue.

[Bilan] Frappée d'une évidence, je compris à cet instant que mon univers ne se bornait pas à ce que je connaissais et que ce sentiment de dépaysement que je ressentais alors était d'une richesse infinie.

SUJET

5

France métropolitaine • Septembre 2018

100 points

Des paroles intenses

DOCUMENT A **Texte littéraire**

Orphelin mutilé par la guerre, le jeune Omar-Jo a fui son pays. Il a été accueilli à Paris par des cousins. Il a pour ami Maxime, le responsable d'un manège. Il organise des spectacles.

Lorsqu'il sentait son public avec lui, applaudissant et riant de ses loufoqueries[1], Omar-Jo changeait brusquement de répertoire.

D'abord, il faisait taire la musique ; ses pitreries se fracassaient contre un mur invisible. Ensuite, il laissait un silence opaque planer au-dessus des spectateurs.

D'un seul geste, il arrachait alors les rubans ou les feuillages qui dissimulaient son moignon[2]. Puis, il présentait celui-ci au public, dans toute sa crudité.

Il ôtait son faux nez. En se frottant avec un pan de sa chemise, il se débarbouillait de son maquillage. Sa face apparaissait d'une pâleur extrême ; enfoncés dans leurs orbites, ses yeux étaient d'un noir infini.

Il s'était également dépouillé de ses déguisements qui s'entassaient à ses pieds. Il les piétina avant de grimper sur leurs dépouilles comme sur un monticule, d'où il se remit à parler.

Ce furent d'autres paroles.

Elles s'élevaient du tréfonds, extirpant Omar-Jo de l'ambiance qu'il avait lui-même créée.

Oubliant ses jongleries, il laissait monter cette voix du dedans. Cette voix âpre, cette voix nue qui, pour l'instant, recouvrait toutes ses autres voix.

L'enfant multiple n'était plus là pour divertir. Il était là aussi pour évoquer d'autres images. Toutes ces douloureuses images qui peuplent le monde.

Mené par sa voix, Omar-Jo évoque sa ville récemment quittée. Elle s'insinue dans ses muscles, s'infiltre dans les battements du cœur, freine le voyage du sang. Il la voit, il la touche, cette cité lointaine. Il la compare à celle-ci, où l'on peut, librement, aller, venir, respirer ! Celle-ci, déjà sienne, déjà tendrement aimée.

Ici, les arbres escortent les avenues, entourent les places. De robustes bâtiments font revivre les siècles disparus, d'autres préfigurent l'avenir. Une population diversifiée flâne ou se hâte. Malgré problèmes et soucis, ils vivent en paix. En paix !

Là-bas les îlots en ruine se multiplient, des arbres déracinés pourrissent au fond de crevasses, les murs sont criblés de balles, les voitures éclatent, les immeubles s'écroulent. D'un côté comme de l'autre de cette cité en miettes, on brade les humains !

Omar-Jo se déchaîne, ses paroles flambent. Omar-Jo ne joue plus. Il contemple le monde, et ce qu'il en sait déjà ! Ses appels s'amplifient, il ne parle pas seulement pour les siens. Tous les malheurs de la terre se ruent sur ce Manège.

Tout s'est immobilisé. Les chevaux ont terminé leur ronde. Le public écoute, pétrifié[3].

Maxime, perplexe, n'ose pas faire taire l'étrange enfant.

Après ces cris d'angoisse, il ne reste d'autre issue que de renouer avec la vie.

Omar-Jo ressort de sa poche son vieil harmonica et, retrouvant son souffle, il en tire, une fois de plus, des sons mélodiques et vivaces.

Andrée Chedid, *L'Enfant multiple*, 1989.

---

1. Loufoqueries : actes, propos extravagants, insensés.
2. Moignon : ce qui reste d'un membre qui a été amputé.
3. Pétrifié : au sens propre « transformé en pierre », au sens figuré « immobilisé ».

DOCUMENT B ***Enfant jouant dans les ruines de Damas*, AFP, 2016**

© Amer Almohibany/AFP

TRAVAIL SUR LE TEXTE LITTÉRAIRE ET SUR L'IMAGE

50 POINTS • 1 h 10

Les réponses doivent être entièrement rédigées.

Grammaire et compétences linguistiques

▶ **1.** « Il s'était également dépouillé de ses déguisements qui s'entassaient à ses pieds. » (l. 13-14)

a) Réécrivez la phrase et soulignez son verbe principal.
À quel temps est-il conjugué ? *(2 points)*

b) Délimitez le groupe complément du verbe principal en le plaçant entre crochets. *(1 point)*

c) Pour vérifier la délimitation du groupe complément, réécrivez la phrase en remplaçant ce complément de verbe par un pronom. *(1 point)*

▶ **2.** Lignes 25-26 : « sa ville récemment quittée ».
Lignes 27-28 : « Il la voit, il la touche, cette cité lointaine. »

a) À quelle classe grammaticale précise appartient le déterminant « sa » ? *(1 point)*

b) À quelle classe grammaticale précise appartient le déterminant « cette » ? *(1 point)*

c) Pourquoi le narrateur change-t-il de déterminant pour désigner la même ville évoquée par Omar-Jo ? *(2 points)*

▶ **3.** Mettez le passage ci-dessous au passé composé.
Faites toutes les modifications nécessaires. *(10 points)*
« Elle s'insinue dans ses muscles, s'infiltre dans les battements du cœur, freine le voyage du sang. Il la voit, il la touche, cette cité lointaine. » (l. 26-28)

Compréhension et compétences d'interprétation

▶ **4.** Dans les lignes 1 à 15 :
a) Dans quel rôle Omar-Jo apparaît-il au début du texte ?
Justifiez votre réponse par quatre relevés précis. *(3 points)*
b) Quels éléments montrent qu'il abandonne progressivement ce rôle ? Vous vous appuierez sur le lexique et l'enchainement des phrases. *(3 points)*

▶ **5.** Lignes 16 à 29 : comment le texte met-il en valeur la puissance de la parole d'Omar-Jo ?
Vous justifierez votre réponse en vous appuyant sur un relevé précis que vous interpréterez.
Deux éléments au moins sont attendus. *(4 points)*

▶ **6.** Lignes 25 à 37 : quelles oppositions Omar-Jo souligne-t-il dans l'évocation des deux villes ?
Identifiez ces oppositions en vous appuyant sur des relevés significatifs. *(6 points)*

▶ **7.** Face à la parole d'Omar-Jo, la réaction du public change. Montrez ce changement. Expliquez-le en vous appuyant sur le texte. *(4 points)*

▶ **8.** Ligne 22 : « L'enfant multiple » : à la lumière du texte et de vos réponses aux questions précédentes, expliquez cette expression qui donne son titre à l'œuvre. On attend un paragraphe construit, développé et argumenté (deux arguments au moins). *(6 points)*

▶ **9.** Le texte met en valeur la puissance de la parole sur le public. Selon vous, l'image proposée peut-elle aussi agir sur ceux qui la regardent ? Vous justifierez votre réponse. *(6 points)*

DICTÉE

10 POINTS • 20 min

Les noms « Maxime », « Manège », ainsi que le nom de l'auteur et le titre de l'œuvre sont écrits au tableau. Les informations suivantes sont données : dans le texte de la dictée, le grand-père d'Omar-Jo resté dans son pays répond à une lettre de Maxime, le responsable du manège.

Andrée Chedid
L'Enfant multiple
© Éditions Flammarion, 1989

Ami Maxime, pour mon petit-fils, merci !

Je viendrai voir votre Manège, un jour. En attendant, il tourne dans ma tête ; je le chéris et le décore de tous les fruits de mon jardin. Par moments, il s'élève comme une soucoupe volante, et plane ou tournoie juste au-dessus de ma maison.

Depuis quelque temps, nos journées sont tranquilles. Les transports publics sont rétablis, le courrier a repris. Je crois pouvoir, bientôt, t'expédier des abricots et des pêches. Tu t'en régaleras.

Notre existence, notre Manège à nous, s'enfonce encore dans les ruines ; mais à présent que les armes se sont tues, de village en village nous arrivons, peu à peu, à recomposer la chaîne, et à nous retrouver. Il faudra bien que ça tourne rond, un jour ! Que notre peuple tout entier remonte sur le même Manège qui s'ébranlera, progressera, sur une musique d'espoir.

RÉDACTION

40 POINTS • 1 h 30

Vous traiterez au choix l'un des sujets suivants.

Sujet d'imagination

L'un des parents a emmené ses enfants au spectacle d'Omar-Jo. À son retour à la maison, il raconte à un autre membre de la famille la scène à laquelle il a assisté, « pétrifié » (l. 43).
Il décrit dans son récit les émotions qu'il a ressenties.
Vous écrirez votre récit à la 1re personne.

Sujet de réflexion

« L'enfant multiple n'était plus là pour divertir. Il était là aussi pour évoquer d'autres images. Toutes ces douloureuses images qui peuplent le monde. » (l. 22-24)

Peut-on faire aussi réfléchir en divertissant ?

Vous répondrez à cette question en développant plusieurs arguments. Vous prendrez appui sur des exemples d'œuvres lues et étudiées en classe ou sur des exemples tirés de votre culture personnelle.

LES CLÉS DU SUJET

■ Les documents

Le texte littéraire (document A)

Ce roman met en scène Omar-Jo, douze ans, récemment arrivé à Paris. Fils d'un père musulman égyptien et d'une mère chrétienne libanaise, il a quitté son pays en guerre, le Liban, après un attentat où ses parents ont perdu la vie et lui-même un bras.

La photographie (document B)

L'image, prise en 2016, montre deux enfants courant et jouant avec des ballons multicolores dans la ville de Damas, en Syrie, ravagée par la guerre depuis 2011. Le conflit aurait fait depuis lors quelques 500 000 victimes.

■ Rédaction (sujet d'imagination)

Recherche d'idées

- Les sentiments évoluent pendant le spectacle : tu peux évoquer d'abord de l'amusement pendant le numéro de clown, puis de la surprise quand le ton change, de l'émotion enfin quand les souffrances sont évoquées.
- Réfléchis également à la gamme des émotions ressenties : effroi quand Omar-Jo montre son bras coupé, plaisir à voir évoquer sa ville avec amour, horreur devant les souffrances décrites, compassion et empathie envers le jeune garçon.

Conseils de rédaction

- Tu dois écrire un récit à la 1re personne : le parent qui a assisté au spectacle rentre chez lui et raconte la scène ; donne quelques informations sur son interlocuteur : l'autre parent ou un enfant plus âgé qu'Omar-Jo, par exemple.
- Le proche peut prendre la parole, pour relancer le récit ou commenter ce qu'il vient d'entendre.

Rédaction (sujet de réflexion)

Recherche d'idées

• Le sujet est une question à laquelle on peut aisément répondre par oui ou non. Privilégie une réponse nuancée dans ton devoir.

• Réfléchis aux exemples prouvant que l'on peut divertir et faire réfléchir en même temps : les comédies de Molière invitent les hommes à corriger leurs défauts ; la littérature de science-fiction faire réfléchir aux conséquences que pourraient avoir les progrès scientifiques dans l'avenir.

Conseils de rédaction

• N'oublie pas de faire apparaître clairement les articulations de ton devoir, à l'aide de connecteurs d'addition (*tout d'abord*, *ensuite*, *enfin*) et d'opposition (*néanmoins*, *à l'inverse*).

• Si tu le souhaites, tu peux dans la conclusion employer la 1re personne du singulier pour exprimer ton opinion personnelle.

CORRIGÉ 5

TRAVAIL SUR LE TEXTE LITTÉRAIRE ET SUR L'IMAGE

Grammaire et compétences linguistiques

▶ **1. a)** et **b)** « Il s'était également dépouillé [de ses déguisements qui s'entassaient à ses pieds]. »

Le verbe pronominal « se dépouiller » est conjugué au plus-que-parfait.

c) « Il s'en était également dépouillé » ou « il s'était également dépouillé de ceux-là ».

▶ **2. a)** « Sa » est un déterminant possessif.

b) « Cette » est un déterminant démonstratif.

c) Dans la première phrase, on insiste sur l'appartenance du personnage à cette ville ; dans la seconde, la ville est offerte au regard du public, elle est désignée, comme montrée du doigt : « il la voit, il la touche ».

▶ **3.** *Les modifications sont en couleur.*

« Elle s'est insinuée dans ses muscles, s'est infiltrée dans les battements du cœur, a freiné le voyage du sang. Il l'a vue, il l'a touchée, cette cité lointaine. »

> ATTENTION !
> Pour les trois derniers verbes, l'auxiliaire *avoir* est employé ; accorde avec le COD si nécessaire.

Compréhension et compétences d'interprétation

▶ **4. a)** Omar-Jo apparaît dans le rôle du clown, comme le prouvent les indications suivantes : « ses loufoqueries, ses pitreries, son faux nez, son maquillage ».

b) Il abandonne ce rôle de manière progressive. Des indications temporelles rythment ce changement : « d'abord, ensuite, puis, également ». Les éléments du costume de clown sont peu à peu abandonnés : « arrachait, ôtait, se débarbouillait, dépouillé ».

▶ **5.** La puissance de la parole d'Omar-Jo est mise en valeur à l'aide de plusieurs éléments :

– des verbes de mouvement, pour dire que cette voix prend de l'ampleur (« s'élevaient, laissait monter, recouvrait ») ;

– des compléments, pour qualifier cette voix intérieure et profonde (« du tréfonds, du dedans ») ;

– des adjectifs qui insistent sur le caractère authentique de cette voix (« âpre et nue »).

▶ **6.** Omar-Jo évoque de nombreuses oppositions entre les deux villes :

– les bâtiments sont « robustes » ici, ils « s'écroulent » là-bas ;

– les places et les avenues d'ici sont des « îlots en ruine » là-bas ;

– les arbres qui s'alignent le long des avenues ici sont « déracinés » et « pourrissent » là-bas ;

– les hommes enfin vivent « en paix » ici, alors qu'ils sont « bradés » là-bas, à cause des « balles » et des voitures qui « éclatent ».

▶ **7.** Le public qui riait et applaudissait au début du texte change de réaction quand Omar-Jo évoque les souffrances et les malheurs d'une partie du monde. Touchés par ses paroles, les spectateurs ne bougent plus (« tout s'est immobilisé »), sont silencieux et attentifs (« écoute »), comme changés en pierre (« pétrifié »).

▶ **8.** Le personnage d'Omar-Jo est appelé « enfant multiple », pour insister sur ses différentes facettes : il sait divertir comme un clown, mais passe ensuite à un registre plus grave devant le même public ; il porte également en lui l'amour de la ville qu'il a dû quitter, et l'amour de la ville qui l'a accueilli ; il a connu des horreurs (son bras amputé en témoigne), mais est capable de s'amuser.

▶ **9.** L'image proposée montre deux enfants jouant dans une ville en ruine, ravagée par la guerre : Damas, en Syrie. À la tristesse du décor de cette ville détruite, s'opposent la joie, la couleur, la vivacité des enfants qui courent avec des ballons. L'image peut ainsi agir sur ceux qui la regardent : elle montre l'horreur d'une enfance frappée par la guerre, mais aussi l'envie de vivre des enfants touchés et la possibilité pour eux d'être heureux.

> CONSEIL
> Pour une question sur une image, n'hésite pas à t'appuyer sur tes premières impressions, comme ici le choc dû au contraste très fort entre l'environnement et les enfants.

DICTÉE

POINT MÉTHODE

1. Plusieurs verbes sont conjugués au futur : souviens-toi que la terminaison de la 1re personne du singulier est *-ai*, à ne pas confondre avec *-ais*, terminaison du conditionnel présent. Change de personne pour les différencier :
   - *Je viendrai → nous viendrons (futur).*
   - *Je viendrais → nous viendrions (conditionnel présent).*
2. Lorsque le participe passé est employé avec l'auxiliaire *être*, veille à l'accorder avec le sujet. C'est aussi le cas pour les verbes pronominaux (sauf ceux qui sont construits avec un COD).

Ami Maxime, pour mon petit-fils, merci !

Je viendrai voir votre Manège, un jour. En attendant, il tourne dans ma tête ; je le chéris et le décore de tous les fruits de mon jardin. Par moments, il s'élève comme une soucoupe volante, et plane ou tournoie juste au-dessus de ma maison.

Depuis quelque temps, nos journées sont tranquilles. Les transports publics sont rétablis, le courrier a repris. Je crois pouvoir, bientôt, t'expédier des abricots et des pêches. Tu t'en régaleras.

Notre existence, notre Manège à nous, s'enfonce encore dans les ruines ; mais à présent que les armes se sont tues, de village en village nous arrivons, peu à peu, à recomposer la chaîne, et à nous retrouver. Il faudra bien que ça tourne rond, un jour ! Que notre peuple tout entier remonte sur le même Manège qui s'ébranlera, progressera, sur une musique d'espoir.

RÉDACTION

Voici un exemple de rédaction sur chacun des deux sujets.
Attention les indications entre crochets ne doivent pas figurer sur ta copie.

Sujet d'imagination

> CONSEIL
> L'expression des émotions ne passe pas seulement par le vocabulaire : pense à varier les types de phrases et la ponctuation.

[Entrée en matière] « Alors ce spectacle ? Vous rentrez bien tard. »

François nous attendait depuis une demi-heure déjà. Le dîner était prêt, et l'odeur alléchante.

« Chéri, c'était… »

Intrigué par mon silence, François leva la tête et comprit qu'il s'était passé quelque chose.

« Tu as l'air… troublée… Et les enfants aussi ! Tout va bien ?

– Oui, nous allons bien, mais vraiment nous avons assisté à un spectacle étrange, qui nous a laissés sans voix, comme pétrifiés ! C'était stupéfiant !

– À la fête foraine ? Allons, encore un de ces tours de passe-passe ; et vous vous êtes laissé prendre comme des…

[Récit du spectacle] – Non, ce n'est pas ça, l'interrompis-je. Il y avait cet enfant, grimé en clown, qui était absurde et drôle au début. Et puis la musique s'est arrêtée, il a enlevé son déguisement et… il avait le bras coupé : il n'avait qu'un moignon, qu'il nous a montré, comme ça. J'ai regardé notre fils, et j'ai eu envie de le serrer fort contre moi. Tout le monde s'est tu. Et c'est là qu'il a commencé à parler. De Paris, de cette ville où il vient d'arriver, de ses quartiers, de ses habitants, qu'il aime comme on devrait tous l'aimer. Puis il a évoqué une autre ville, abîmée, détruite, en guerre où des gens continuent à mourir. Ce n'était pas un numéro, c'était… sincère comme seule une parole d'enfant peut l'être. Il ne voulait pas nous faire honte, il voulait juste nous parler vraiment, de souffrance, mais de joie aussi, de ces deux extrêmes qui se côtoient en lui, mais aussi en nous : nous étions cet enfant au moment où il nous parlait. J'ai rarement été aussi bouleversée. Et quand il s'est tu, personne n'a bougé, personne n'a parlé, personne n'osait. Émus aux larmes, nous le regardions comme notre frère, notre enfant, notre double. Il a alors sorti de sa poche un harmonica et a joué cet air, triste et vivant à la fois. C'était si spécial…

– Comme tu en parles ! Ce doit être un enfant exceptionnel… »

Sujet de réflexion

[Introduction] Beaucoup de spectacles, de films ou de livres attirent un large public, car ils sont divertissants. Mais est-il possible de faire réfléchir le lecteur ou le spectateur, tout en le divertissant ? Nous verrons d'abord que beaucoup d'œuvres ne visent qu'un seul objectif : amuser leur public. Mais nous nous arrêterons ensuite sur celles qui réussissent un pari difficile : faire réfléchir tout en divertissant.

> CONSEIL
> Pense à varier les domaines où tu tires tes exemples : vie quotidienne, culture personnelle, lectures scolaires (auteurs classiques comme Molière ou La Fontaine).

[Une seule ambition : amuser] De nombreux spectacles cherchent avant tout à être divertissants. Ils répondent en cela aux envies des spectateurs. Après une journée de travail fatigante, beaucoup allument la télévision pour trouver des programmes qui les amusent, sans prétention intellectuelle. C'est sans doute le même objectif qui pousse d'autres personnes à lire quelques pages d'un roman policier ou d'un roman d'amour avant de se coucher. Le divertissement n'a alors pas d'autre but que le délassement.

[Une ambition plus noble : amuser et faire réfléchir] Toutefois, certains spectacles présentés comme amusants sont porteurs d'un enseignement moral et veulent faire réfléchir le public. C'est ainsi que Molière concevait ses comédies, ou La Fontaine ses fables : « La morale apporte l'ennui, le conte fait passer le précepte avec lui. » L'apparence amusante permet aux messages de frapper plus aisément le lecteur.

[Conclusion] Certaines œuvres ne sont faites que pour amuser ; d'autres réussissent à élargir la réflexion du public, tout en restant plaisantes. Le divertissement est d'autant plus réussi qu'il pousse à s'interroger, sur ses actes comme sur ses jugements.

SUJET

6

Polynésie française • Juin 2018

100 points

Dans l'enfer du front

DOCUMENT A **Texte littéraire**

Première Guerre mondiale. Albert est un soldat français, sous les ordres d'un homme dont il se méfie, Pradelle, un ambitieux qui rêve de devenir capitaine. Depuis plusieurs jours, soldats français et allemands se tiennent tranquilles. Pradelle décide cependant d'envoyer deux poilus en reconnaissance. On entend trois coups de feu. Aucun des deux hommes ne revient. Lorsque Pradelle commande à ses hommes de se ruer vers les lignes ennemies pour venger leurs camarades, tout le monde s'élance. Dans sa course vers les lignes allemandes, Albert découvre les cadavres des deux poilus…

Albert ne sait pas ce qui lui prend, une intuition, il attrape l'épaule du vieux et le pousse. Le mort bascule lourdement et se couche sur le ventre. Il lui faut quelques secondes pour réaliser, à Albert. Puis la vérité lui saute au visage : quand on avance vers l'ennemi, on ne meurt pas de deux balles dans le dos.

Il enjambe le cadavre et fait quelques pas, toujours baissé […]. Le voici devant le corps du petit Louis. […] Albert ne voit pas son visage tout maculé de boue. Il ne voit que son dos. Une balle. Avec les deux balles du vieux, ça fait trois. Le compte y est.

Lorsqu'il se relève, Albert est encore tout hébété[1] de cette découverte. De ce que ça veut dire. À quelques jours de l'armistice, les gars n'étant plus très pressés d'aller chatouiller les Boches, la seule manière de les pousser à l'assaut, c'était de les foutre en pétard : où était donc Pradelle lorsque les deux gars se sont fait tirer dans le dos ?

Bon Dieu…

Stupéfié par ce constat, Albert se retourne et découvre alors, à quelques mètres, le lieutenant Pradelle qui se rue sur lui en courant aussi vite que lui permet son harnachement[2].

Son mouvement est déterminé, sa tête parfaitement droite. Ce qu'Albert voit, surtout, c'est son regard clair et direct, au lieutenant. Totalement résolu. Tout s'éclaire d'un coup, toute l'histoire.

C'est à cet instant qu'Albert comprend qu'il va mourir.

Il tente quelques pas, mais plus rien ne marche, ni son cerveau, ni ses jambes, rien. Tout va trop vite. Je vous l'ai dit, ça n'est pas un rapide, Albert. En trois enjambées, Pradelle est sur lui. Juste à côté, un large trou béant, un trou d'obus.

Albert reçoit l'épaule du lieutenant en pleine poitrine, il en a le souffle coupé. Il perd pied, tente de se rattraper et tombe en arrière, dans le trou, les bras en croix. […]

Arrivé au fond de la fosse, Albert roule sur lui-même, à peine freiné par son barda[3]. Il s'empêtre les jambes dans son fusil, réussit à se relever et se colle aussitôt à la paroi pentue, comme s'il s'adossait précipitamment à une porte, dans la crainte d'être entendu ou surpris. […] Albert lève les yeux. Là-haut, campée en surplomb au bord du trou comme l'ange de la mort, se découpe la haute silhouette du lieutenant Pradelle.

Pierre Lemaitre, *Au revoir là-haut*, 2013.

1. Hébété : abasourdi, sidéré, choqué par cette découverte.
2. Harnachement : l'équipement du soldat.
3. Barda : le harnachement, l'équipement du soldat, ses affaires.

DOCUMENT B Carlos Schwabe, *La Mort et le fossoyeur*, 1900

Musée d'Orsay.

TRAVAIL SUR LE TEXTE LITTÉRAIRE ET SUR L'IMAGE

50 POINTS • 1 h 10

Les réponses doivent être entièrement rédigées.

Grammaire et compétences linguistiques

Relisez le troisième paragraphe, de « Lorsqu'il se relève » (l. 10) à « Bon Dieu… » (l. 15).

▶ **1. a)** Quelle est la particularité grammaticale de la phrase suivante : « Bon Dieu… » ? *(2 points)*

b) À votre avis, pourquoi l'auteur a-t-il choisi de finir cette phrase avec des points de suspension ? *(4 points)*

▶ **2.** Dans ce troisième paragraphe, relevez deux expressions appartenant au registre de langue familier. Justifiez l'emploi de ce registre. *(4 points)*

▶ **3.** Recopiez ces passages en remplaçant « Albert » par « Albert et son camarade » et en effectuant toutes les modifications grammaticales nécessaires. *(10 points)*

- « Stupéfié par ce constat, Albert se retourne et découvre alors, à quelques mètres, le lieutenant Pradelle qui se rue sur lui […] »
- « Ce qu'Albert voit, surtout, c'est son regard clair et direct, au lieutenant. »
- « C'est à cet instant qu'Albert comprend qu'il va mourir. Il tente quelques pas, mais plus rien ne marche, ni son cerveau, ni ses jambes, rien. »

Compréhension et compétences d'interprétation

▶ **4.** « Tout s'éclaire d'un coup, toute l'histoire. » (l. 21)

a) De quelle « histoire » s'agit-il ? *(4 points)*

b) Comment cette « histoire » s'est-elle reconstituée progressivement dans l'esprit d'Albert ? *(4 points)*

c) Quelle pouvait être la motivation du lieutenant Pradelle ? *(2 points)*

▶ **5.** Relisez le passage de la ligne 16 à la fin.

a) En quoi les actions de Pradelle traduisent-elles sa détermination ? Que pensez-vous de ce personnage ? *(4 points)*

b) Quels sont les différents éléments qui contribuent à créer de l'angoisse ? *(4 points)*

▶ **6.** D'après le troisième paragraphe, à quel moment précis de la guerre se situe l'action ? Quelle est l'importance de cette information ? *(2 points)*

▶ **7.** Quelles réflexions sur l'être humain ce passage du roman vous inspire-t-il ? Justifiez. *(4 points)*

▶ **8.** Observez l'image. Quels points communs et quelles différences relevez-vous entre la scène décrite dans le texte et celle de l'image ? *(6 points)*

DICTÉE — 10 POINTS • 20 min

Les noms propres « Maillard », « Pradelle », « Grisonnier », ainsi que le nom de l'auteur et le titre de l'œuvre sont écrits au tableau.

Pierre Lemaitre
Au revoir là-haut
© Éditions Albin Michel, 2013

Dès son premier coup de sifflet, quand les hommes avaient commencé à charger, il s'était placé à bonne distance sur la droite, afin d'empêcher les soldats de dériver dans la mauvaise direction. Son sang n'avait fait qu'un tour lorsqu'il avait vu ce type, comment s'appelle-t-il déjà, un gars avec un visage triste et de ces yeux, on dirait qu'il va toujours se mettre à pleurer, Maillard, c'est ça, s'arrêter là-bas, sur la droite, à se demander comment, sorti du boyau, il avait pu arriver jusque-là […].

Pradelle l'avait vu s'immobiliser, revenir sur ses pas, s'agenouiller, intrigué, et repousser le corps du vieux Grisonnier. Or ce corps-là, Pradelle l'avait à l'œil depuis le début de l'attaque parce qu'il devait absolument s'en occuper et, le plus vite possible, le faire disparaître […].

RÉDACTION — 40 POINTS • 1 h 30

Vous traiterez au choix l'un des deux sujets suivants.

Sujet d'imagination

Que va-t-il se passer pour le soldat Albert ? Imaginez la suite de ce texte.

Sujet de réflexion

Faut-il être prêt à tout pour atteindre ses objectifs ?

LES CLÉS DU SUJET

Les documents

Le texte littéraire (document A)

Le roman de Pierre Lemaître raconte le retour de deux poilus, Édouard Péricourt, une gueule cassée, et Albert Maillard, dans la société de l'après-guerre où ils ne trouvent plus leur place, ce qui les conduit à monter une escroquerie aux monuments aux morts. Le livre a reçu le prix Goncourt et a été adapté au cinéma.

L'image (document B)

Il s'agit d'un tableau du peintre symboliste suisse Carlos Schwabe. Il met en scène un fossoyeur, dont le métier est d'ensevelir les défunts, et la mort représentée sous la forme d'un ange aux traits féminins.

Rédaction (sujet d'imagination)

Recherche d'idées

- Il s'agit d'une suite de texte. Relis l'extrait, afin de reprendre fidèlement les indications de lieu et celles concernant les personnages.
- Il s'agit d'un sujet d'invention : même si tu as lu le livre ou vu le film, évite de répéter ce que l'auteur a écrit ; laisse aller ton imagination. C'est à toi de décider du sort d'Albert.

Conseils de rédaction

- Essaie de prolonger l'effet de tension et de suspens créé par l'auteur. Ne cherche pas à aller trop vite vers le dénouement. Prends le temps d'exprimer les sentiments des personnages.
- Alterne passages narratifs, descriptifs et éventuellement brefs dialogues.
- Le texte est au présent de narration. Il est préférable que tu continues à employer ce temps.
- L'action est racontée du point de vue d'Albert. Tu peux continuer ainsi.

Rédaction (sujet de réflexion)

Recherche d'idées

- Peut-on réussir si on n'y croit pas vraiment ? Pour autant, penses-tu avoir le droit de tricher pour gagner à un jeu ou dans un sport ? Est-ce bien de s'enrichir en recourant à des moyens malhonnêtes ou en exploitant les autres ?
- Tu peux élargir ta réflexion à un niveau historique, en t'interrogeant, par exemple, sur la décision prise par le gouvernement américain de larguer deux bombes atomiques sur le Japon pour mettre fin à la guerre. La fin justifie-t-elle, selon toi, les moyens employés ?

Conseils de rédaction

Tu peux suivre le plan suivant :

- Introduction : présentation de la question posée.
- Première partie : il est nécessaire de tout mettre en œuvre pour réussir, sinon les chances d'y parvenir sont limitées.
- Seconde partie : cependant, nul n'a le droit de sacrifier les autres pour arriver à ses fins.
- Conclusion : la fin ne saurait toujours justifier les moyens.

CORRIGÉ 6

TRAVAIL SUR LE TEXTE LITTÉRAIRE ET SUR L'IMAGE

Grammaire et compétences linguistiques

▶ **1. a)** « Bon Dieu… » est une phrase nominale : il s'agit d'une interjection.

b) Les points de suspension mettent en évidence la prise de conscience par Albert d'une vérité qu'il ne peut pas encore admettre, tant elle est choquante.

INFO +
Une phrase nominale est une phrase sans verbe, constituée d'un nom ou d'un groupe nominal.

▶ **2.** Les expressions « chatouiller les Boches » et « foutre en pétards » relèvent du langage familier. Il s'agit du dialogue intérieur d'Albert qui s'exprime de cette manière populaire qui est la langue des tranchées.

INFO +
Il y a trois niveaux de langage : familier, courant et soutenu.

▶ **3.** *Les modifications sont en couleur.*

- « Stupéfiés par ce constat, Albert et son camarade se retournent et découvrent alors, à quelques mètres, le lieutenant Pradelle qui se rue sur eux […] »
- « Ce qu'Albert et son camarade voient, surtout, c'est son regard clair et direct, au lieutenant. »
- « C'est à cet instant qu'Albert et son camarade comprennent qu'ils vont mourir. Ils tentent quelques pas, mais plus rien ne marche, ni leur cerveau, ni leurs jambes, rien. »

Compréhension et compétences d'interprétation

▶ **4. a)** Albert comprend que c'est le lieutenant Pradelle qui a tiré dans le dos des deux poilus pour faire croire à ses hommes à une attaque des Allemands. Pradelle souhaitait les pousser à aller au combat pour venger leurs deux camarades.

b) Albert découvre tout d'abord que les poilus ont reçu les balles dans le dos : ce ne peut donc pas être l'œuvre des Allemands qui leur font face. Ensuite, il lit dans le regard de Pradelle toute sa détermination à le tuer à son tour.

c) La motivation de Pradelle est l'ambition : il aimerait finir la guerre par une action d'éclat et en retirer de la gloire, pour accéder au grade de capitaine.

▶ **5. a)** Les actions de Pradelle traduisent sa détermination : il se rue sur Albert ; il a la tête droite et le regard résolu ; il se jette sur lui et le projette d'un coup d'épaule dans un trou d'obus. Il s'agit d'un personnage dépourvu de toute humanité. On ne peut ressentir pour lui qu'une profonde aversion.

b) Plusieurs éléments contribuent à créer de l'angoisse. Tout d'abord, le caractère inattendu et soudain de l'action qui surprend Albert et le lecteur. Ensuite, c'est son issue inéluctable : « Albert comprend qu'il va mourir. » Enfin, c'est la silhouette menaçante de Pradelle vue en contre-plongée, et qui tient Albert à sa merci. La comparaison « comme l'ange de la mort » renforce ce sentiment d'angoisse.

▶ **6.** L'action se situe à quelques jours de l'armistice : les combats sont désormais inutiles et l'ordre d'attaquer absurde.

▶ **7.** Ce passage révèle combien l'ambition peut amener un homme à sacrifier ses semblables pour son profit. Le lieutenant Pradelle, dans son désir de gloire, considère la mort de ses hommes comme le moyen de parvenir à ses fins : il ne ressent aucune compassion, tout à la satisfaction de son ambition.

▶ **8.** La scène décrite dans le texte semble s'inspirer directement du tableau. Le lieutenant Pradelle est en effet comparé à « l'ange de la mort » dont la vue annonce une fin imminente. L'ange et Pradelle dominent tous deux l'homme promis à la mort qui se trouve en contrebas dans une fosse : une tombe qu'il est en train de creuser pour le fossoyeur, un trou d'obus pour Albert.

Cependant, si les deux documents inspirent la même angoisse, celle de l'inéluctabilité de la mort, de son implacabilité, l'ange du tableau est une figure féminine, à la fois inquiétante et enveloppante, alors que le personnage de Pradelle ne montre aucune compassion. Si le fossoyeur semble accepter son sort – son heure est arrivée – Albert se révolte et cherche à échapper à cette mort absurde que l'on peut qualifier d'assassinat.

DICTÉE

POINT MÉTHODE

1 Attention à ne pas confondre *ses*, *ces* et *c'est*.

- *revenir sur ses pas = revenir sur ses propres pas.*
- *ces yeux = ces yeux-là.*
- *c'est = cela est.*

2 Attention à ne pas confondre participe passé et infinitif :

Tu peux remplacer *commencé* par *entrepris* → c'est un participe passé.

Tu peux remplacer *charger* par *partir au combat* → c'est un infinitif.

Dès son premier coup de sifflet, quand les hommes avaient commencé à charger, il s'était placé à bonne distance sur la droite, afin d'empêcher les soldats de dériver dans la mauvaise direction. Son sang n'avait fait qu'un tour lorsqu'il avait vu ce type, comment s'appelle-t-il déjà, un gars avec un visage triste et de ces yeux, on dirait qu'il va toujours se mettre à pleurer, Maillard, c'est ça, s'arrêter là-bas, sur la droite, à se demander comment, sorti du boyau, il avait pu arriver jusque-là […].

Pradelle l'avait vu s'immobiliser, revenir sur ses pas, s'agenouiller, intrigué, et repousser le corps du vieux Grisonnier. Or ce corps-là, Pradelle l'avait à l'œil depuis le début de l'attaque parce qu'il devait absolument s'en occuper et, le plus vite possible, le faire disparaître […].

RÉDACTION

Voici un exemple de rédaction sur chacun des deux sujets.
Attention les indications entre crochets ne doivent pas figurer sur ta copie.

Sujet d'imagination

[Introduction] Là-haut, campée en surplomb au bord du trou comme l'ange de la mort, se découpe la haute silhouette du lieutenant Pradelle.

> CONSEIL
> Tu peux commencer en reprenant la dernière phrase du texte.

[La résignation d'Albert] Albert sent que sa dernière heure est venue, que ce trou d'obus sera sa tombe. À quelques jours de l'armistice, il est révolté par une telle injustice. Quelle mort absurde ! Albert se recroqueville contre la paroi boueuse de l'excavation. Il craint que l'officier ne tire sur lui. Il est fait comme un rat. La silhouette qui le domine ne manifeste aucune émotion, impassible, impitoyable. Tout cela pour une médaille, songe Albert, quelle futilité après la boucherie de ces quatre années, ces millions de poilus morts, mutilés, défigurés, traumatisés ! Il a envie de lui hurler sa haine, son profond mépris, mais à quoi bon…

[Un secours inattendu] Soudain, tout s'enchaîne très vite. Albert perçoit un mouvement brusque : il ferme les yeux. Tout est fini, pense-t-il. Un corps s'abat à ses côtés ; le visage de Pradelle s'enfonce dans la boue. Au-dessus de la fosse se découpe une silhouette, bienveillante cette fois, qui tend une main secourable à Albert et l'extirpe de la fosse. C'est un officier : « Deux de vos camarades sont venus me prévenir, apprend-il à Albert. Cet homme répondra de ses crimes devant la cour martiale. »

[Dénouement] Albert regarde s'éloigner Pradelle les mains liées dans le dos. Il ne ressent aucune joie, juste un sentiment de tristesse profonde et d'incompréhension devant l'attitude de cet homme prêt à sacrifier ses hommes pour satisfaire des rêves de gloire bien dérisoires. La guerre va finir, mais il ne sera plus jamais le même, hanté par le souvenir de ceux qui ne reviendront pas.

Sujet de réflexion

[Introduction] Faut-il être prêt à tout pour atteindre ses objectifs ?

[De la nécessité d'être déterminé pour réussir] Il est nécessaire d'être déterminé pour réussir dans une entreprise, un projet. C'est vrai dans le sport, par exemple. Ne devient champion qu'un athlète prêt à bien des sacrifices pour parvenir au plus haut niveau : entraînement très dur, renoncement à certains loisirs, hygiène de vie stricte. De plus, lors d'une compétition, il faut être prêt à aller au bout de soi pour gagner et surpasser ses adversaires.

Il en est de même pour les études : pour réussir un concours, il faut travailler dur et renoncer à son temps libre. On n'obtient rien sans rien donner.

[Le respect d'autrui] Cependant, cette détermination a une limite : celle du respect d'autrui.

Ainsi, on ne saurait être un champion en trichant, sans respecter les règles et ses adversaires. De même, il est révoltant que certains s'enrichissent en exploitant le travail des enfants ou en vendant de la drogue.

À un niveau historique, on peut s'interroger aussi sur le largage par les Américains des bombes atomiques sur Hiroshima et Nagasaki, qui a certes mis fin à la guerre avec le Japon, mais au prix de souffrances terribles pour les populations civiles : était-ce un acte de guerre justifié ou un crime contre l'humanité ?

> CONSEIL
> Illustre tes arguments avec des exemples précis : cela leur donnera plus de poids. Tu peux les choisir dans tes lectures, tes cours d'histoire ou encore dans l'actualité sociale, politique, sportive…

[Conclusion] Il faut donc être prêt à tout pour réussir, mais dans la limite du respect d'autrui. Nul n'a le droit de sacrifier les autres pour sa réussite personnelle ou son profit. La fin ne saurait toujours justifier les moyens.

SUJET **7**

Antilles, Guyane • Septembre 2018

100 points

Voyage en train

DOCUMENT A Texte littéraire

Je pars le cœur tapant prendre le train en marche
Pile au signal sonore monterai mon bagage avec ma vie entière
Sur les rails je penserai à toute vitesse au bonheur étrange de sentir mon poids de chagrin lancé par des plaines jamais vues
J'apercevrai peut-être un vrai oiseau dont on me dira plus tard que c'était un hiatus[1]
Tant de vide où se jeter qu'on parle de ciel pour remettre les choses à leur place qu'on croit
Un vrai oiseau une authentique joie ça va où
Nous serons bien avancés quand j'aurai posé pour moi cette question waouh
Et cette question de ma peine et des plaines pleines de ma peine et de vent je la laisse en suspens
On m'attendra sur le quai à l'heure exacte je saluerai coucou par la fenêtre j'aurai fait bon voyage
La nourriture sera bonne le lit confortable je n'aurai ni faim ni sommeil mais je ferai comme si parce que ça ne mange pas de pain[2] contrairement aux oiseaux
Puis je repartirai le cœur en miettes toujours tapant et éperdu

pour Cabou

Valérie Rouzeau, *Va où*, 2015,
© Éditions de La Table ronde.

1. Hiatus : succession de deux voyelles appartenant à des syllabes différentes à l'intérieur d'un mot. C'est le cas, ici, de « vrai oiseau ».
2. Ça ne mange pas de pain : expression qui signifie « ça ne nécessite pas de grande dépense ou de grands efforts, cela ne peut nuire ou cela ne fait pas prendre de grands risques ».

DOCUMENT B **Edward Hopper, *Compartiment C, voiture 293*, 1938**

Collection IBM, Armonk, New York.

TRAVAIL SUR LE TEXTE LITTÉRAIRE ET SUR L'IMAGE

50 POINTS • 1 h 10

Les réponses doivent être entièrement rédigées.

Grammaire et compétences linguistiques

▶ **1.** Remplacez « je » par « nous », et les verbes qui sont conjugués au présent et au futur par le passé composé, dans le passage suivant. *(10 points)*

« Je pars le cœur tapant prendre le train en marche
Pile au signal sonore monterai mon bagage avec ma vie entière
Sur les rails je penserai à toute vitesse au bonheur étrange de sentir mon poids de chagrin lancé par des plaines jamais vues » (vers 1 à 3)

▶ **2.** « On me dira plus tard que c'était un hiatus. » (vers 4)

a) Quelle est la classe grammaticale de « que » ? *(2 points)*

b) De laquelle des deux constructions suivantes pouvez-vous rapprocher le vers de Valérie Rouzeau ? Justifiez votre réponse. *(2 points)*

A. Je pense que les voyages forment la jeunesse.

B. Les voyages que j'ai faits m'ont ouvert l'esprit.

▶ **3.** Relevez deux expressions relevant de la langue orale plutôt que de la langue écrite et justifiez votre réponse. *(4 points)*

▶ **4.** « Je la laisse en suspens » (vers 8)

a) De quel verbe vient le terme « suspens » ? *(1 point)*

b) Quel mot est repris par le pronom personnel « la » ? *(1 point)*

c) À partir des deux réponses précédentes, quel sens donnez-vous à l'expression « Je la laisse en suspens » ? *(2 points)*

Compréhension et compétences d'interprétation

▶ **5.** De quoi ce texte nous parle-t-il ? Relevez et nommez le champ lexical correspondant. *(2 points)*

▶ **6.** À quel genre appartient ce texte ? Trouvez trois justifications. *(4 points)*

▶ **7. a)** Quelles sont les deux émotions opposées évoquées par le personnage ? *(2 points)*

b) Pour quelles raisons les évoque-t-il ? *(4 points)*

▶ **8.** « Et cette question de ma peine et des plaines pleines de ma peine » (vers 8)

a) Laquelle des deux émotions est exprimée ici ? *(1 point)*

b) Par quels procédés d'écriture cette émotion est-elle mise en valeur ? *(4 points)*

▶ **9.** « Je pars le cœur tapant prendre le train en marche » (vers 1)
« Puis je repartirai le cœur en miettes toujours tapant et éperdu » (vers 11)
Comparez le premier vers et le dernier vers du texte. Que montrent-ils du voyage ? *(3 points)*

▶ **10.** Quel lien percevez-vous entre le titre *Va où* et le texte ? *(2 points)*

▶ **11. a)** Quels rapprochements pouvez-vous faire entre le tableau d'Edward Hopper et ces vers d'Hubert-Félix Thiéfaine ? Justifiez votre réponse. *(3 points)*

« ton compartiment
reflète sans passion
ton comportement
de femme de salon
voyageuse solitaire
entourée de mystère »

Hubert-Félix Thiéfaine, « Compartiment C voiture 293 »,
Suppléments de mensonge, 2011.

b) Selon vous, la femme représentée dans le tableau d'Edward Hopper pourrait-elle être la voyageuse du texte de Valérie Rouzeau ? Expliquez. *(3 points)*

DICTÉE

10 POINTS • 20 min

Les mots « Orient-Express » et « Sud-Brenner-Bahn », ainsi que le titre et le nom de l'auteur sont écrits au tableau.

Valéry Larbaud
« Ode », in *Les Poésies de A.O. Barnabooth*

[…] Prêtez-moi, ô Orient-Express, Sud-Brenner-Bahn, prêtez-moi
Vos miraculeux bruits sourds et
Vos vibrantes voix de chanterelle ;
Prêtez-moi la respiration légère et facile
Des locomotives hautes et minces, aux mouvements
Si aisés, les locomotives des rapides,
Précédant sans effort quatre wagons jaunes à lettres d'or
Dans les solitudes montagnardes de la Serbie,
Et, plus loin, à travers la Bulgarie pleine de roses…

Ah ! Il faut que ces bruits et que ce mouvement
Entrent dans mes poèmes et disent
Pour moi ma vie indicible, ma vie
D'enfant qui ne veut rien savoir, sinon
Espérer éternellement des choses vagues.

RÉDACTION

40 POINTS • 1 h 30

Vous traiterez au choix l'un des deux sujets suivants.

Sujet d'imagination

Vous effectuez un voyage. Dans un texte poétique (en prose ou en vers libres comme dans *Va où*), vous raconterez le trajet qui a provoqué en vous des sentiments et émotions variés. Vous vous efforcerez de faire percevoir à votre lecteur en quoi cette expérience était unique. Comme dans le texte de Valérie Rouzeau, vous veillerez à proposer une langue imagée.

Sujet de réflexion

À votre avis, pour quelles raisons peut-on dire que le voyage est enrichissant et formateur ?
Vous répondrez à cette question en vous appuyant sur votre expérience, vos lectures, votre culture artistique et personnelle.

LES CLÉS DU SUJET

■ Les documents

Le texte littéraire (document A)

Valérie Rouzeau est née en 1967. Elle est poète et traductrice. Elle a publié plusieurs recueils de poèmes dans lesquels elle aime jouer avec les mots, la syntaxe et les sonorités.

L'image (document B)

Edward Hopper (1882-1967) est un peintre américain réaliste dont les tableaux mettent en scène des personnages ou des lieux qui provoquent une impression de mystère et de mélancolie chez le spectateur.

■ Rédaction (sujet d'imagination)

Recherche d'idées

- Commence par définir quelle va être ta destination et quel sera ton moyen de transport : train, avion, voiture, vélo…
- Imagine le lieu de départ (aéroport, gare…) et les paysages traversés.
- Choisis les sentiments et sensations que tu vas évoquer : excitation, angoisse de l'inconnu, plaisir de la vitesse, étonnement, joie de la découverte…
- Recherche des images expressives, des comparaisons ou des métaphores.

Conseils de rédaction

- Écris en prose ou en vers libres. La prose, c'est un texte qui n'est pas en vers. Il existe des poèmes en prose. Quant aux vers libres, ce sont des vers de longueurs différentes, contrairement aux vers réguliers.
- Tu n'es pas obligé de faire des phrases. Tu peux employer des groupes nominaux, des interjections, ne pas mettre de ponctuation : c'est la grande liberté qu'offre la poésie. Mais il ne faut pas pour autant écrire n'importe quoi…

■ Rédaction (sujet de réflexion)

Recherche d'idées

Les voyages forment la jeunesse, dit-on. Oui, mais comment ? Quels bénéfices peut-on en tirer ?

Conseils de rédaction

- Organise ton texte en plusieurs paragraphes qui correspondront chacun à un argument :

– les voyages nous apportent de nouvelles connaissances sur le monde et aiguisent notre curiosité ;

– ils nous font prendre conscience de la beauté, mais aussi de la fragilité de notre planète ;
– ils nous font découvrir des modes de vie différents des nôtres et nous sortent de notre égoïsme et de notre train-train quotidien ;
– ils enrichissent notre imagination.

Tu peux en trouver d'autres encore…

• Pense à employer des connecteurs pour introduire tes différents paragraphes : *tout d'abord*, *ensuite*, *aussi*, *également*, *enfin*…

CORRIGÉ 7

TRAVAIL SUR LE TEXTE LITTÉRAIRE ET SUR L'IMAGE

Grammaire et compétences linguistiques

▶ **1.** *Les modifications sont en couleur.*

« Nous sommes partis le cœur tapant prendre le train en marche

Pile au signal sonore avons monté notre bagage avec notre vie entière

Sur les rails nous avons pensé à toute vitesse au bonheur étrange de sentir notre poids de chagrin lancé par des plaines jamais vues ».

▶ **2. a)** « Que » est une conjonction de subordination.

b) On peut rapprocher le vers de Valérie Rouzeau de la construction suivante : *A. Je pense que les voyages forment la jeunesse.* En effet, « que », dans les deux cas, introduit une proposition conjonctive complétive, alors que dans la seconde construction (*B. Les voyages que j'ai faits m'ont ouvert l'esprit*), « que » est un pronom relatif mis pour l'antécédent « les voyages ».

▶ **3.** « Un vrai oiseau une authentique joie ça va où » et « Nous serons bien avancés quand j'aurai posé pour moi cette question waouh » sont des expressions qui appartiennent à la langue parlée. « ça va où » est une construction familière et « waouh » une interjection.

▶ **4. a)** « Suspens » vient du verbe « suspendre ».

b) Le mot repris par le pronom personnel « la » est « question ».

c) Cette expression signifie, selon moi, que la narratrice laisse la question en attente de réponse.

Compréhension et compétences d'interprétation

▶ **5.** Le poème nous parle de voyage, et plus précisément d'un voyage en train. Les mots qui appartiennent à ce champ lexical sont les suivants : « pars », « train », « en marche », « bagage », « rails », « vitesse », « quai », « voyage », « repartir ».

INFO +
Un « champ lexical » désigne tous les mots qui appartiennent à un même thème. Ce peut être aussi bien des noms, des verbes, des adjectifs ou encore des adverbes.

▶ **6.** Le texte appartient au genre poétique. Il est écrit en vers libres, sans ponctuation et prend des libertés avec la syntaxe. Il repose sur des images originales et une grande musicalité.

▶ **7. a)** Les deux émotions contradictoires évoquées sont le bonheur et le chagrin.

b) La narratrice les exprime pour s'épancher, essayer de les comprendre et les partager avec le lecteur comme dans tout poème lyrique.

▶ **8. a)** C'est le chagrin qui est ici exprimé.

b) Valérie Rouzeau met cette émotion en valeur en jouant avec la répétition du mot « peine », avec l'homophonie de « pleine » et « plaine » et avec les assonances et les allitérations :

« Et cette question de ma **p**ei**n**e et des **pl**ai**n**es **pl**ei**n**es de ma **p**ei**n**e ».

INFO +
Une assonance est la répétition d'un même son voyelle ; une allitération, la répétition d'un même son consonne.

▶ **9.** Le premier et le dernier vers se répondent : ils encadrent le poème. Ils montrent que les voyages, ce sont toujours de nouveaux départs, de nouveaux adieux. Où qu'on aille, on emporte sa peine. On part plein d'espoir, « le cœur tapant » mais on repart « le cœur en miettes toujours tapant ».

▶ **10.** Le titre évoque un voyage en suspens, puisque la phrase est incomplète et sans ponctuation. On peut rapprocher le titre du vers suivant, ce qui l'éclaire un peu : « Un vrai oiseau une authentique joie ça va où ». La voyageuse se demande où aller pour être heureuse, où trouver une joie vraie et authentique.

▶ **11. a)** Les vers d'Hubert-Félix Thiéfaine évoquent la jeune femme du tableau, comme l'indique le titre du poème qui est la reprise exacte de celui de la peinture. Le poète s'adresse à la voyageuse peinte par Hopper, une femme élégante, solitaire et mystérieuse, dont le visage reste dans l'ombre de son grand chapeau.

b) La femme du tableau est bien différente de celle du poème de Valérie Rouzeau : si la première ne laisse pas transparaître ses sentiments et semble impassible, voire indifférente, à ce qui l'entoure, la seconde est tout entière à ses impressions et à ses émotions.

DICTÉE

POINT MÉTHODE

1. Ne confonds pas les terminaisons de l'impératif (*prêtez*) et de l'infinitif (*espérer*) pour les verbes du 1er groupe. Pour distinguer les deux, remplace le verbe du 1er groupe par un verbe d'un autre groupe :
   - *Prêtez-moi → Offrez-moi = impératif.*
   - *Espérer éternellement → vouloir éternellement = infinitif.*
2. Attention aux accords, ils sont très nombreux dans ce poème ! N'oublie pas les marques du pluriel (*s*, *x*, *ent*).

Prêtez-moi, ô Orient-Express, Sud-Brenner-Bahn, prêtez-moi
Vos miraculeux bruits sourds et
Vos vibrantes voix de chanterelle ;
Prêtez-moi la respiration légère et facile
Des locomotives hautes et minces, aux mouvements
Si aisés, les locomotives des rapides,
Précédant sans effort quatre wagons jaunes à lettres d'or
Dans les solitudes montagnardes de la Serbie,
Et, plus loin, à travers la Bulgarie pleine de roses…

Ah ! Il faut que ces bruits et que ce mouvement
Entrent dans mes poèmes et disent
Pour moi ma vie indicible, ma vie
D'enfant qui ne veut rien savoir, sinon
Espérer éternellement des choses vagues.

RÉDACTION

Voici un exemple de rédaction sur chacun des deux sujets.
Attention les indications entre crochets ne doivent pas figurer sur ta copie.

Sujet d'imagination

> CONSEIL
> Tu peux insérer des comparaisons ou des métaphores, comme ici où le train est comparé à un long serpent.

[Départ]

Brouhaha
Appel et annonces qu'on ne comprend pas
Bousculade
La main serrée fort
Pour ne pas se perdre
Les valises s'entrechoquant
Excitation et angoisse du départ
Agitation quai 12
Le train long serpent qui attend
Voyageurs en partance

[Le voyage]

Portières qui claquent
Sifflets du chef de gare
Le paysage à rebours
Nous sommes partis
Au bout des rails l'inconnu
Un ailleurs tant rêvé
Venise et ses palais mouillés
Son grand canal ses gondoliers
Dans le compartiment nous nous couchons
Bientôt il fera nuit
Le train me berce doucement
Je voyage en dormant

[Arrivée]

Au réveil m'accueille la lagune
Encore ensommeillée
Je rêve aux palais dorés
Et au chant des gondoliers

Sujet de réflexion

[Introduction : présentation de la question posée] « Les voyages forment la jeunesse ». Ce proverbe, qui ne le connaît pas ? Mais qu'entend-on par « former » ? En quoi les voyages peuvent-ils être une source d'enrichissement ?

[Élargir son horizon, faire de nouvelles découvertes] Voyager, c'est tout d'abord changer d'horizon, aller vers l'inconnu, faire de nouvelles découvertes. De tout temps des hommes se sont faits explorateurs, au risque de leur vie – Marco Polo, Christophe Colomb, Vasco de Gama, Neil Armstrong – et sont partis à la découverte d'autres pays, d'autres continents, d'autres civilisations et même de la Lune. De nos jours, l'exploration spatiale se poursuit vers d'autres planètes, repoussant toujours plus loin les frontières de notre monde connu.

[Prendre conscience de la fragilité de notre Terre] Voyager, c'est aussi prendre conscience de la beauté et de la richesse de notre planète aux paysages si variés – la forêt vierge, le désert, la montagne, la banquise – mais aussi de sa fragilité et de l'urgence de la protéger.

[Découvrir d'autres modes de vie] Voyager, c'est également se confronter à d'autres civilisations, d'autres modes de vie. Cela permet d'abandonner ses préjugés et ses œillères, de lutter contre le racisme et la xénophobie, de sortir de sa zone de confort et de prendre conscience de son existence privilégiée, lorsque l'on se trouve au contact de la pauvreté ou des difficultés que rencontrent d'autres populations dans le monde.

[Enrichir son imaginaire] Voyager, ce n'est pas nécessairement aller loin, prendre un train, un avion : il suffit parfois de tourner un coin de rue, d'explorer un autre quartier pour être confronté à l'inconnu ; il suffit parfois d'ouvrir un livre pour vivre des aventures exaltantes, comme celles que nous font partager les récits de Jules Verne – *Voyage au centre de la terre*, *Le tour du monde en quatre-vingts jours* – ou encore *L'Île au trésor* de Stevenson. Voyager, ce peut être tout simplement fermer les yeux et se laisser aller au gré de son imagination.

[Conclusion] Les voyages sont donc une merveilleuse source d'enrichissement : ils nous font grandir, découvrir d'autres paysages, d'autres civilisations, nous sortent de notre quotidien et aiguisent notre curiosité. Ils nous rendent moins égoïstes et plus responsables. Encore faut-il sortir des sentiers battus et des voyages organisés pour explorer le monde en toute liberté.

SUJET

8

Centres étrangers • Juin 2019

100 points

FRANÇAIS

Globalia, un monde totalitaire

DOCUMENT A **Texte littéraire**

Baïkal et Kate sont sortis clandestinement de « Globalia », le monde dans lequel ils vivent. Ils se retrouvent dans la « non-zone » qu'ils ne connaissent pas.

– Tu ne comprends pas, Kate, je te l'ai souvent répété. Ce sera partout la même chose. Partout nous serons en Globalia. Partout, nous retrouverons cette civilisation que je déteste.

– Évidemment, puisqu'il n'y en a qu'une ! Et c'est heureux. Aurais-tu la nostalgie du temps où il y avait des nations différentes qui n'arrêtaient pas de se faire la guerre ?

Baïkal haussa les épaules. Kate poussa son avantage.

– Il n'y a plus de frontières, désormais. Ce n'est tout de même pas plus mal ?

– Bien sûr que non, Kate. Tu me récites la propagande que tu as apprise comme nous tous. Globalia, c'est la liberté ! Globalia, c'est la sécurité ! Globalia, c'est le bonheur !

Kate prit l'air vexé. Le mot de propagande était blessant. Il ne s'agissait ni plus ni moins que de la vérité.

– Tu te crois certainement plus malin que moi, mais tu ne peux tout de même pas nier qu'on peut aller partout. Ouvre ton multifonction[1], sélectionne une agence de voyages et tu pars demain dans n'importe quel endroit du monde…

– Oui, concéda Baïkal, tu peux aller partout. Mais seulement dans les zones sécurisées, c'est-à-dire là où on nous autorise à aller, là où tout est pareil.

– Mais tout Globalia est sécurisé ! L'Europe, l'Amérique, la Chine… Le reste, c'est le vide, ce sont les non-zones.

Baïkal reprit d'un ton passionné et s'écria :

– Moi, je continue à croire qu'existe un ailleurs.

Kate soupira.

– C'est ce que tu m'as expliqué et c'est pour cela que je t'ai suivi. Mais rends-toi à l'évidence. L'ailleurs est dans tes rêves, mon amour.

Il n'y a que quelques endroits pourris aux confins du monde, des réserves, des friches.

– Depuis six mois je recoupe les informations, insista Baïkal en secouant la tête – mais on sentait le désespoir éteindre sa voix. Je suis sûr que toutes ces non-zones sont en continuité. On peut sortir d'ici et rejoindre la mer, il doit y avoir des déserts, des villes peut-être. J'ai fait l'impossible pour obtenir des plans. J'ai soudoyé[2] un type dont le grand-père était botaniste[3]. Il avait effectué des missions dans les non-zones. Il m'a vendu ce logiciel cartographique, mais il est sans doute dépassé : on ne reconnaît plus rien.

Kate le sentait au bord des larmes. Elle passa sa main dans ses cheveux, lissa ses éternels épis couleur de jais[4] qui se redressaient aussitôt.

– Rentrons maintenant, souffla-t-elle. Nous raconterons que nous nous sommes perdus, que la porte était ouverte, que nous avons voulu être seuls dans la montagne. Cela n'ira pas bien loin. Une amende peut-être.

– Non, dit Baïkal en secouant la tête. Je ne retournerai pas là-bas. Ce monde est une prison.

Jean-Christophe Rufin, *Globalia*, 2004,

1. Multifonction : ordinateur.
2. Soudoyer : payer quelqu'un pour obtenir quelque chose de défendu.
3. Botaniste : scientifique qui étudie les plantes, les fleurs et les arbres.
4. Jais : de couleur noire.

DOCUMENT B **Quino, *Y a un truc !*, 1981**

Quino, scénariste et auteur de bandes dessinées argentin, porte un regard critique sur la société, notamment celle de son pays.

TRAVAIL SUR LE TEXTE LITTÉRAIRE ET SUR L'IMAGE

50 POINTS • 1 h 10

Les réponses doivent être entièrement rédigées.

Grammaire et compétences linguistiques

▶ **1.** « Globalia » (l. 2)

a) À partir de quel mot ce terme est-il formé ? (*1 point*)

b) Expliquez le sens de « Globalia ». (*1 point*)

▶ **2.** « […] là où on nous autorise à aller » (l. 20), « mais on sentait le désespoir éteindre sa voix » (l. 32), « on peut sortir d'ici et rejoindre la mer » (l. 33-34).

a) Quelle est la classe grammaticale du mot « on » ? (*1 point*)

b) Identifiez ce que désigne chacun des trois mots soulignés. (*3 points*)

▶ **3.** « Nous raconterons que nous nous sommes perdus, que la porte était ouverte, que nous avons voulu être seuls dans la montagne. » (l. 42-44) Comment les paroles du personnage sont-elles rapportées ? (*1 point*)

▶ **4.** « Globalia, c'est la liberté ! Globalia, c'est la sécurité ! Globalia, c'est le bonheur ! » (l. 11-12)

Identifiez une figure de style employée dans ce passage. (*1 point*)

▶ **5.** « Mais rends-toi à l'évidence » (l. 28)

a) Quel mode est employé dans cette phrase ? (*1 point*)

b) Expliquez l'emploi de ce mode. (*1 point*)

▶ **6.** « Je ne retournerai pas là-bas. Ce monde est une prison. » (l. 46-47)

a) Nommez la relation logique qui unit les deux phrases. (*1 point*)

b) Réécrivez-les en utilisant une conjonction de subordination qui exprime la même relation logique. (*1 point*)

▶ **7.** « Tu ne comprends pas, Kate, je te l'ai souvent répété. Ce sera partout la même chose. Partout nous serons en Globalia. Partout, nous retrouverons cette civilisation que je déteste. » (l. 1-3)

Réécrivez ce passage en commençant par : « Baïkal explique à Kate qu'elle… » (*10 points*)

Compréhension et compétences d'interprétation

▶ **8.** Quel est le sujet central de la conversation entre Kate et Baïkal ? (*2 points*)

▶ **9. a)** Que pense Kate de Globalia ? (*2 points*)

b) Reformulez deux arguments qu'avance Kate pour défendre son opinion. Vous illustrerez votre réponse à l'aide de deux citations. (*4 points*)

c) Dans les lignes 4 à 18, nommez un procédé qu'elle utilise pour convaincre Baïkal. Justifiez-le à l'aide d'un exemple issu du texte. (*2 points*)

▶ **10. a)** Quelle vision Baïkal a-t-il de Globalia ?
Relevez deux arguments. (*3 points*)
b) Quel est son projet ? Justifiez votre réponse. (*3 points*)

▶ **11.** Quelle proposition Kate formule-t-elle à la fin de l'extrait ?
Pour quelle raison ? (*2 points*)

▶ **12.** En vous appuyant sur les réponses précédentes et votre lecture du texte, que pensez-vous de Globalia ? Développez votre réponse de manière argumentée. (*4 points*)

▶ **13. a)** Quelles sont les caractéristiques de la société représentée par Quino dans cette planche de bande dessinée ? (*3 points*)
b) Quels liens établissez-vous avec le texte *Globalia* ? (*3 points*)

DICTÉE — 10 POINTS • 20 minutes

Le nom de l'auteur, le titre de l'œuvre, ainsi que « Baïkal », « Kate », « glauque » et « biais » sont écrits au tableau.

Jean-Christophe Rufin
Globalia, 2004
© Éditions Gallimard

Tout à coup, emportés par leur élan, ils butèrent contre la vitre qui courait à mi-pente. Elle rendit un son vibrant quand ils la heurtèrent. Ils étaient tombés accroupis, emmêlés. Baïkal se redressa, couvert d'aiguilles sèches. Il aida Kate à se relever. Elle n'osait pas toucher la vitre. C'était la première fois qu'elle approchait des limites. Le mur lisse et brillant était transparent de près mais prenait un ton vert glauque à mesure qu'il s'éloignait et qu'on le voyait de biais. […] La pente qu'ils avaient dégringolée était si raide qu'il semblait impossible de la remonter.

RÉDACTION — 40 POINTS • 1 h 30

Vous traiterez au choix un des deux sujets de rédaction suivants. Votre travail fera au moins deux pages (soit une cinquantaine de lignes).

Sujet d'imagination

Kate rentre seule à Globalia. Imaginez une situation qui lui ouvre les yeux, l'amenant à considérer Globalia comme une prison et à partager le point de vue de Baïkal sur ce monde. Vous respecterez les caractéristiques de la narration et du cadre spatio-temporel du texte. Vous intégrerez dans votre récit les pensées et les sentiments de Kate.

Sujet de réflexion

Comment l'expression artistique (la littérature, la peinture, le cinéma, la musique…) permet-elle de dénoncer le totalitarisme ? Vous vous appuierez sur vos lectures, vos connaissances personnelles et culturelles.

LES CLÉS DU SUJET

■ Les documents

Le texte littéraire (document A)

Globalia est un roman d'anticipation développant une dystopie (société imaginaire régie par un pouvoir totalitaire ou une idéologie néfaste), écrit par Jean-Christophe Rufin (2004). L'action se déroule dans un futur indéterminé. Une sorte d'État mondial, Globalia, assure à ses citoyens la sécurité et la prospérité tant qu'ils ne remettent pas en cause le système. Baïkal Smith, un jeune Globalien, cherche à fuir cette société.

L'image (document B)

Quino, de son vrai nom Joaquín Salvador Lavado Tejón, est un scénariste et dessinateur argentin qui dénonce les problèmes de la société, particulièrement ceux de son pays. Il est surtout connu pour être l'auteur de la série de bandes dessinées *Mafalda*.

■ Rédaction (sujet d'imagination)

Recherche d'idées

- Imagine un événement (rencontre, confrontation, fait, incident) qui va provoquer une prise de conscience chez Kate.
- Elle peut réaliser que Globalia n'est pas le monde parfait qu'elle pense, que la propagande n'est pas la vérité, qu'elle n'est pas si libre qu'elle le croit, que tout est peut-être trop uniforme et laisse peu de place à l'imagination, au droit à la différence…

Conseils de rédaction

- Reprends les caractéristiques de la narration : récit à la 3e personne et au passé.
- Respecte aussi le cadre spatio-temporel :

– le lieu : à Globalia, un État totalitaire où règnent la propagande et l'uniformité de la pensée imposée ;

– le moment : dans un futur indéterminé, peu de temps après le retour de Kate de son escapade secrète avec Baïkal.

• Intègre dans ton récit les pensées et les sentiments de Kate :
– imagine, par exemple, un court dialogue intérieur ;
– fais appel au lexique des sentiments pour évoquer ses doutes, ses désirs, ses révoltes.

■ Rédaction (sujet de réflexion)

Recherche d'idées

• Commence par définir plusieurs arguments, diverses façons dont les artistes cherchent à combattre le totalitarisme, c'est-à-dire les dictatures :
– le rire, l'ironie ;
– l'art de persuader, d'émouvoir, de révolter ;
– l'appel à la résistance ;
– les récits d'anticipation, les dystopies.
• Choisis des exemples précis parmi des œuvres littéraires, picturales, cinématographiques ou encore musicales. N'oublie pas de citer aussi le roman de Jean-Claude Rufin.

Conseils de rédaction

• Présente tout d'abord la question dans ton introduction.
• Construis ensuite ton développement en plusieurs paragraphes, chacun correspondant à un moyen d'agir contre le totalitarisme. Introduis chaque paragraphe avec un connecteur : *tout d'abord, ensuite, mais aussi, enfin…*
• N'oublie pas de conclure par une rapide synthèse ou en élargissant ta réflexion : par exemple, évoque l'importance de l'expression artistique, et les risques encourus par les artistes dans un monde muselé par la censure.

CORRIGÉ 8

TRAVAIL SUR LE TEXTE LITTÉRAIRE ET SUR L'IMAGE

Grammaire et compétences linguistiques

▶ **1. a)** Le nom propre « Globalia » est formé à partir de l'adjectif « global ».

b) Globalia est une sorte d'état mondial où les habitants sont englobés dans une même uniformité politique, sociale et intellectuelle.

▶ **2. a)** « On » est un pronom personnel sujet.

b) • « là où <u>on</u> nous autorise à aller » : « on » désigne ceux qui gouvernent.

• « mais <u>on</u> sentait le désespoir éteindre sa voix » : « on » désigne ici Kate, le narrateur, les lecteurs, ceux qui écoutent Baïkal.

• « <u>on</u> peut sortir d'ici et rejoindre la mer » : « on » désigne cette fois « nous » (Kate et Baïkal).

▶ **3.** Les paroles sont rapportées au discours indirect.

▶ **4.** La figure de style employée est une anaphore.

> INFO +
> Une anaphore consiste à répéter le même mot ou la même construction au début de plusieurs phrases ou vers.

▶ **5. a)** Le mode employé est l'impératif.

b) Il exprime une invitation pressante, une exhortation.

▶ **6. a)** La relation logique est une relation de cause. Elle est implicite, sous-entendue.

b) Je ne retournerai pas là-bas parce que ce monde est une prison.

▶ **7.** *Les modifications sont en couleur.*

« Baïkal explique à Kate qu'elle ne comprend pas, qu'il le lui a souvent répété, que ce sera toujours la même chose, que partout ils seront en Globalia, que partout ils retrouveront cette civilisation qu'il déteste. »

Compréhension et compétences d'interprétation

▶ **8.** Le sujet central de la conversation entre Kate et Baïkal est la possibilité qu'il existe un autre monde au-delà des frontières de cet univers globalisé et uniformisé dans lequel ils vivent.

▶ **9. a)** Kate a une opinion très positive de Globalia : elle considère que c'est un monde où l'on est heureux.

b) Elle apporte deux arguments. Tout d'abord, il s'agit d'un monde sans guerre : « Aurais-tu la nostalgie du temps où il y avait des nations différentes qui n'arrêtaient pas de se faire la guerre ? » Ensuite, c'est un monde sans frontières dans lequel on peut se déplacer librement : « Tu ne peux tout de même pas nier qu'on peut aller partout. »

c) Pour tenter de convaincre Baïkal, Kate emploie des questions rhétoriques : « Il n'y a plus de frontières désormais. *Ce n'est tout de même pas plus mal ?* »

> INFO +
> Une question rhétorique est une question à laquelle on n'attend pas de réponse, dont on connaît d'avance la réponse.

▶ **10. a)** Baïkal a une vision très critique de Globalia. Il s'agit, selon lui, d'un monde totalitaire, où la liberté de penser et de se déplacer n'est qu'apparente, où tous les habitants sont amenés à penser de la même manière. Il voit Globalia comme une prison, tant physique que morale.

b) Baïkal souhaite s'évader de cet univers, partir à la recherche d'un ailleurs. Cela fait des semaines qu'il enquête sur les « non-zones ». Il s'est procuré un logiciel cartographique. Il est persuadé qu'il y a un autre monde hors de Globalia.

▶ **11.** Kate tente de le convaincre de regagner Globalia. Elle a peur de l'inconnu qui les attend et elle voit Baïkal perdu, au bord des larmes.

▶ **12.** Je pense comme Baïkal que Globalia est un monde totalitaire qui semble offrir le bonheur et la paix, mais au détriment de la liberté de penser, de se déplacer. Les esprits y sont uniformisés, en proie à la propagande. Il n'y a plus de libre-arbitre. C'est un monde aseptisé, sans surprise, sans différences. On peut y voyager à sa guise, mais à quoi bon puisqu'il n'y a plus qu'une civilisation unique ?

▶ **13. a)** La société représentée par Quino sur sa planche de bande dessinée est une société où tout le monde pense de manière identique, ce qui est symbolisé par des carrés. La résistance à cette pensée totalitaire consiste à se procurer clandestinement un instrument subversif, un compas, qui permettra de réaliser des ronds, c'est-à-dire de penser et s'exprimer autrement.

b) Le monde de Globalia et celui de la bande dessinée ont les mêmes caractéristiques : ils imposent à leurs habitants une pensée unique. Baïkal ressemble à ce personnage qui se procure un compas : il veut échapper à cette dictature de la pensée, découvrir d'autres horizons.

DICTÉE

POINT MÉTHODE

Attention aux règles d'accord du participe passé.

❶ Le participe passé employé avec l'auxiliaire *être* s'accorde avec le sujet : *Ils étaient tombés accroupis, emmêlés.*

❷ Le participe passé employé avec l'auxiliaire *avoir* s'accorde avec le COD si celui-ci est placé avant le verbe : *La pente qu'il avait dégringolée était si raide.*

❸ Le participe passé employé comme adjectif s'accorde avec le nom ou le pronom qu'il qualifie : *Tout à coup, emportés par leur élan, ils butèrent contre la vitre.*

Tout à coup, emportés par leur élan, ils butèrent contre la vitre qui courait à mi-pente. Elle rendit un son vibrant quand ils la heurtèrent. Ils étaient tombés accroupis, emmêlés. Baïkal se redressa, couvert d'aiguilles sèches. Il aida Kate à se relever. Elle n'osait pas toucher la vitre. C'était la première fois qu'elle approchait des limites. Le mur lisse et brillant était transparent de près mais prenait un ton vert glauque à mesure qu'il s'éloignait et qu'on le voyait de biais. [...] La pente qu'ils avaient dégringolée était si raide qu'il semblait impossible de la remonter.

RÉDACTION

Voici un exemple de rédaction sur chacun des deux sujets.

Attention les indications entre crochets ne doivent pas figurer sur ta copie.

Sujet d'imagination

[Introduction] Kate laissa Baïkal derrière elle et réintégra discrètement Globalia, soulagée, mais aussi inquiète pour son jeune compagnon affrontant seul les dangers des non-zones, s'y perdant peut-être pour toujours. Elle s'en voulait de l'avoir ainsi abandonné, mais elle ne se sentait pas capable de quitter le cocon protecteur du seul monde qu'elle connaissait.

[Élément déclencheur] Soudain, Kate sentit une odeur lui chatouiller les narines, un léger arôme un peu entêtant, à la fois étrange et familier : cela sentait quelque chose de doux, de subtil et de sauvage en même temps, quelque chose qui éveillait en elle une sorte de nostalgie, une impression de poésie… Elle plongea la main dans sa poche et en sortit une petite poignée de quelque chose qui sentait la terre, l'humus. Cela avait dû s'y glisser alors qu'elle suivait son jeune ami.

[Prise de conscience] Il n'y avait rien de tel à Globalia : les odeurs étaient proscrites, chassées. Tout était désodorisé, aseptisé, fade. Tout ce qui pouvait éveiller des élans de poésie, des désirs, des envies était formellement interdit. Kate, déjà, remarquait quelques regards désapprobateurs et suspicieux. Elle se hâta de s'éloigner de peur d'être soupçonnée de quelque pratique prohibée.

Malgré elle, sa main tâta précautionneusement le fond de sa poche : c'était doux, un peu friable… Elle jeta un coup d'œil rapide à la petite poignée de terre ocre qu'elle venait d'extraire du bout de ses doigts. Elle ne put s'empêcher de porter ces quelques grains à ses narines et huma profondément. Cela lui donna envie de chantonner, même si c'était interdit, à l'exception des chants patriotiques. Comme tout lui semblait terne, insipide, monotone tout à coup. Était-ce cette vie-là qu'elle considérait encore comme heureuse, idéale, quelques heures auparavant ?

[Conclusion] Elle cacha la petite poignée de terre bien profondément dans les plis de sa poche et ressentit le violent désir de fuir cette prison mentale qu'était devenu pour elle, en quelques instants, Globalia. Elle ne souhaitait plus qu'une chose : rejoindre Baïkal et explorer avec lui les espaces inconnus. Mais saurait-elle le retrouver ?

Sujet de réflexion

[Introduction] L'expression artistique (la littérature, la peinture, le cinéma, la musique…) est un moyen de lutte contre le totalitarisme. Mais de quelle façon une œuvre d'art peut-elle se révéler une arme efficace ?

[Combattre en se moquant] Certains artistes ont choisi l'ironie, la dérision comme arme. Ainsi, Charlie Chaplin dans son film *Le Dictateur* (1940) use-t-il du rire pour mettre en évidence la folie des grandeurs et la mégalomanie d'un chef d'État qui ressemble étrangement à Hitler.

[Combattre en indignant et en frappant les esprits] Une œuvre d'art peut aussi agir en frappant les esprits. S'il est un tableau qui symbolise la barbarie, c'est *Guernica* de Picasso (1937) qui met en scène le martyr de la population de cette petite ville bombardée par les aviations fasciste et nazie lors de la guerre d'Espagne. Cette œuvre est un terrible manifeste contre les horreurs de la guerre et de la dictature.

[Combattre en appelant à la résistance] Une œuvre peut aussi être un appel à la résistance. Ainsi, dans son poème *Courage* (1944), Éluard exhorte les Parisiens à s'élever contre le nazisme. Quant au célèbre *Chant des partisans*, c'est l'hymne de la Résistance française contre l'occupant allemand.

[Alerter sur des dangers futurs] Enfin, des romanciers ont choisi de faire des récits d'anticipation, de dystopies pour alerter leurs lecteurs sur les risques que courent nos sociétés de sombrer dans des régimes totalitaires. Citons par exemple *Le Meilleur des mondes* d'Aldous Huxley (1932), *1984,* de George Orwell (1949), *La Servante écarlate* de Margaret Atwood (1985) ou encore *Globalia* de Jean-Claude Rufin (2004).

[Conclusion] La création artistique offre donc des formes variées de lutte contre les totalitarismes : l'ironie et le rire, le pouvoir d'émouvoir, de persuader, d'appeler à la résistance ou encore de rendre vigilant et critique face à l'avenir. C'est sous les dictatures que l'expression artistique est la plus essentielle et la plus risquée, lorsqu'on cherche à la museler, preuve qu'elle constitue une arme efficace contre le totalitarisme.

France métropolitaine • Juillet 2019
Sujet complet • 100 points

Sujet du brevet de France métropolitaine 2019

EXERCICE 1 • LE TRÉSOR — 10 POINTS

Le capitaine d'un navire possède un trésor constitué de 69 diamants, 1 150 perles et 4 140 pièces d'or.

▶ **1.** Décomposer 69 ; 1 150 et 4 140 en produits de facteurs premiers.

▶ **2.** Le capitaine partage équitablement le trésor entre les marins. Combien y a-t-il de marins sachant que toutes les pièces, perles et diamants ont été distribués ?

EXERCICE 2 • LE DÉCOR DE LA PIÈCE DE THÉÂTRE — 19 POINTS

Dans cet exercice, on donnera, si nécessaire, une valeur approchée des résultats au centième près.

Pour construire le décor d'une pièce de théâtre (figure 1), Joanna dispose d'une plaque rectangulaire ABCD de 4 m sur 2 m dans laquelle elle doit découper les trois triangles du décor avant de les superposer. Elle propose un découpage de la plaque (figure 2).

Figure 1

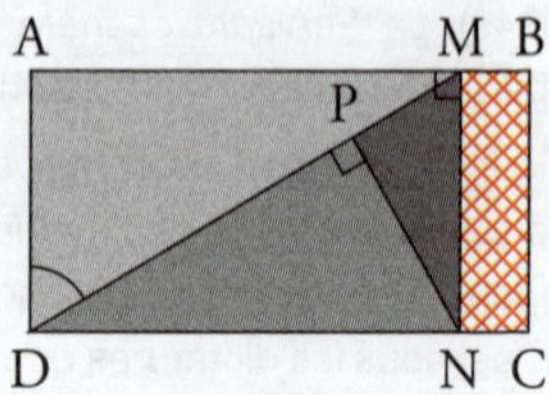

Figure 2

Le triangle ADM respecte les conditions suivantes :
- Le triangle ADM est rectangle en A.
- AD = 2 m.
- $\widehat{ADM} = 60°$.

▶ **1.** Montrer que [AM] mesure environ 3,46 m.

▶ **2.** La partie de la plaque non utilisée est représentée en quadrillé sur la figure 2. Calculer une valeur approchée au centième de la proportion de la plaque qui n'est pas utilisée.

▶ **3.** Pour que la superposition des triangles soit harmonieuse, Joanna veut que les trois triangles AMD, PNM et PDN soient semblables. Démontrer que c'est bien le cas.

▶ **4.** Joanna aimerait que le coefficient d'agrandissement pour passer du triangle PDN au triangle AMD soit plus petit que 1,5. Est-ce le cas ? Justifier.

EXERCICE 3 • GESTION DE DONNÉES — 17 POINTS

Les questions 1 et 2 sont indépendantes.

Un sablier est composé de :
– deux cylindres C_1 et C_2 de hauteur 4,2 cm et de diamètre 1,5 cm ;
– un cylindre C_3 ;
– deux demi-sphères S_1 et S_2 de diamètre 1,5 cm.
On rappelle le volume $\mathcal{V}$ d'un cylindre d'aire de base $\mathcal{B}$ et de hauteur h :
$\mathcal{V} = \mathcal{B} \times h$.

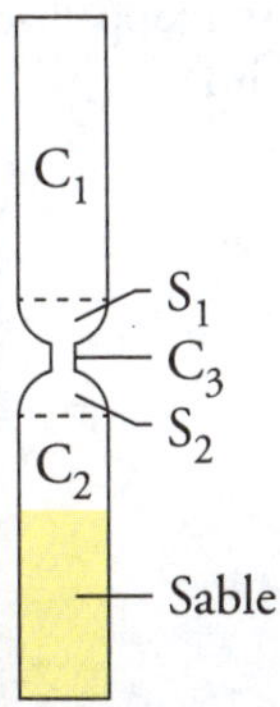

▶ **1. a)** Au départ, le sable remplit le cylindre C_2 aux deux tiers. Montrer que le volume du sable est environ 4,95 cm^3.
b) On retourne le sablier. En supposant que le débit d'écoulement du sable est constant et égal à 1,98 cm^3/min, calculer le temps en minutes et secondes que va mettre le sable à s'écouler dans le cylindre inférieur.

▶ **2.** En réalité, le débit d'écoulement d'un même sablier n'est pas constant.
Dans une usine où on fabrique des sabliers comme celui-ci, on prend un sablier au hasard et on teste plusieurs fois le temps d'écoulement dans ce sablier.
Voici les différents temps récapitulés dans le tableau suivant :

Temps mesuré	2 min 22 s	2 min 24 s	2 min 26 s	2 min 27 s	2 min 28 s	2 min 29 s	2 min 30 s
Nombre de tests	1	1	2	6	3	7	6

Temps mesuré	2 min 31 s	2 min 32 s	2 min 33 s	2 min 34 s	2 min 35 s	2 min 38 s
Nombre de tests	3	1	2	3	2	3

a) Combien de tests ont été réalisés au total ?

b) Un sablier est mis en vente s'il vérifie les trois conditions ci-dessous, sinon il est éliminé.

- L'étendue des temps est inférieure à 20 s.
- La médiane des temps est comprise entre 2 min 29 s et 2 min 31 s.
- La moyenne des temps est comprise entre 2 min 28 s et 2 min 32 s.

EXERCICE 4 • DESSIN SOUS SCRATCH — 19 POINTS

On veut réaliser un dessin constitué de deux types d'éléments (tirets et carrés) mis bout à bout.
Chaque script ci-dessous trace un élément, et déplace le stylo.
On rappelle que « s'orienter à 90 » signifie qu'on oriente le stylo vers la droite.

▶ **1.** En prenant 1 cm pour 2 pixels, représenter la figure obtenue si on exécute le script Carré.
Préciser les positions de départ et d'arrivée du stylo sur votre figure.
Pour tracer le dessin complet, on a réalisé 2 scripts qui se servent des blocs « Carré » et « Tiret » ci-dessus :

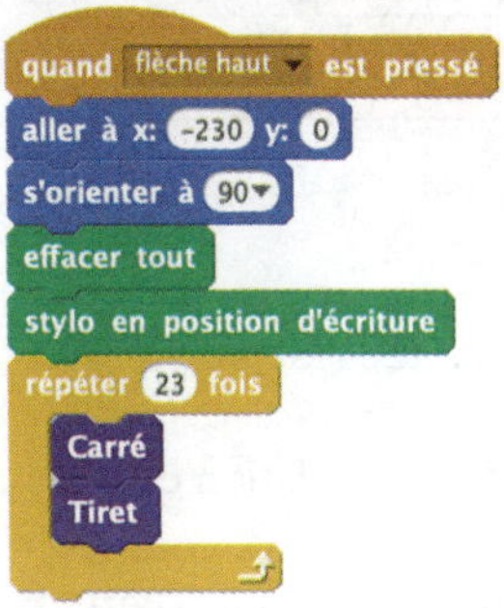

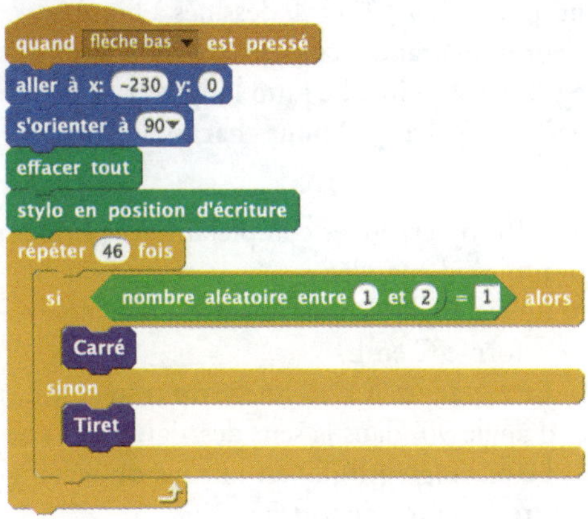

On exécute les deux scripts et on obtient les deux dessins ci-dessous.

Dessin A

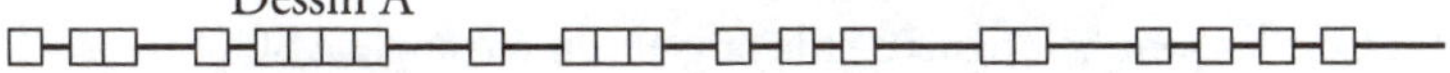

Dessin B

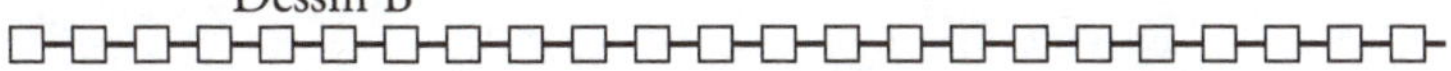

▶ **2.** Attribuer à chaque script la figure dessinée. Justifier votre choix.

▶ **3.** On exécute le script 2.

a) Quelle est la probabilité que le premier élément tracé soit un carré ?

b) Quelle est la probabilité que les deux premiers éléments soient des carrés ?

▶ **4.** Dans le script 2, on aimerait que la couleur des différents éléments, tirets ou carrés, soit aléatoire, avec à chaque fois 50 % de chance d'avoir un élément noir et 50 % de chance d'avoir un élément rouge.
Écrire la suite d'instructions qu'il faut alors créer et préciser où l'insérer dans le script 2.
Indication : on pourra utiliser les instructions « mettre la couleur du stylo à ■ » (rouge) et « mettre la couleur du stylo à ■ » (noir) pour choisir la couleur du stylo.

EXERCICE 5 • LES TRANSFORMATIONS DU PLAN 18 POINTS

Olivia s'est acheté un tableau pour décorer le mur de son salon.
Ce tableau, représenté ci-contre, est constitué de quatre rectangles identiques nommés ①, ②, ③ et ④ dessinés à l'intérieur d'un grand rectangle ABCD d'aire égale à 1,215 m^2. Le ratio longueur : largeur est égal à 3 : 2 pour chacun des cinq rectangles.

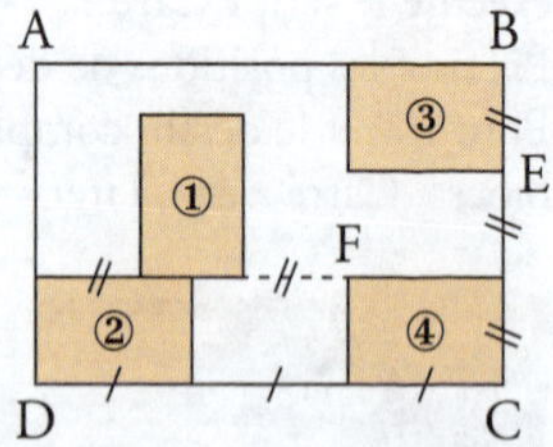

▶ **1.** Recopier, en les complétant, les phrases suivantes. Aucune justification n'est demandée.

a) Le rectangle … est l'image du rectangle … par la translation qui transforme C en E.

b) Le rectangle ③ est l'image du rectangle … par la rotation de centre F et d'angle 90° dans le sens des aiguilles d'une montre.

c) Le rectangle ABCD est l'image du rectangle … par l'homothétie de centre … et de rapport 3.
(Il y a plusieurs réponses possibles, une seule est demandée.)

▶ **2.** Quelle est l'aire d'un petit rectangle ?

▶ **3.** Quelles sont la longueur et la largeur du rectangle ABCD ?

EXERCICE 6 • PROGRAMME DE CALCUL 12 POINTS

Voici deux programmes de calcul.

Programme 1

Choisir un nombre
Le multiplier par 3
Ajouter 1

Programme 2

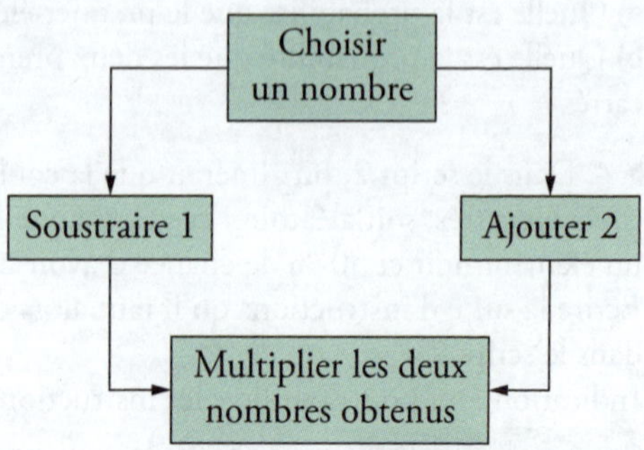

▶ **1.** Vérifier que si on choisit 5 comme nombre de départ,

• Le résultat du programme 1 vaut 16.

• Le résultat du programme 2 vaut 28

On appelle $A(x)$ le résultat du programme 1 en fonction du nombre x choisi au départ.

La fonction $B : x \mapsto (x - 1)(x + 2)$ donne le résultat du programme 2 en fonction du nombre x choisi au départ.

▶ **2. a)** Exprimer $A(x)$ en fonction de x.

b) Déterminer le nombre que l'on doit choisir au départ pour obtenir 0 comme résultat du programme 1.

▶ **3.** Développer et réduire l'expression :

$B(x) = (x - 1)(x + 2)$.

▶ **4. a)** Montrer que $B(x) - A(x) = (x + 1)(x - 3)$.

b) Quels nombres doit-on choisir au départ pour que le programme 1 et le programme 2 donnent le même résultat ? Expliquer la démarche.

LES CLÉS DU SUJET

■ Exercice 1

Points du programme

PGCD de trois entiers naturels • Décomposition en produit de facteurs premiers

Nos coups de pouce

▶ **2.** Pense au PGCD.

■ Exercice 2

Points du programme

Trigonométrie • Triangles semblables • Angles • Proportion

Nos coups de pouce

▶ **3.** Des triangles sont semblables s'ils ont 2 angles égaux.

■ Exercice 3

Points du programme

Statistiques • Volumes usuels • Proportionnalité

Nos coups de pouce

▶ **3.** Vérifie si chacun des critères est valide pour le sablier testé.

Exercice 4

Points du programme

Algorithmique

Nos coups de pouce

▶ **1.** Lis chaque étape et trace la figure au fur et à mesure.

Exercice 5

Points du programme

Transformations du plan • Aire d'un rectangle • Ratio

Nos coups de pouce

▶ **2.** Dans un agrandissement de coefficient k, les aires sont multipliées par k^2.

Exercice 6

Points du programme

Calcul littéral • Équations

Nos coups de pouce

▶ **4.** Développe chaque partie et vérifie qu'elles sont égales.

CORRIGÉ 9

EXERCICE 1

▶ **1.** $69 = 3 \times 23$

$1\,150 = 2 \times 575 = 2 \times 5 \times 115 = 2 \times 5^2 \times 23$

$4\,140 = 2 \times 2\,070 = 2^2 \times 1\,035 = 2^2 \times 3 \times 345 = 2^2 \times 3^2 \times 115$

$= 2^2 \times 3^2 \times 5 \times 23$

▶ **2.** Le facteur commun aux trois nombres est 23.

Donc PGCD(69 ; 1 150 ; 4 140) = 23.

Il y a donc 23 marins.

EXERCICE 2

▶ **1.** ADM est rectangle en A.

$$\tan(\widehat{D}) = \frac{\text{côté opposé à l'angle } \widehat{D}}{\text{côté adjacent à l'angle } \widehat{D}} = \frac{AM}{AD}$$

Donc $\tan(60°) = \dfrac{AM}{2}$

et $AM = 2 \times \tan(60°) \approx \boxed{3{,}46 \text{ m}}$.

ATTENTION !
Pour additionner deux fractions, il faut les mettre au même dénominateur.

▶ **2.** $\text{Aire}(BMNC) = BM \times BC = (4 - 3{,}46) \times 2 = 1{,}08 \text{ m}^2$

$\text{Aire}(ABCD) = AB \times BC = 4 \times 2 = 8 \text{ m}^2$

Donc la proportion de plaque non utilisée est : $\dfrac{1{,}08}{8} \approx \boxed{0{,}14}$.

▶ **3.** • Dans les triangles ADM et MPN :

$\widehat{DAM} = \widehat{MPN}$ car ce sont des angles droits ;

$\widehat{ADM} = \widehat{PMN}$ car les deux angles sont alternes-internes.

Les triangles ADM et MPN ont deux angles égaux, ils sont donc semblables.

• Dans les triangles ADM et PDN :

$\widehat{DAM} = \widehat{NPD}$ car ce sont des angles droits ;

$\widehat{PDN} = 90° - 60° = 30°$ et par la somme des mesures des angles d'un triangle, $\widehat{AMD} = 30°$.

Donc les deux angles $\widehat{PDN}$ et $\widehat{AMD}$ sont égaux.

Les triangles ADM et PND ont deux angles égaux, ils sont donc semblables.

▶ **4.** ADM est rectangle en A.

$$\cos(\widehat{D}) = \frac{\text{côté adjacent à l'angle } \widehat{D}}{\text{hypoténuse}} = \frac{AD}{DM}$$

donc $\cos(60°) = \dfrac{2}{DM}$

donc $DM = \dfrac{2}{\cos(60°)} = \boxed{4 \text{ m}}$.

Or DN = 3,46 m

donc $\dfrac{DM}{DN} = \dfrac{4}{3{,}46} \approx 1{,}15 < 1{,}5$.

Le coefficient d'agrandissement convient.

À NOTER
Une proportion est la division de deux mêmes grandeurs.

MATHS

EXERCICE 3

▶ **1. a)** $\mathcal{V}_{\text{sable}} = \dfrac{2}{3} \times \mathcal{V}_{C_2} = \dfrac{2}{3} \times \text{aire(base)} \times \text{hauteur}$

$$= \frac{2}{3} \times \pi \times \left(\frac{1{,}5}{2}\right)^2 \times 4{,}2 \approx \boxed{4{,}95 \text{ cm}^3}$$

ATTENTION !
rayon = $\dfrac{\text{diamètre}}{2}$.

b) Il y a proportionnalité entre le volume de sable écoulé et le temps :

Volume (cm^3)	Temps (s)
1,98	60
4,95	x

Par le produit en croix, on a :

$$x = \frac{4{,}95 \times 60}{1{,}98} = 150 \text{ s} = \boxed{2 \text{ min } 30 \text{ s}}$$

▶ **2. a)** Le nombre total de tests faits est :

$1 + 1 + 2 + 6 + 3 + 7 + 6 + 3 + 1 + 2 + 3 + 2 + 3 = \boxed{40}$.

b) Calcul de l'étendue : 2 min 38 s – 2 min 22 s = 16 s.

16 s < 20 s donc le premier critère est vérifié.

Détermination de la médiane : on cherche la moyenne entre la 20e et la 21e valeur.

1re méthode : on liste, dans l'ordre croissant, les 40 valeurs.

2e méthode : on fait un calcul d'effectifs cumulés croissants :

RAPPEL
La médiane d'une série statistique est la valeur qui partage l'effectif en deux sous-effectifs égaux.

Temps	≤ 2'22	≤ 2'24	≤ 2'26	≤ 2'27	≤ 2'28	≤ 2'29	≤ 2'30	≤ 2'31	≤ 2'32	≤ 2'33	≤ 2'34	≤ 2'35	≤ 2'38
Effectifs cumulés croissants	1	2	4	10	13	20	26	29	30	32	35	37	40

Donc la médiane est entre 2 min 29 s et 2 min 30 s et le second critère est vérifié.

Calcul de la moyenne (le calcul est plus simple si toutes les unités de temps sont en secondes) :

$$\text{Moyenne} = \frac{\begin{array}{c}142\times1+144\times1+146\times2+147\times6+148\times3\\+149\times7+150\times6+151\times3+152\times1\\+153\times2+154\times3+155\times2+158\times3\end{array}}{40}$$

≈ 150 s soit 2 min 30 s.

Donc ce dernier critère est vérifié.

Conclusion : ce sablier ne sera pas éliminé.

EXERCICE 4

▶ 1.

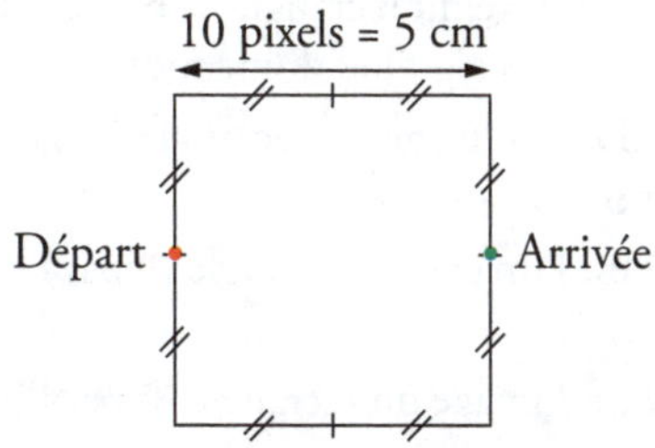

▶ 2. Le script 1 correspond au dessin B car il crée 23 fois le même motif carré-tiret. Le script 2 correspond au dessin A car il crée 46 tracés aléatoires de carrés et de tirets.

▶ 3. a) Si le nombre aléatoire est 1, c'est un carré qui est tracé.

Or la probabilité que le 1 sorte est de $\frac{1}{2}$.

Donc la probabilité que le premier tracé soit un carré est de $\boxed{\frac{1}{2}}$.

b) Pour obtenir la probabilité que les deux premiers tracés soient des carrés, on peut :

– soit faire un arbre des possibles et compter le nombre de branches qui mènent à carré-carré ;

– soit se rendre compte que le tracé du premier carré n'influence pas le tracé du second ; ces deux événements sont donc indépendants.

Donc : $p(\text{carré-carré}) = \frac{1}{2}\times\frac{1}{2} = \boxed{\frac{1}{4}}$.

MATHS

▶ **4.** Juste après le bloc « répéter 46 fois », il faut glisser les blocs suivants :

EXERCICE 5

▶ **1. a)** Le rectangle ③ est l'image du rectangle ④ par la translation qui transforme C en E.

b) Le rectangle ③ est l'image du rectangle ① par la rotation de centre F d'angle 90° dans le sens des aiguilles d'une montre.

c) Le rectangle ABCD est l'image du rectangle ② par l'homothétie de centre D de rapport 3.

Le rectangle ABCD est l'image du rectangle ③ par l'homothétie de centre B de rapport 3.

Le rectangle ABCD est l'image du rectangle ④ par l'homothétie de centre C de rapport 3.

▶ **2.** $\mathcal{A}_{\text{ABCD}} = 3^2 \times \mathcal{A}_{\text{petit rectangle}}$

$1{,}215 = 9 \times \mathcal{A}_{\text{petit rectangle}}$

Donc $\mathcal{A}_{\text{petit rectangle}} = \dfrac{1{,}215}{9} = \boxed{0{,}135\ \text{m}^2}$.

▶ **3.** Calculons la longueur et la largeur du grand rectangle :

On a $L = 1{,}5 \times l$.

Or $\mathcal{A}_{\text{ABCD}} = L \times l$.

Donc $1{,}5 \times l^2 = 1{,}215$

$$\boxed{l = \sqrt{\frac{1{,}215}{1{,}5}} = 0{,}9\ \text{m}}$$

De plus : $\boxed{L = 1{,}5 \times 0{,}9 = 1{,}35\ \text{m}}$

> **À NOTER**
> $L : l = 3 : 2$ signifie que la longueur est 1,5 fois plus grande que la largeur.

EXERCICE 6

▶ **1.**

Programme 1 :

5

$5 \times 3 = 15$

$15 + 1 = \boxed{16}$

Programme 2 :

5

$5 - 1 = 4$

$5 + 2 = 7$

$4 \times 7 = \boxed{28}$

▶ **2. a)** $\boxed{A(x) = 3x + 1}$

b) On résout l'équation $3x + 1 = 0$.

$3x = -1$

$\boxed{x = -\frac{1}{3}}$

▶ **3.** $B(x) = (x - 1)(x + 2) = x^2 + 2x - x - 2 = \boxed{x^2 + x - 2}$

▶ **4. a)** D'une part : $B(x) - A(x) = x^2 + x - 2 - 3x - 1 = x^2 - 2x - 3$.

D'autre part : $(x + 1)(x - 3) = x^2 - 3x + x - 3 = x^2 - 2x - 3$.

Donc les deux expressions sont bien égales.

> ATTENTION !
> $B(x) = A(x)$ signifie que $B(x) - A(x) = 0$.

b) On cherche x tel que $B(x) = A(x)$ donc $B(x) - A(x) = 0$, soit $(x + 1)(x - 3) = 0$.

C'est une équation produit, or, si un produit de facteurs est nul alors l'un au moins des facteurs est nul.

Donc $x + 1 = 0$ ou $x - 3 = 0$, soit :

$x = -1$ ou $x = 3$.

Conclusion : les deux valeurs pour lesquelles ces deux programmes sont égaux sont -1 et 3.

MATHS

SUJET

10

Polynésie française • Septembre 2018

Exercice 1 • 12 points

Affirmations

Indiquer si les affirmations suivantes sont vraies ou fausses.
Justifier vos réponses.

▶ 1. Affirmation 1

On lance un dé équilibré à six faces numérotées de 1 à 6. Un élève affirme qu'il a deux chances sur trois d'obtenir un diviseur de 6.
A-t-il raison ?

▶ 2. Affirmation 2

On considère le nombre $a = 3^4 \times 7$.
Un élève affirme que le nombre $b = 2 \times 3^5 \times 7^2$ est un multiple du nombre a.
A-t-il raison ?

▶ 3. Affirmation 3

En 2016, le football féminin comptait en France 98 800 licenciées alors qu'il y en avait 76 000 en 2014.
Un journaliste affirme que le nombre de licenciées a augmenté de 30 % de 2014 à 2016.
A-t-il raison ?

▶ 4. Affirmation 4

Une personne A a acheté un pull et un pantalon de jogging dans un magasin. Le pantalon de jogging coûtait 54 €. Dans ce magasin, une personne B a acheté le même pull en trois exemplaires ; elle a dépensé plus d'argent que la personne A.
La personne B affirme qu'un pull coûte 25 €.
A-t-elle raison ?

LES CLÉS DU SUJET

■ Points du programme

Pourcentages • Probabilités et fractions irréductibles • Calculs numériques de base • Puissances et multiples.

Nos coups de pouce

▶ **2.** Essaie de faire apparaître les facteurs de A dans l'expression de B.

▶ **3.** Pense à calculer la hausse du nombre de licenciées.

▶ **4.** Teste si, avec le prix proposé, la personne B dépense plus que la personne A.

CORRIGÉ 10

▶ **1.** Affirmation vraie.

Les diviseurs de 6, compris entre 1 et 6 sont : 1 ; 2 ; 3 ; 6.

On a donc 4 chances sur 6 d'obtenir un diviseur de 6.

Or : $\frac{4}{6} = \frac{2}{3}$.

> ATTENTION !
> Une fraction doit toujours être présentée sous forme irréductible.

▶ **2.** Affirmation vraie.

On a : $b = 2 \times 3^5 \times 7^2 = 2 \times 3 \times 7 \times (3^4 \times 7) = 42 \times a$.

Donc b est un multiple de a.

▶ **3.** Affirmation vraie.

Il s'agit de déterminer x dans le tableau de proportionnalité suivant :

Hausse entre 2014 et 2016 du nombre de licenciées	98 800 – 76 000 = 22 800	x
Nombre de licenciées en 2014	76 000	100

Par le produit en croix, on a : $x = \frac{22\,800 \times 100}{76\,000} = 30$.

Donc le pourcentage d'augmentation du nombre de licenciées entre 2014 et 2016 est 30.

▶ **4.** Affirmation fausse.

Supposons que le pull coûte bien 25 €.

La personne A aurait dépensé : 25 + 54 = 79 €.

La personne B aurait dépensé : 25 × 3 = 75 €.

Donc la personne B aurait dépensé moins que la personne A, ce qui est contraire aux données de l'énoncé.

Donc le pull ne peut pas coûter 25 €.

SUJET

11

Amérique du Sud • Novembre 2018
Exercice 2 • 12 points

La collection de BD

Avant son déménagement, Hugo décide de se séparer de sa collection de 300 BD (bandes dessinées).
15 % de ces BD sont trop abîmées pour être vendues. Il les dépose à la déchèterie.
À la braderie du village, il vend ensuite trois cinquièmes de ce qu'il lui reste.
Combien rapporte-t-il de BD chez lui à la fin de la braderie ?

LES CLÉS DU SUJET

Points du programme

Pourcentages • Fractions de grandeurs.

Nos coups de pouce

Calcule le nombre de BD dont Hugo se sépare à chaque étape.

CORRIGÉ 11

- Calculons le nombre de BD abîmées laissées à la déchèterie :

$300 \times \frac{15}{100} = 45.$

- Calculons le nombre de BD restantes :

$300 - 45 = 255.$

- Calculons le nombre de BD vendues lors de la braderie :

$255 \times \frac{3}{5} = 153.$

- Calculons le nombre de BD qu'il va rapporter chez lui :

$255 - 153 = 102.$

Donc Hugo va rapporter 102 BD chez lui.

> RAPPEL
> Prendre une fraction d'une quantité, c'est multiplier la quantité par la fraction.

SUJET

12

Centres étrangers • Juin 2018

Exercice 1 • 14 points

MATHS

Vrai ou faux ?

Pour chacune des affirmations suivantes, dire si elle est vraie ou fausse en justifiant soigneusement la réponse.

▶ **1.** La récolte de la lavande débute lorsque les trois quarts des fleurs au moins sont fanées. Le producteur a cueilli un échantillon de lavande représenté par le dessin suivant :

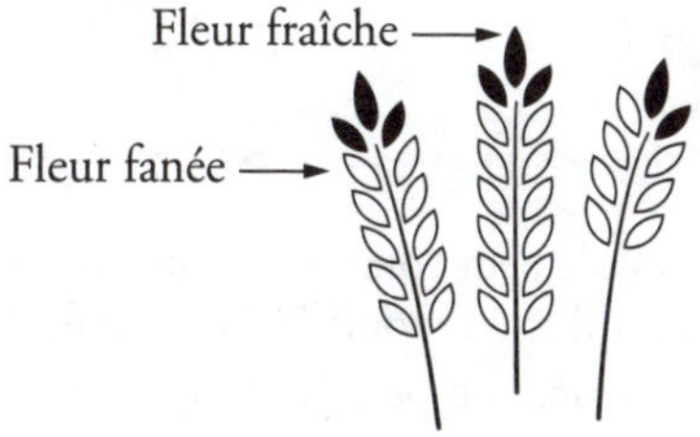

Affirmation 1 : la récolte peut commencer.

▶ **2.** En informatique, on utilise comme unités de mesure les multiples de l'octet :

1 ko = 10^3 octets, 1 Mo = 10^6 octets, 1 Go = 10^9 octets.

Contenu du disque dur externe :

– 1 000 photos de 900 ko chacune ;

– 65 vidéos de 700 Mo chacune.

Affirmation 2 : le transfert de la totalité du contenu du disque dur externe vers l'ordinateur n'est pas possible.

Capacité de l'ordinateur : 250 Go

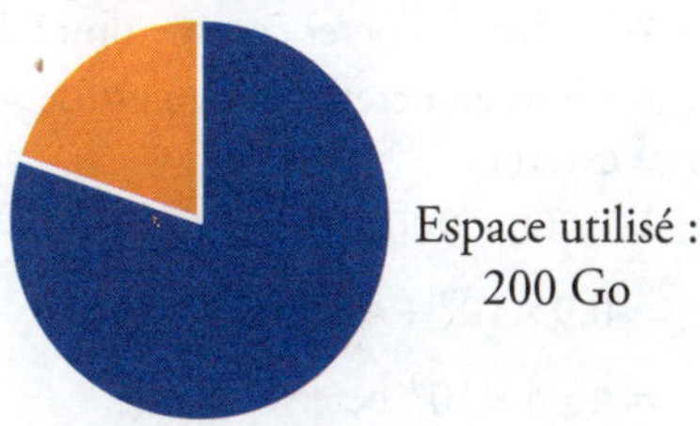

▶ **3.** On considère le programme de calcul ci-dessous :

• Choisir un nombre.

• Ajouter 5.

• Multiplier le résultat obtenu par 2.

• Soustraire 9.

Affirmation 3 : ce programme donne pour résultat la somme de 1 et du double du nombre choisi.

LES CLÉS DU SUJET

■ Points du programme

Pourcentages • Puissances.

■ Nos coups de pouce

▶ **1.** Calcule le pourcentage de fleurs fanées et compare-le à 75 %.

▶ **2.** Calcule l'espace utilisé sur le disque dur externe. Calcule la taille de l'espace libre sur l'ordinateur. Conclus.

▶ **3.** Effectue successivement et dans l'ordre indiqué les différents calculs du programme.

CORRIGÉ 12

▶ **1.** La récolte de lavande peut commencer lorsque les trois quarts des fleurs au moins, c'est-à-dire au moins 75 %, sont fanées.

Sur le dessin nous pouvons compter 37 fleurs dont 29 sont fanées.

Notons p le pourcentage de fleurs fanées.

Alors $p = \frac{29}{37} \times 100$ soit environ 78,4 %. Ce pourcentage est supérieur à 75 %. La récolte peut donc commencer.

Conclusion : l'affirmation 1 est vraie.

▶ **2.** Utilisons l'octet comme unité de mesure.

Calculons en octets l'espace utilisé sur le disque dur externe.

$$C = 1\,000 \times 900 \times 10^3 + 65 \times 700 \times 10^6$$
$$= 0{,}9 \times 10^9 + 45{,}5 \times 10^9$$
$$= 46{,}4 \times 10^9 \text{ octets,}$$

soit $C = 46{,}4$ Go puisque 1 Go $= 10^9$ octets.

> ATTENTION !
> Il faut choisir une unité commune pour tous les calculs : l'octet, par exemple.

Calculons la taille de l'espace libre C' sur l'ordinateur.

$C' = 250 - 200$ soit $C' = 50$ Go. Nous remarquons que $C' > C$.

Conclusion : l'affirmation 2 est fausse.

▶ **3.** Choisissons le nombre x.

• On lui ajoute 5 : on obtient $x + 5$.

• On multiplie le résultat par 2 : on trouve $2(x + 5)$, soit $2x + 10$.

• On soustrait 9 : on obtient $2x + 1$.

Le résultat final est bien égal à la somme de 1 et du double du nombre choisi.

Conclusion : l'affirmation 3 est vraie.

SUJET

13

France métropolitaine • Septembre 2018

Exercice 2 • 11 points

Les diviseurs premiers

▶ **1.** Le nombre 588 peut se décomposer sous la forme $588 = 2^2 \times 3 \times 7^2$. Quels sont ses diviseurs premiers, c'est-à-dire les nombres qui sont à la fois des nombres premiers et des diviseurs, de 588 ?

▶ **2. a)** Déterminer la décomposition en facteurs premiers de 27 000 000.

b) Quels sont ses diviseurs premiers ?

▶ **3.** Déterminer le plus petit nombre entier positif impair qui admet trois diviseurs premiers différents. Expliquer votre raisonnement.

LES CLÉS DU SUJET

■ Points du programme

Diviseurs • Nombres premiers • Décomposition en produit de facteurs premiers.

■ Nos coups de pouce

▶ **2.** Décompose 27 000 000 en produit de facteurs premiers.

CORRIGÉ 13

▶ **1.** Les diviseurs premiers de 588 sont : 2 ; 3 et 7

▶ **2. a)**

$$\begin{aligned}27\,000\,000 &= 2^6 \times 421\,875\\ &= 2^6 \times 3^3 \times 15\,625\\ &= \boxed{2^6 \times 3^3 \times 5^6}\end{aligned}$$

b) Ses diviseurs premiers sont donc : 2 ; 3 ; 5

▶ **3.** Si l'on choisit 2 comme facteur premier alors, quels que soient les deux autres facteurs premiers choisis, le produit de ces trois nombres sera pair.

Or le nombre cherché est impair. Donc il faut choisir les trois plus petits nombres premiers non pairs, c'est-à-dire : 3 ; 5 et 7.

> RAPPEL
> Le produit de deux nombres impairs est impair ; le produit d'un nombre pair par un nombre impair reste pair.

Donc le plus petit nombre impair obtenu comme produit de trois nombres premiers est : $3 \times 5 \times 7 = 105$.

MATHS

SUJET

14

Nouvelle-Caldéonie • Décembre 2018

Exercice 3 • 18 points

Les barquettes de nems et samossas

ph© Amarita/Getty Images/iStockphoto

ph© Viennetta/Getty Images/iStockphoto

▶ **1.** Décomposer les nombres 162 et 108 en produits de facteurs premiers.

▶ **2.** Déterminer deux diviseurs communs aux nombres 162 et 108 plus grands que 10.

▶ **3.** Un snack vend des barquettes composées de nems et de samossas.
Le cuisinier a préparé 162 nems et 108 samossas.
Dans chaque barquette :
– le nombre de nems doit être le même ;
– le nombre de samossas doit être le même.
Tous les nems et tous les samossas doivent être utilisés.
a) Le cuisinier peut-il réaliser 36 barquettes ?
b) Quel nombre maximal de barquettes pourra-t-il réaliser ?
c) Dans ce cas, combien y aura-t-il de nems et de samossas dans chaque barquette ?

LES CLÉS DU SUJET

Points du programme

Diviseurs • PGCD de deux entiers • Décomposition en produit de facteurs premiers.

Nos coups de pouce

▶ **2.** Regarde quels sont les facteurs premiers communs à 162 et 108.

CORRIGÉ 14

▶ **1.** $162 = 2 \times 81 = \boxed{2 \times 3^4}$

$108 = \boxed{2^2 \times 3^3}$

▶ **2.** Les diviseurs communs à 162 et 108 supérieurs à 10 sont :

$2 \times 3^2 = \boxed{18}$; $3^3 = \boxed{27}$ et $2 \times 3^3 = \boxed{54}$

a) 36 n'est pas un diviseur de 162 donc le cuisinier ne peut pas réaliser 36 barquettes.

b) Tous les nems et samossas doivent être utilisés donc on cherche un diviseur commun à 162 et 108.

Mais le cuisinier veut un nombre maximal de barquettes donc on cherche le plus grand diviseur commun à 162 et 108.

D'après la question **2.**, ce plus grand diviseur est 54.

Donc le cuisinier pourra réaliser 54 barquettes.

c) Dans chaque barquette, il y aura $\frac{162}{54} = 3$ nems et $\frac{108}{54} = 2$ samossas.

MATHS

SUJET

15

France métropolitaine • Septembre 2018

Exercice 6 • 12 points

Schémas de calcul

La figure ci-dessous donne un schéma d'un programme de calcul.

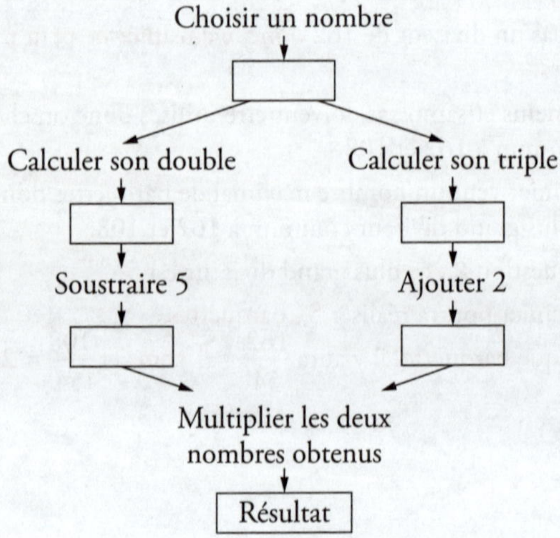

▶ **1.** Si le nombre de départ est 1, montrer que le résultat obtenu est –15.

▶ **2.** Si on choisit un nombre quelconque x comme nombre de départ, parmi les expressions suivantes, quelle est celle qui donne le résultat obtenu par le programme de calcul ? Justifier.

$A = (x^2 - 5) \times (3x + 2)$

$B = (2x - 5) \times (3x + 2)$

$C = 2x - 5 \times 3x + 2$

▶ **3.** Lily prétend que l'expression $D = (3x + 2)^2 - (x + 7)(3x + 2)$ donne les mêmes résultats que l'expression B pour toutes les valeurs de x.

L'affirmation de Lily est-elle vraie ? Justifier.

LES CLÉS DU SUJET

■ Points du programme

Programmes de calculs • Distributivité double et réduction • Identité remarquable.

■ Nos coups de pouce

▶ **1.** Applique chaque étape du programme puis multiplie les deux résultats obtenus.

CORRIGÉ 15

▶ **1.**

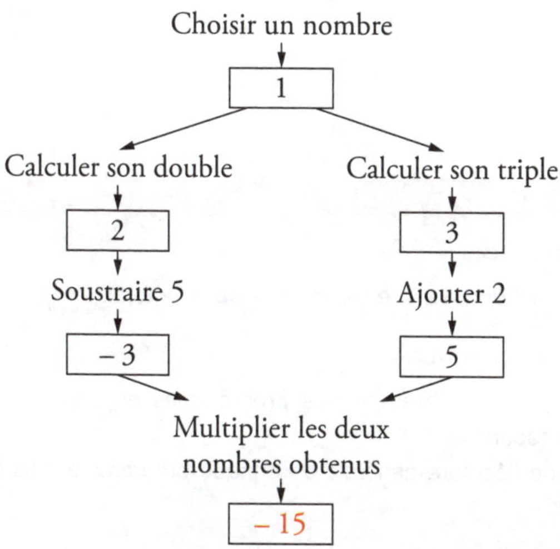

▶ **2.** Le résultat que l'on obtient est : $B = (2x - 5)(3x + 2)$.

▶ **3.** $D = (3x + 2)^2 - (x + 7)(3x + 2)$

$= 9x^2 + 12x + 4 - (3x^2 + 2x + 21x + 14)$

$= 9x^2 + 12x + 4 - 3x^2 - 23x - 14$

$= 6x^2 - 11x - 10$

$B = (2x - 5)(3x + 2) = 6x^2 + 4x - 15x - 10$

$= 6x^2 - 11x - 10$

Donc l'affirmation de Lily est vraie.

> **RAPPEL**
> Lorsqu'il y a un signe « – » devant une parenthèse, on change les signes des termes dans la parenthèse.

SUJET

16

Amérique du Sud • Novembre 2017

Exercice 3 • 6 points

Programmes de calcul

• Léo choisit un nombre, le multiplie par 6, puis ajoute 5.

• Julie choisit le même nombre, lui ajoute 8, multiplie le résultat par le nombre de départ, puis soustrait le carré du nombre de départ.

▶ **1.** Léo et Julie choisissent au départ le nombre – 3.

a) Quel résultat obtient Léo ?

b) Quel résultat obtient Julie ?

▶ **2.** Quel nombre positif doivent-ils choisir au départ pour obtenir le même résultat ?

LES CLÉS DU SUJET

■ Points du programme

Équation du 1er degré à une inconnue • Calcul littéral.

■ Nos coups de pouce

▶ **1.** Applique chaque étape des programmes en prenant – 3 comme nombre de départ.

▶ **2.** Cherche l'écriture générale de chaque programme puis résous une équation.

CORRIGÉ 16

▶ **1. a)** $-3 \times 6 + 5 = -18 + 5 = \boxed{-13}$.

Léo obtient – 13.

b) $(-3 + 8) \times (-3) - (-3)^2 = 5 \times (-3) - 9 = -15 - 9 = \boxed{-24}$.

Julie obtient – 24.

▶ **2.** Soit x le nombre positif de départ.

On doit résoudre cette équation :

$6x + 5 = x(x + 8) - x^2$

$6x + 5 = x^2 + 8x - x^2$

$6x + 5 = 8x$

$5 = 8x - 6x$

$5 = 2x$

$\boxed{x = 5 \div 2 = 2{,}5}$

Il faut choisir 2,5 comme nombre de départ pour obtenir le même résultat avec les deux programmes.

MATHS

SUJET

17

Asie • Juin 2017

Exercice 5 • 8 points

Pluviomètre

© Benoit Plastique/DR

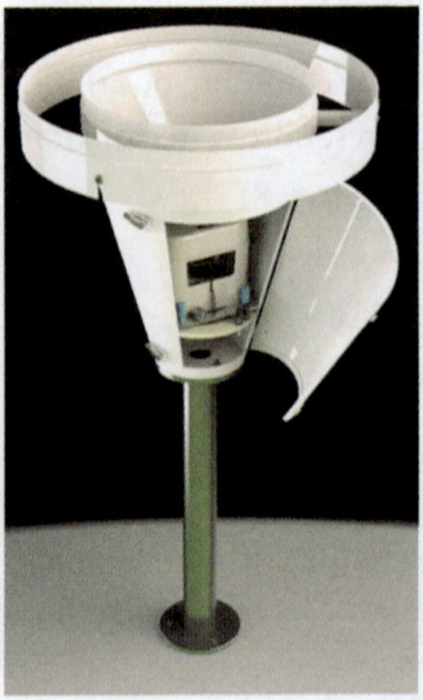

© Précis Mécanique/DR

Pour mesurer les précipitations, Météo France utilise deux sortes de pluviomètres :

– des pluviomètres à lecture directe ;

– des pluviomètres électroniques.

La mesure des précipitations s'exprime en millimètres.

On donne ainsi la hauteur d'eau H qui est tombée en utilisant la formule :

$H = \frac{V}{S}$, où V est le volume d'eau tombée sur une surface S.

Pour H exprimée en mm, V est exprimée en mm^3 et S en mm^2.

PARTIE 1 • PLUVIOMÈTRES À LECTURE DIRECTE

Ces pluviomètres sont composés d'un cylindre de réception et d'un réservoir conique gradué.

▶ **1.** Vérifier à l'aide de la formule que lorsqu'il est tombé 1 mm de pluie, cela correspond à 1 L d'eau tombée sur une surface de $1 m^2$.

▶ **2.** Un pluviomètre indique 10 mm de pluie. La surface qui reçoit la pluie est de 0,001 m^2.
Quel est le volume d'eau dans ce pluviomètre ?

PARTIE 2 • PLUVIOMÈTRES ÉLECTRONIQUES

Durant un épisode pluvieux, on a obtenu le graphique suivant grâce à un pluviomètre électronique :

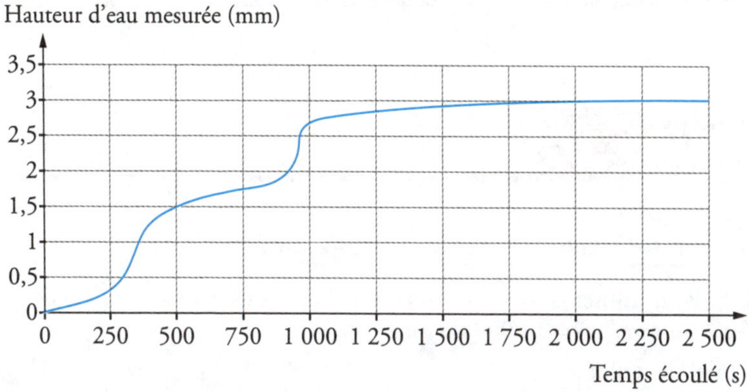

Hauteur d'eau mesurée en fonction du temps écoulé

▶ **1.** L'épisode pluvieux a commencé à 17 h 15.
Vers quelle heure la pluie s'est-elle arrêtée ?

▶ **2.** On qualifie les différents épisodes pluvieux de la façon suivante :

Types de pluie	Vitesse d'accumulation
Pluie faible	Jusqu'à 2,5 mm/h
Pluie modérée	Entre 2,6 et 7,5 mm/h
Pluie forte	Supérieure à 7,5 mm/h

À l'aide des informations données par le graphique et le tableau ci-dessus, cette pluie serait-elle qualifiée de faible, modérée ou forte ?

LES CLÉS DU SUJET

Points du programme

Conversion d'aires et de volumes • Vitesse • Conversion de durées.

Nos coups de pouce

Partie 1

▶ **1.** Pour passer d'une unité à sa précédente, dans le cas d'un volume, (par exemple des mm^3 au cm^3) on divise par 1 000.

Partie 2

▶ **1.** Regarde le moment où la courbe se stabilise.

CORRIGÉ 17

PARTIE 1 • PLUVIOMÈTRES À LECTURE DIRECTE

▶ **1.** Pour utiliser la formule, on doit d'abord convertir la surface S de 1 m^2 en mm^2 : $S = 1\,000\,000\ mm^2$.

On obtient alors :

$V = H \times S = 1 \times 1\,000\,000 = 1\,000\,000\ mm^3 = 1\ dm^3 = 1$ L.

Donc, lorsqu'il tombe 1 mm d'eau, cela correspond à 1 L d'eau tombée sur une surface de 1 m^2.

▶ **2.** Dans cette question, $S = 0{,}01\ m^2 = 10\,000\ mm^2$.

On a alors : $V = H \times S = 10 \times 10\,000 = 100\,000\ mm^3 = \boxed{0{,}1\ L}$.

PARTIE 2 • PLUVIOMÈTRES ÉLECTRONIQUES

▶ **1.** D'après le graphique, l'épisode pluvieux s'est arrêté au bout de 1 900 s, et $1\,900 = 31 \times 60 + 40$, donc 1 900 s = 31 min 40 s.

Donc la pluie s'est arrêtée vers 17 h 46 min 40 s.

▶ **2.** La vitesse d'accumulation de la pluie se calcule avec la formule :

$v_{acc.} = \dfrac{H}{t}$.

On a : $H = 3$ mm et $t = 1\,900\ s \approx 0{,}5$ h. Donc : $v_{acc.} = \dfrac{3}{0{,}5} = \boxed{6\ mm/h}$.

Puisque $2{,}5 < 6 < 7{,}5$, la pluie peut être considérée comme modérée.

SUJET

18

Pondichéry • Mai 2018

Exercice 4 • 18 points

MATHS

Comparaison de deux programmes

Programme A	Programme B
• Choisir un nombre • Soustraire 3 • Calculer le carré du résultat obtenu	• Choisir un nombre • Calculer le carré de ce nombre • Ajouter le triple du nombre de départ • Ajouter 7

▶ **1.** Corinne choisit le nombre 1 et applique le programme A. Expliquer, en détaillant, les calculs que le résultat du programme de calcul est 4.

▶ **2.** Tidjane choisit le nombre –5 et applique le programme B. Quel résultat obtient-il ?

▶ **3.** Lina souhaite regrouper le résultat de chaque programme à l'aide d'un tableur. Elle crée la feuille de calcul ci-dessous. Quelle formule, copiée ensuite à droite dans les cellules C3 à H3, a-t-elle saisie dans la cellule B3 ?

B2 | fx =(B1–3)^2

	A	B	C	D	E	F	G	H
1	Nombre de départ	– 3	– 2	–1	0	1	2	3
2	Résultat du programme A	36	25	16	9	4	1	0
3	Résultat du programme B	7	5	5	7	11	17	25

▶ **4.** Zoé cherche à trouver un nombre de départ pour lequel les deux programmes de calcul donnent le même résultat. Pour cela, elle appelle x le nombre choisi au départ et exprime le résultat de chaque programme de calcul en fonction de x.

a) Montrer que le résultat du programme A en fonction de x peut s'écrire sous forme développée et réduite : x^2-6x+9.

b) Écrire le résultat du programme B en fonction de x.

c) Existe-t-il un nombre de départ pour lequel les deux programmes donnent le même résultat ? Si oui, lequel ?

LES CLÉS DU SUJET

■ Points du programme

Calcul littéral • Tableur • Équation.

■ Nos coups de pouce

▶ **1.** et **2.** Effectue successivement et dans l'ordre indiqué les différentes étapes des programmes de calcul en partant du nombre choisi.

▶ **4. a)** et **b)** Choisis un nombre quelconque x et applique les deux programmes de calcul.

c) Résous une équation.

CORRIGÉ 18

▶ **1.** Application du programme A par Corinne.

• Corinne choisit le nombre 1.

• Elle soustrait 3 à ce nombre et obtient -2.

• Puis elle calcule le carré du résultat obtenu. Elle obtient $(-2)^2$, c'est-à-dire 4.

Conclusion : Corinne obtient bien 4.

▶ **2.** Application du programme B par Tidjane.

• Tidjane choisit le nombre -5.

• Il calcule le carré de ce nombre. Il obtient $(-5)^2$, c'est-à-dire 25.

• Puis il ajoute le triple du nombre de départ, c'est-à-dire qu'il ajoute -15. Il obtient donc 10.

• Enfin il ajoute 7 et trouve 17.

Conclusion : Tidjane obtient 17.

▶ **3.** En B3 il faut saisir la formule = B1*B1+3*B1+7.

▶ **4. a)** Zoé choisit un nombre x et applique le programme A.

Elle soustrait 3 à ce nombre et trouve $(x-3)$.

Elle calcule le carré du résultat obtenu et obtient $(x-3)^2$.

En appliquant l'identité remarquable $(a-b)^2 = a^2 - 2ab + b^2$, on peut affirmer que le résultat du programme est $x^2 - 6x + 9$.

b) Zoé choisit un nombre x et applique le programme B.

Elle élève au carré ce nombre et trouve x^2.

Elle ajoute le triple du nombre de départ, c'est-à-dire qu'elle ajoute $3x$. Elle obtient x^2+3x.

Enfin elle ajoute 7 et trouve $\boxed{x^2+3x+7}$.

c) Pour répondre à la question, résolvons l'équation :
$x^2-6x+9=x^2+3x+7$.

Nous avons : $x^2-6x-x^2-3x=7-9$, soit $-9x=-2$ ou encore $x=\frac{2}{9}$.

Conclusion : si on choisit $\frac{2}{9}$ pour nombre de départ, les deux programmes donnent le même résultat.

Pour obtenir ce résultat, remplaçons x par $\frac{2}{9}$ dans x^2+3x+7 par exemple.

On trouve $\left(\frac{2}{9}\right)^2+3\times\frac{2}{9}+7$, soit $\boxed{\frac{625}{81}}$.

REMARQUE
On peut vérifier que l'on trouve également $\frac{625}{81}$ si on remplace x par $\frac{2}{9}$ dans x^2-6x+9.

MATHS

SUJET

19

Centres étrangers • Juin 2018

Exercice 4 • 18 points

Exploitation d'un marais

Chaque été, Jean exploite son marais salant sur l'île de Ré, situé dans l'océan Atlantique, près de La Rochelle. Son marais se compose de carreaux (carrés de 4 m de côté) dans lesquels se récolte le sel.

PARTIE A • LE GROS SEL

Chaque jour, il récolte du gros sel sur 25 carreaux. Le premier jour, afin de prévoir sa production, il relève la masse en kilogrammes de chaque tas de gros sel produit par carreau. Voici la série statistique obtenue :

34 – 39 – 31 – 45 – 40 – 32 – 36 – 45 – 42 – 34 – 30 – 48 – 43
32 – 39 – 40 – 42 – 38 – 46 – 31 – 38 – 43 – 37 – 47 – 33

▶ **1.** Calculer l'étendue de cette série statistique.

▶ **2.** Déterminer la médiane de cette série statistique et interpréter le résultat.

▶ **3.** Calculer la masse moyenne, en kg, des tas de gros sel pour ce premier jour.

PARTIE B • LA FLEUR DE SEL

La fleur de sel est la mince couche de cristaux blancs qui se forme et affleure la surface des marais salants. Chaque soir, Jean cueille la fleur de sel à la surface des carreaux. Pour transporter sa récolte, il utilise une brouette comme sur le schéma ci-après.

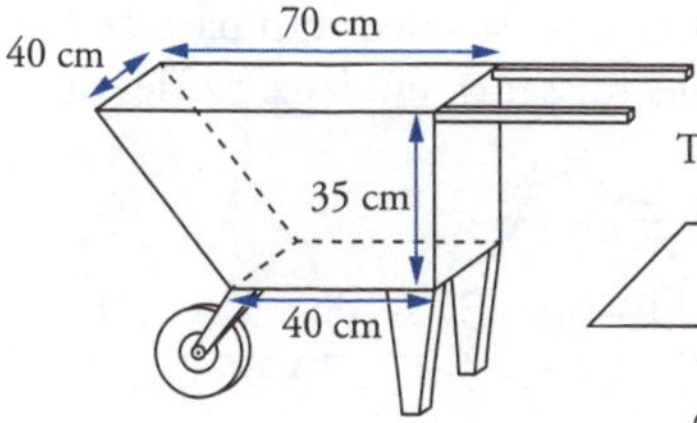

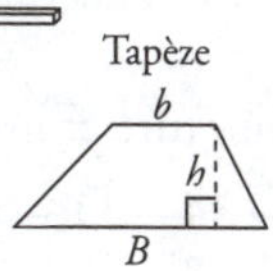

$$\text{Aire} = \frac{(B+b)\times h}{2}$$

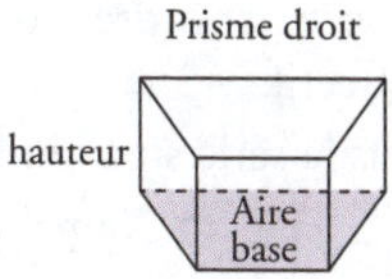

Volume = Aire base × hauteur

▶ **1.** Montrer que cette brouette a un volume de 77 litres.

▶ **2.** Sachant que 1 litre de fleur de sel pèse 900 grammes, calculer la masse, en kg, du contenu d'une brouette remplie de fleur de sel.

LES CLÉS DU SUJET

■ Points du programme

Statistiques • Géométrie dans l'espace : calcul de volume.

■ Nos coups de pouce

Partie A

▶ **1.** Applique la définition de l'étendue d'une série statistique.

▶ **2.** Applique la définition de la médiane d'une série statistique.

▶ **3.** Applique la définition de la moyenne d'une série statistique FICHE 6.

Partie B

▶ **1.** Calcule le volume d'un prisme droit en utilisant les deux formules données dans l'énoncé. Transforme les cm^3 en litres en te souvenant que : 1 litre = 1 dm^3 = 1 000 cm^3.

CORRIGÉ 19

PARTIE A

▶ **1.** L'étendue e d'une série statistique est la différence entre la plus grande et la plus petite valeur de cette série.

$e = 48 - 30$ soit $\boxed{e = 18}$.

▶ **2.** La médiane M d'une série statistique est la valeur qui partage cette série, rangée par ordre croissant (ou décroissant), en deux parties de même effectif.

Rangeons la série statistique en ordre croissant :

30 – 31 – 31 – 32 – 32 – 33 – 34 – 34 – 36 – 37 – 38 – 38 – $\boxed{39}$ – 39 – 40 – 40 – 42 – 42 – 43 – 43 – 45 – 45 – 46 – 47 – 48.

Nous avons $\boxed{M = 39}$. En effet avant 39, il existe 12 termes, et après 39, il existe 12 termes aussi.

Interprétation : 50 % des valeurs de la série sont inférieures à 39 et 50 % des valeurs de la série sont supérieures à 39.

▶ **3.** La moyenne m d'une série statistique est égale au quotient de la somme de toutes les valeurs de la série par l'effectif total.

$$m = \frac{34 + 39 + 31 + 45 + 40 + \ldots + 43 + 37 + 47 + 33 + 25}{25}$$

$$m = \frac{965}{25} \text{ soit } \boxed{m = 38{,}6 \text{ kg}}.$$

PARTIE B

▶ **1.** Calculons l'aire $\mathscr{A}$ de la base. Celle-ci est un trapèze.

$$\mathscr{A} = \frac{(\text{grande base} + \text{petite base}) \times \text{hauteur}}{2}$$

$$= \frac{(70 + 40) \times 35}{2}$$

soit $\mathscr{A} = 1\,925 \text{ cm}^2$

Calculons le volume $\mathscr{V}$ de la brouette.

$$\mathscr{V} = \text{aire de la base} \times \text{hauteur}$$
$$= 1\,925 \times 40$$

soit $\mathscr{V} = 77\ 000 \text{ cm}^3$.

Mais un litre équivaut à 1 000 cm^3, donc $\boxed{\mathscr{V} = 77 \text{ litres}}$.

> **CONSEIL**
> Visualise bien la brouette afin d'identifier la grande base, la petite base, la hauteur du trapèze ainsi que la hauteur du prisme droit.

▶ **2.** Notons P la masse du contenu de la brouette.

$P = 77 \times 900 = 69\ 300$ g

ou encore $\boxed{P = 69{,}3 \text{ kg}}$ car 1 kg = 1 000 g.

SUJET 20

France métropolitaine • Septembre 2018
Exercice 1 • 20 points

Course réalisée en 2018

MATHS

PARTIE 1

On s'intéresse à une course réalisée au début de l'année 2018. Il y a 80 participants, dont 32 femmes et 48 hommes.
Les femmes portent des dossards rouges numérotés de 1 à 32. Les hommes portent des dossards verts numérotés de 1 à 48.
Il existe donc un dossard n° 1 rouge pour une femme, et un dossard n° 1 vert pour un homme, et ainsi de suite…

▶ **1.** Quel est le pourcentage de femmes participant à la course ?

▶ **2.** Un animateur tire au hasard le dossard d'un participant pour remettre un prix de consolation.
a) Soit l'événement V : « Le dossard est vert ». Quelle est la probabilité de l'événement V ?
b) Soit l'événement M : « Le numéro du dossard est un multiple de 10 ». Quelle est la probabilité de l'événement M ?
c) L'animateur annonce que le numéro du dossard est un multiple de 10. Quelle est alors la probabilité qu'il appartienne à une femme ?

PARTIE 2

À l'issue de la course, le classement est affiché ci-dessous.
On s'intéresse aux années de naissance des 20 premiers coureurs.

	A	B
1	Classement	Année de naissance
2	1	1983
3	2	1972
4	3	1966
5	4	2003
6	5	1986
7	6	1972
8	7	1979
9	8	1997
10	9	1959
11	10	1981
12	11	1970
13	12	1989
14	13	1988
15	14	1959
16	15	1993
17	16	1974
18	17	1960
19	18	1998
20	19	1969
21	20	2002
22		
23	Moyenne	1980

▶ **1.** On a rangé les années de naissance des coureurs dans l'ordre croissant :

1959	1959	1960	1966	1969
1970	1972	1972	1974	1979
1981	1983	1986	1988	1989
1993	1997	1998	2002	2003

Donner la médiane de la série.

▶ **2.** La moyenne de la série a été calculée dans la cellule B23.
Quelle formule a été saisie dans la cellule B23 ?

▶ **3.** Astrid remarque que la moyenne et la médiane de cette série sont égales. Est-ce le cas pour n'importe quelle autre série statistique ? Expliquer votre réponse.

LES CLÉS DU SUJET

Points du programme

Pourcentage • Probabilités • Statistiques : médiane et moyenne • Tableur.

Nos coups de pouce

Partie 1

▶ **1.** Soient n et N les nombres respectifs de femmes et de participants à la course. Le pourcentage t de femmes est donné par la relation $t = \frac{n}{N} \times 100$.

▶ **2.** Applique la formule $p(\text{E}) = \frac{\text{nombre de résultats favorables}}{\text{nombre de résultats possibles}}$ où E désigne un événement.

Partie 2

▶ **1.** Applique la définition de la médiane d'une série statistique. (Voir mémo en fin d'ouvrage.)

▶ **3.** Utilise un contre-exemple.

CORRIGÉ 20

PARTIE 1

▶ **1.** Nous savons qu'il y a 32 femmes parmi les 80 participants à la course. Le pourcentage t de femmes est donné par la relation :

$t = \frac{32}{80} \times 100 = 40$.

Conclusion : $t = 40\ \%$.

▶ **2.** Appliquons la définition suivante : si E est un événement et si les résultats d'une expérience ont tous la même probabilité, alors :

$$p(\text{E}) = \frac{\text{nombre de résultats favorables}}{\text{nombre de résultats possibles}}.$$

a) Il y a 48 dossards verts parmi les 80 dossards, donc $p(\text{V}) = \frac{48}{80}$, soit $\boxed{p(\text{V}) = 0{,}6}$.

b) Il y a 4 multiples de 10 entre 1 et 48. Ce sont les nombres 10 ; 20 ; 30 et 40.

Il y a 3 multiples de 10 entre 1 et 32. Ce sont les nombres 10 ; 20 et 30.

Il y a donc en tout 7 dossards portant un nombre multiple de 10.

Donc $\boxed{p(\text{M}) = \frac{7}{80}}$.

c) Notons E l'événement « le numéro du dossard est celui d'une femme ».

Parmi les 7 dossards portant un numéro multiple de 10, il en existe 3 qui sont portés par une femme (ce sont les dossards : 10 rouge ; 20 rouge et 30 rouge).

Alors $\boxed{p(\text{E}) = \frac{3}{7}}$.

PARTIE 2

▶ **1.** Notons M la médiane de la série statistique. Nous avons $M = 1980$. En effet avant 1980 il existe 10 années de naissance et après 1980 il existe aussi 10 années de naissance.

▶ **2.** En B23, il a été saisi la formule :

=MOYENNE(B2:B21)

> REMARQUE
> On peut saisir aussi la formule : =(SOMME(B2:B21)/20)

▶ **3.** La réponse à la question posée est non.

En effet, prenons par exemple la série statistique de 3 termes :

1993 – 1997 – 1998.

La moyenne est égale à 1996 et la médiane vaut 1997. Dans ce cas la moyenne et la médiane ne sont pas égales. (Nous venons d'utiliser un contre-exemple.)

SUJET 21

Pondichéry • Mai 2018
Exercice 6 • 15 points

Fréquence cardiaque

Chris fait une course à vélo tout terrain (VTT). Le graphique ci-dessous représente sa fréquence cardiaque (en battements par minute) en fonction du temps lors de la course.

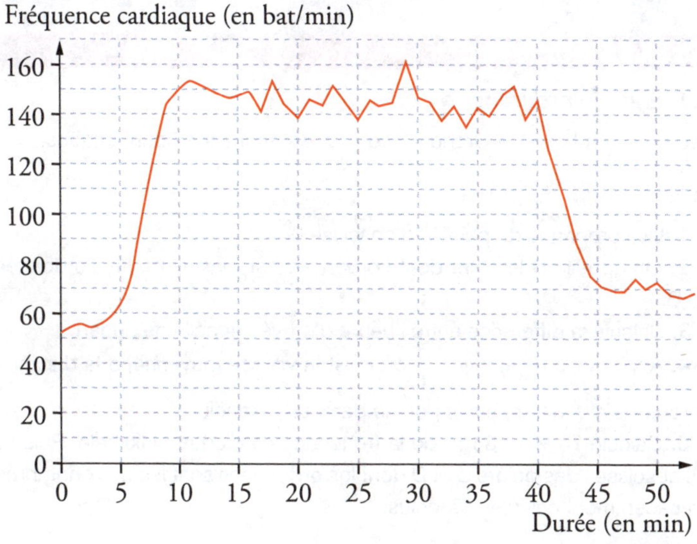

▶ **1.** Quelle est la fréquence cardiaque de Chris au départ de sa course ?

▶ **2.** Quel est le maximum de la fréquence cardiaque atteinte par Chris au cours de sa course ?

▶ **3.** Chris est parti à 9 h 33 de chez lui et termine sa course à 10 h 26. Quelle a été la durée, en minutes, de sa course ?

▶ **4.** Chris a parcouru 11 km lors de cette course. Montrer que sa vitesse moyenne est d'environ 12,5 km/h.

MATHS

▶ **5.** On appelle FCM (fréquence cardiaque maximale) la fréquence maximale que peut supporter l'organisme. Celle de Chris est FCM = 190 battements par minute. En effectuant des recherches sur des sites internet spécialisés, il a trouvé le tableau suivant.

Effort	léger	soutenu	tempo	seuil anaérobie
Fréquence cardiaque mesurée	Inférieur à 70 % de la FCM	70 à 85 % de la FCM	85 à 92 % de la FCM	92 à 97 % de la FCM

Estimer la durée de la période pendant laquelle Chris a fourni un effort soutenu au cours de sa course.

LES CLÉS DU SUJET

Points du programme

Lectures graphiques • Grandeur composée quotient • Pourcentages.

Nos coups de pouce

▶ **1.** Lis l'ordonnée du point A d'abscisse 0.

▶ **2.** On appelle B le point dont l'ordonnée est maximum. Lis l'ordonnée de B.

▶ **3.** Calcule la différence entre l'heure d'arrivée et celle de départ.

▶ **4.** Applique la relation $v = \frac{d}{t}$ où v est la vitesse moyenne, d la distance parcourue et t le temps mis pour la parcourir. Conclus.

▶ **5.** Calcule 70 % et 85 % de la fréquence cardiaque maximale. Puis lis les abscisses des points C et D dont les ordonnées sont les deux nombres précédemment calculés. Conclus.

CORRIGÉ 21

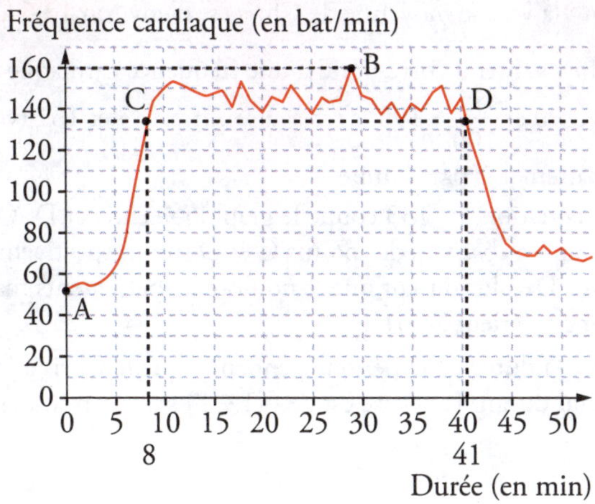

▶ **1.** Nous lisons sur le graphique que le point A d'abscisse 0 et situé sur la courbe a une ordonnée égale à environ 53.

Conclusion : la fréquence cardiaque de Chris au départ de sa course est d'environ 53 battements par minute.

▶ **2.** On appelle B le point du graphique dont l'ordonnée est maximum. Nous lisons que l'ordonnée de B est environ 160.

Conclusion : le maximum de la fréquence cardiaque atteinte par Chris au cours de la course est d'environ 160 battements par minute.

▶ **3.** Notons t la durée de la course.

$t = 10$ h 26 min – 9 h 33 min ou encore $t = 9$ h 86 min – 9 h 33 min soit $\boxed{t = 53 \text{ min}}$.

▶ **4.** Appliquons la relation $v = \dfrac{d}{t}$ où v est la vitesse moyenne, d la distance parcourue et t le temps mis pour la parcourir.

Nous savons que $d = 11$ km et $t = 53$ min $= \dfrac{53}{60}$ h.

> **ATTENTION !**
> Ici, il est judicieux de prendre la distance en kilomètres et le temps en heures pour obtenir la vitesse en km/h.

Donc $v = \dfrac{11}{\dfrac{53}{60}} = 11 \times \dfrac{60}{53} = \dfrac{660}{53} = 12{,}452\ldots$

Conclusion : la vitesse moyenne de Chris est d'environ 12,5 km/h.

▶ **5.** Un effort soutenu correspond à une fréquence cardiaque comprise entre $\dfrac{70}{100} \times 190$ et $\dfrac{85}{100} \times 190$, c'est-à-dire entre 133 et 161 (valeur arrondie) battements par minute.

La droite d'équation $y = 133$ coupe le graphique en C et D. On lit sur ce dernier que les abscisses des points C et D sont respectivement 8 et 41 (environ). De plus on sait que le nombre de battements maximum est 160, donc inférieur à 161.

Conclusion : la durée de la période pendant laquelle Chris a fourni un effort soutenu durant la course est de (41 – 8) soit 33 minutes.

SUJET

22

Centres étrangers • Juin 2018

Exercice 3 • 16 points

Montres

Thomas possède une montre qu'il compose en assemblant des cadrans et des bracelets de plusieurs couleurs. Pour cela, il dispose de :
– deux cadrans : un rouge et un jaune ;
– quatre bracelets : un rouge, un jaune, un vert et un noir.

▶ **1.** Combien y a-t-il d'assemblages possibles ?
Il choisit au hasard un cadran et un bracelet pour composer sa montre.

▶ **2.** Déterminer la probabilité d'obtenir une montre toute rouge.

▶ **3.** Déterminer la probabilité d'obtenir une montre d'une seule couleur.

▶ **4.** Déterminer la probabilité d'avoir une montre de deux couleurs.

LES CLÉS DU SUJET

■ Points du programme

Probabilités.

■ Nos coups de pouce

Construis un arbre pondéré.
Applique la définition suivante : si E est un événement et si les résultats d'une expérience ont tous la même probabilité, alors :

$$p(\text{E}) = \frac{\text{nombre de résultats favorables}}{\text{nombre de résultats possibles}}.$$

MATHS

CORRIGÉ 22

Arbre pondéré

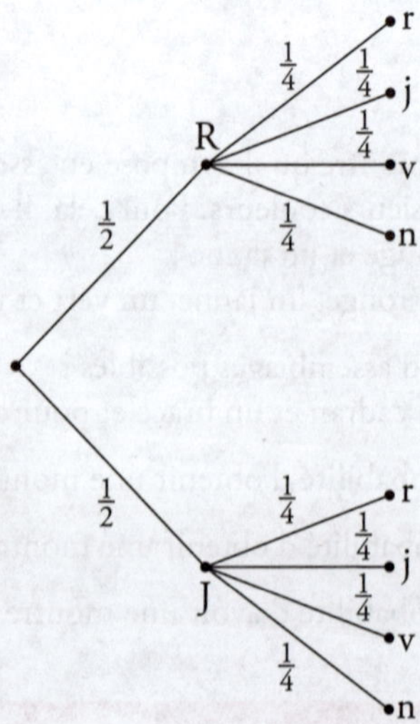

Légende
R : cadran rouge J : cadran jaune
r : bracelet rouge j : bracelet jaune
v : bracelet vert n : bracelet noir.

▶ **1.** Il existe 8 assemblages possibles. Ils sont donnés par l'arbre ci-dessus.
(R, r), (R, j), (R, v), (R, n), (J, r), (J, j), (J, v) et (J, n).

▶ **2.** Soit E_1 l'événement « la montre est toute rouge ».
Il existe un seul résultat favorable, (R, r), et 8 résultats possibles.

$$\boxed{p(E_1) = \frac{1}{8}}.$$

▶ **3.** Soit E_2 l'événement « la montre est d'une seule couleur ».
Il existe deux résultats favorables, (R, r) et (J, j), et 8 résultats possibles.

$p(E_2) = \frac{2}{8}$ soit $\boxed{p(E_2) = \frac{1}{4}}$.

▶ **4.** Soit E_3 l'événement « la montre est de 2 couleurs ».
Il existe 6 résultats favorables, (R, j), (R, v), (R, n), (J, r), (J, v) et (J, n), et 8 résultats possibles.

$p(E_3)=\frac{6}{8}$ soit $\boxed{p(E_3)=\frac{3}{4}}$.

Autre méthode

On obtient nécessairement une montre d'une seule couleur ou de deux couleurs. Donc

$p(E_2)+p(E_3)=1$ soit $p(E_3)=1-p(E_2)=1-\frac{1}{4}=\frac{3}{4}$.

MATHS

SUJET

23

Nouvelle-Calédonie • Décembre 2018

Exercice 2 • 12 points

La roue

À un stand d'une kermesse, on fait tourner une roue pour gagner un lot (un jouet, une casquette ou des bonbons). Une flèche permet de désigner le secteur gagnant sur la roue.
On admet que chaque secteur a autant de chance d'être désigné.

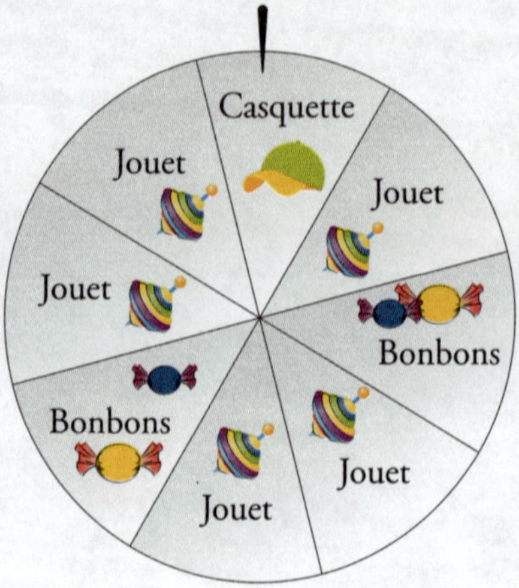

▶ **1. a)** Quelle est la probabilité de l'événement « on gagne des bonbons » ?

b) Définir par une phrase l'événement contraire de l'événement « on gagne des bonbons ».

c) Quelle est la probabilité de l'événement défini au **1. b)** ?

▶ **2.** Soit l'événement « on gagne une casquette ou des bonbons ». Quelle est la probabilité de cet événement ?

LES CLÉS DU SUJET

Points du programme

Probabilités.

Nos coups de pouce

▶ **1. a)** Tous les secteurs ont la même probabilité d'être sélectionné, alors utilise la formule : $p(\text{E}) = \dfrac{\text{nombre de résultats favorables}}{\text{nombre de résultats possibles}}$.

b) Écris la phrase donnée à la forme négative.

c) Utilise la formule $p(\text{E}) + p(\overline{\text{E}}) = 1$.

▶ **2.** Additionne le nombre de secteurs désignant une casquette ou des bonbons.

MATHS

CORRIGÉ 23

▶ **1. a)** Notons E l'événement « on gagne des bonbons ».

$$p(\text{E}) = \frac{\text{nombre de résultats favorables}}{\text{nombre de résultats possibles}} = \frac{2}{8}$$

Conclusion : $\boxed{p(\text{E}) = \frac{1}{4}}$

b) L'événement contraire de l'événement E « on gagne des bonbons » est l'événement « on ne gagne pas de bonbons ». Il est noté $\overline{\text{E}}$.

c) On sait que $p(\text{E}) + p(\overline{\text{E}}) = 1$.

Donc $p(\overline{\text{E}}) = 1 - p(\text{E}) = 1 - \frac{1}{4} = \frac{3}{4}$.

Conclusion : $\boxed{p(\overline{\text{E}}) = \frac{3}{4}}$.

AUTRE MÉTHODE

On peut aussi faire le calcul directement.

$p(\overline{\text{E}}) = \frac{1+5}{8} = \frac{3}{4}$.

En effet pour que $\overline{\text{E}}$ se réalise, il faut gagner une casquette ou un jouet.

▶ **2.** Notons F l'événement « on gagne une casquette ou des bonbons ».

$$p(\text{F}) = \frac{1+2}{8} = \frac{3}{8}$$

Conclusion : $\boxed{p(\text{F}) = \frac{3}{8}}$.

SUJET 24

Polynésie française • Septembre 2018

Exercice 2 • 14 points

France - Portugal

Un amateur de football, après l'Euro 2016, décide de s'intéresser à l'historique des treize dernières rencontres entre la France et le Portugal, regroupées dans le tableau ci-dessous.
On rappelle la signification des résultats ci-dessous en commentant deux exemples :
• la rencontre du 3 mars 1973, qui s'est déroulée en France, a vu la victoire du Portugal par 2 buts à 1 ;
• la rencontre du 8 mars 1978, qui s'est déroulée en France, a vu la victoire de la France par 2 buts à 0.

Rencontres de football opposant la France et le Portugal depuis 1973		
3 mars 1973	France – Portugal	1 – 2
26 avril 1975	France – Portugal	0 – 2
8 mars 1978	France – Portugal	2 – 0
16 février 1983	Portugal – France	0 – 3
23 juin 1984	France – Portugal	3 – 2
24 janvier 1996	France – Portugal	3 – 2
22 janvier 1997	Portugal – France	0 – 2
28 juin 2000	Portugal – France	1 – 2
25 avril 2001	France – Portugal	4 – 0
5 juillet 2006	Portugal – France	0 – 1
11 octobre 2014	France – Portugal	2 – 1
4 septembre 2015	Portugal – France	0 – 1
10 juillet 2016	France – Portugal	0 – 1

▶ **1.** Depuis 1973, combien de fois la France a-t-elle gagné contre le Portugal ?

▶ **2.** Calculer le pourcentage du nombre de victoires de la France contre le Portugal depuis 1973. Arrondir le résultat à l'unité de %.

▶ **3.** Le 3 mars 1973, 3 buts ont été marqués au cours du match. Calculer le nombre moyen de buts par match sur l'ensemble des rencontres. Arrondir le résultat au dixième.

LES CLÉS DU SUJET

Points du programme

Pourcentage • Moyenne.

Nos coups de pouce

▶ **1.** La réponse à la question posée se déduit tout simplement du tableau.

▶ **2.** Sur le tableau, lis le nombre n de victoires de la France et le nombre total N de rencontres disputées par la France et le Portugal.
Le pourcentage p recherché est donné par la relation $p = \frac{n}{N} \times 100$.

▶ **3.** Il s'agit de calculer la moyenne de buts marqués pendant les 13 matchs. Voir la définition de la moyenne d'une série statistique.

MATHS

CORRIGÉ 24

▶ **1.** La lecture du tableau permet d'affirmer que la France a gagné 10 des 13 matchs livrés contre le Portugal.

▶ **2.** Le pourcentage p de victoires de la France est $p = \frac{10}{13} \times 100 = 77\ \%$ valeur arrondie à l'unité.

▶ **3.** La moyenne m d'une série statistique est égale au quotient de la somme de toutes les valeurs de la série par l'effectif total.

$$m = \frac{3+2+2+3+5+5+2+3+4+1+3+1+1}{13}$$

soit $m = \frac{35}{13}$.

$\boxed{m = 2{,}7}$ est une valeur arrondie au dixième.

> **ATTENTION !**
> Bien lire le texte ! Il s'agit de comptabiliser les buts marqués par les deux équipes sur l'ensemble des matchs disputés.

SUJET 25

Amérique du Nord • Juin 2018
Exercice 1 • 14 points

Abonnements Internet

Le tableau ci-dessous a été réalisé à l'aide d'un tableur.
Il indique le nombre d'abonnements Internet à haut débit et à très haut débit entre 2014 et 2016, sur réseau fixe, en France.

	A	B	C	D
1		2014	2015	2016
2	Nombre d'abonnements Internet à haut débit (en millions)	22,855	22,63	22,238
3	Nombre d'abonnements Internet à très haut débit (en millions)	3,113	4,237	5,446
4	Total (en millions)	25,968	26,867	27,684

Sources : Arcep et Statistica.

▶ **1.** Combien d'abonnements Internet à très haut débit, en millions, ont été comptabilisés pour l'année 2016 ?

▶ **2.** Vérifier qu'en 2016, il y avait 817 000 abonnements Internet à haut débit et à très haut débit de plus qu'en 2015.

▶ **3.** Quelle formule a-t-on pu saisir dans la cellule B4 avant de la recopier vers la droite, jusqu'à la cellule D4 ?

▶ **4.** En 2015, seulement 5,6 % des abonnements Internet à très haut débit utilisaient la fibre optique. Quel nombre d'abonnements Internet à très haut débit cela représentait-il ?

LES CLÉS DU SUJET

■ Points du programme

Lecture de tableau • Tableur • Pourcentage • Connaissance des grands nombres.

■ Nos coups de pouce

▶ **4.** Prendre un pourcentage d'une quantité, c'est multiplier ce pourcentage par la quantité.

CORRIGÉ 25

EXERCICE 1

▶ **1.** Il y a eu $\boxed{5\ 446\ 000}$ abonnements Internet très haut débit en 2016.

▶ **2.** En 2016, il y a eu $27\ 684\ 000 - 26\ 867\ 000 = \boxed{817\ 000}$ abonnements haut et très haut débit de plus qu'en 2015.

▶ **3.** On a tapé la formule : $\boxed{= B2 + B3}$.

ATTENTION !
Une formule de tableur commence par un « = ».

▶ **4.** Il y a eu $\frac{5{,}6}{100} \times 4\ 237\ 000 = \boxed{237\ 272}$ abonnements très haut débit qui utilisaient la fibre optique en 2015.

MATHS

SUJET 26

Centres étrangers • Juin 2018

Exercice 5 • 18 points

Facture de gaz

Sur une facture de gaz, le montant à payer tient compte de l'abonnement annuel et du prix correspondant au nombre de kilowattheures (kWh) consommés.

Deux fournisseurs de gaz proposent les tarifs suivants :

	Prix du kWh	Abonnement annuel
Tarif A (en €)	0,0609	202,43
Tarif B (en €)	0,0574	258,39

En 2016, la famille de Romane a consommé 17 500 kWh. Le montant annuel de la facture de gaz correspondant était de 1 268,18 €.

▶ **1.** Quel est le tarif souscrit par cette famille ?

Depuis 2017, cette famille diminue sa consommation de gaz par des gestes simples (baisser le chauffage de quelques degrés, mettre un couvercle sur la casserole d'eau pour la porter à ébullition, réduire le temps sous l'eau dans la douche, etc.).

▶ **2.** En 2017, cette famille a gardé le même fournisseur de gaz, mais sa consommation en kWh a diminué de 20 % par rapport à celle de 2016.

a) Déterminer le nombre de kWh consommés en 2017.

b) Quel est le montant des économies réalisées par la famille de Romane entre 2016 et 2017 ?

▶ **3.** On souhaite déterminer la consommation maximale assurant que le tarif A est le plus avantageux. Pour cela :

• On note x le nombre de kWh consommés sur l'année.

• On modélise les tarifs A et B respectivement par les fonctions f et g :
$f(x) = 0{,}0609x + 202{,}43$ et $g(x) = 0{,}0574x + 258{,}39$.

a) Quelles sont la nature et la représentation graphique de ces fonctions ?

b) Résoudre l'inéquation : $f(x) < g(x)$.

c) En déduire une valeur approchée au kWh près de la consommation maximale pour laquelle le tarif A est le plus avantageux.

LES CLÉS DU SUJET

Points du programme

Fonctions affines • Pourcentages • Résolution d'inéquation.

Nos coups de pouce

▶ **1.** Calcule les montants annuels de la facture avec le tarif A puis avec le tarif B. Conclus.

▶ **2.** Une diminution de n % d'une quantité Q correspond à une diminution de $\frac{n}{100} \times Q$. Calcule la diminution de la consommation en 2017.

▶ **3.** Résous l'inéquation $0{,}0609x + 202{,}43 < 0{,}0574x + 258{,}39$. Conclus.

CORRIGÉ 26

▶ **1.** Notons P_A le montant de la facture avec le tarif A.

$P_A = 17\,500 \times 0{,}0609 + 202{,}43$ soit $P_A = 1\,268{,}18$ euros.

Notons P_B le montant de la facture avec le tarif B.

$P_B = 17\,500 \times 0{,}0574 + 258{,}39$ soit $P_B = 1\,262{,}89$ euros.

La famille a souscrit le tarif A.

▶ **2. a)** La consommation de gaz a diminué de 20 % en 2017.

Cela correspond à $\frac{20}{100} \times 17\,500$ soit 3 500 kWh en moins.

La famille a donc consommé 17 500 – 3 500 kWh soit $\boxed{14\,000 \text{ kWh}}$.

b) Le montant des économies réalisées est $3\,500 \times 0{,}0609$ soit $\boxed{213{,}15 \text{ euros}}$.

> **ATTENTION !**
> Les économies réalisées se font sur la consommation de gaz et non sur l'abonnement annuel dont le prix est invariant !

▶ **3. a)** f et g sont deux fonctions affines. Chacune d'elle admet pour représentation graphique une droite ne passant pas par l'origine du repère.

b) Résolvons l'inéquation $f(x) < g(x)$.

Nous avons $0{,}0609x + 202{,}43 < 0{,}0574x + 258{,}39$.

$0{,}0609x - 0{,}0574x < 258{,}39 - 202{,}43$

$0{,}0035x < 55{,}96$

$$x < \frac{55{,}96}{0{,}0035}$$

ATTENTION !
Pour obtenir le résultat final, on divise chaque membre de l'inéquation par un nombre positif. On ne change donc pas le sens de l'inégalité !

c) Une valeur approchée à l'unité de $\frac{55{,}96}{0{,}0035}$ est 15 988.

Conclusion : 15 988 est une valeur approchée au kWh près de la consommation maximale pour laquelle le tarif A est le plus avantageux.

SUJET 27

Polynésie française • Septembre 2018

Exercice 3 • 16 points

Magazine sportif

Une personne s'intéresse à un magazine sportif qui paraît une fois par semaine. Elle étudie plusieurs formules d'achat de ces magazines qui sont détaillées ci-après.

- Formule A – Prix du magazine à l'unité : 3,75 €.
- Formule B – Abonnement pour l'année : 130 €.
- Formule C – Forfait de 30 € pour l'année et 2,25 € par magazine.

On donne ci-dessous les représentations graphiques qui correspondent à ces trois formules.

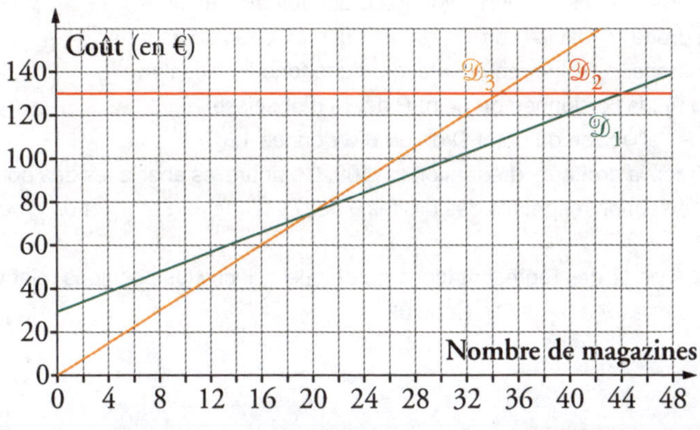

▶ **1.** Sur votre copie, recopier le contenu du cadre ci-dessous et relier par un trait chaque formule d'achat avec sa représentation graphique.

Formule A •	• $\mathscr{D}_1$
Formule B •	• $\mathscr{D}_2$
Formule C •	• $\mathscr{D}_3$

▶ **2.** En utilisant le graphique, répondre aux questions suivantes.

Les traits de construction devront apparaître sur le graphique.

a) En choisissant la formule A, quelle somme dépense-t-on pour acheter 16 magazines dans l'année ?

MATHS

b) Avec 120 €, combien peut-on acheter de magazines au maximum dans une année avec la formule C ?

c) Si on décide de ne pas dépasser un budget de 100 € pour l'année, quelle est alors la formule qui permet d'acheter le plus grand nombre de magazines ?

▶ **3.** Indiquer la formule la plus avantageuse selon le nombre de magazines achetés dans l'année.

LES CLÉS DU SUJET

Points du programme

Fonctions constantes, linéaires et affines • Lectures graphiques.

Nos coups de pouce

▶ **1.** Remarque que :

– la droite $\mathcal{D}_1$ est la représentation d'une fonction affine ;

– la droite $\mathcal{D}_2$ est la représentation d'une fonction constante ;

– la droite $\mathcal{D}_3$ est la représentation d'une fonction linéaire.

▶ **2. a)** Lis l'ordonnée du point P de $\mathcal{D}_3$ d'abscisse 16.

b) Lis l'abscisse du point Q de $\mathcal{D}_1$ d'ordonnée 120.

c) Trace la droite $\mathcal{D}_4$ d'équation $y = 100$. Compare les abscisses des points d'intersection respectifs des droites $\mathcal{D}_1$ et $\mathcal{D}_4$ d'une part et $\mathcal{D}_3$ et $\mathcal{D}_4$ d'autre part.

▶ **3.** À partir des représentations graphiques, décris les positions relatives des droites $\mathcal{D}_1$, $\mathcal{D}_2$ et $\mathcal{D}_3$. Conclus.

CORRIGÉ 27

▶ **1.**

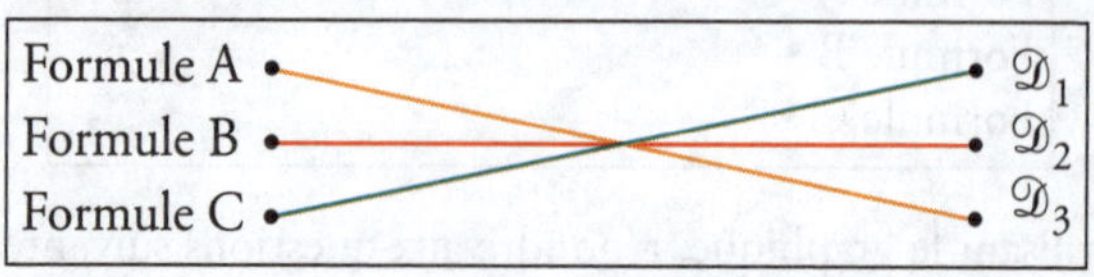

$\mathcal{D}_3$ est la représentation graphique de la formule A. En effet la droite passe par l'origine du repère ce qui implique que le coût est nul si l'on n'achète aucun magazine.

$\mathcal{D}_2$ est la représentation graphique de la formule B. En effet le coût est constant et de 130 euros quel que soit le nombre de magazines achetés pendant l'année.
$\mathcal{D}_1$ est la représentation graphique de la formule C. En effet si l'on n'achète aucun magazine, le coût de la formule C est de 30 euros.

▶ **2. a)** Le point P de $\mathcal{D}_3$, correspondant à la formule A, d'abscisse 16 a pour ordonnée 60.
Conclusion : on dépense 60 euros pour acheter 16 magazines pendant l'année avec la formule A.

b) Le point Q de $\mathcal{D}_1$, correspondant à la formule C, d'ordonnée 120 a pour abscisse 40.

Conclusion : on achète au maximum 40 magazines pendant l'année avec une somme de 120 euros en utilisant la formule C.

c) La droite $\mathcal{D}_4$ d'équation $y = 100$ coupe respectivement les droites $\mathcal{D}_1$ et $\mathcal{D}_3$ en S_1 et S_3. Nous lisons sur le graphique que l'abscisse de S_1 est plus grande que celle de S_3.

Conclusion : on achète plus de magazines en une année avec la formule C.

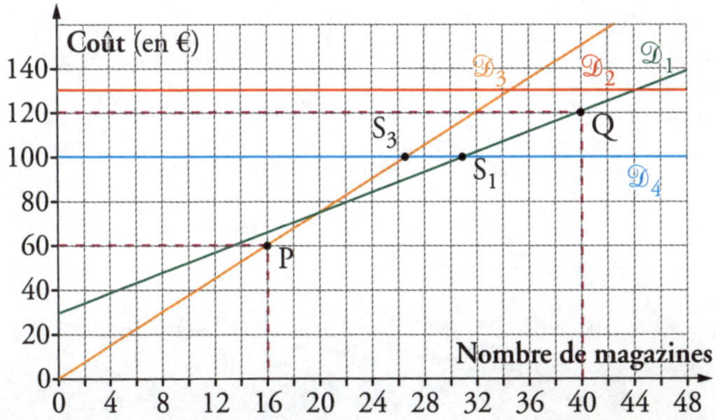

▶ **3.** Nous lisons sur le graphique :

• Si $x < 20$, $\mathcal{D}_3$ est en dessous de $\mathcal{D}_1$ et de $\mathcal{D}_2$. La formule A est alors la plus avantageuse.

• Si $x = 20$, les formules A et C sont les plus avantageuses et reviennent au même prix.

RAPPEL
Une formule A est plus avantageuse qu'une formule B pour le consommateur si son coût est moins élevé donc si la représentation graphique de la formule A est en-dessous de celle de la formule B.

MATHS

• Si $20 < x < 44$, $\mathcal{D}_1$ est en dessous de $\mathcal{D}_3$ et de $\mathcal{D}_2$. La formule C est alors la plus avantageuse.

• Si $x = 44$, les formules A et B sont les plus avantageuses et reviennent au même prix.

• Si $x > 44$, $\mathcal{D}_2$ est en dessous de $\mathcal{D}_3$ et de $\mathcal{D}_1$. La formule B est alors la plus avantageuse.

REMARQUE

Les valeurs de 20 et 44 sont les approximations des abscisses des points d'intersection des courbes $\mathcal{D}_1$ et $\mathcal{D}_3$, et $\mathcal{D}_1$ et $\mathcal{D}_2$ lues sur le graphique.

Nouvelle-Calédonie • Décembre 2018
Exercice 4 • 16 points

Performance de deux nageurs

On étudie les performances de deux nageurs (nageur 1 et nageur 2). La distance parcourue par le nageur 1 en fonction du temps est donnée par le graphique ci-dessous.

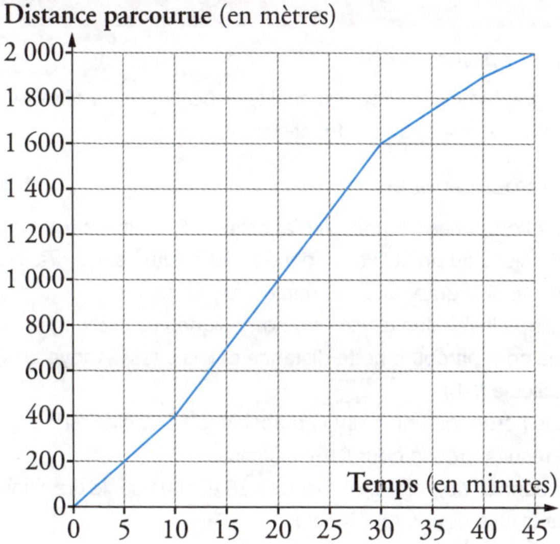

▶ **1.** Répondre aux questions suivantes par lecture graphique. Aucune justification n'est demandée.

a) Quelle est la distance totale parcourue lors de cette course par le nageur 1 ?

b) En combien de temps le nageur 1 a-t-il parcouru les 200 premiers mètres ?

▶ **2.** Y a-t-il proportionnalité entre la distance parcourue et le temps sur l'ensemble de la course ? Justifier.

▶ **3.** Montrer que la vitesse moyenne du nageur 1 sur l'ensemble de la course est d'environ 44 m/min.

▶ **4.** On suppose maintenant que le nageur 2 progresse à vitesse constante. La fonction f définie par $f(x) = 50x$ représente la distance qu'il parcourt en fonction du temps x.

a) Calculer l'image de 10 par f.

b) Calculer $f(30)$.

▶ **5.** Les nageurs 1 et 2 sont partis en même temps.

a) Lequel est en tête au bout de 10 min ? Justifier.

b) Lequel est en tête au bout de 30 min ? Justifier.

LES CLÉS DU SUJET

Points du programme

Lectures graphiques • Proportionnalité • Calcul de la vitesse moyenne • Image d'un nombre par une fonction.

Nos coups de pouce

▶ **1. a)** Lis l'ordonnée du point A d'abscisse 45 et situé sur le graphique.

b) Lis l'abscisse du point B d'ordonnée 200 et situé sur le graphique.

▶ **2.** Observe si le graphique est une droite ou non.

▶ **3.** Applique la relation $d = v \times t$ où d désigne la distance parcourue, t le temps mis pour parcourir cette distance et v la vitesse moyenne réalisée.

▶ **4. a)** Calcule $f(10)$.

▶ **5. a)** Lis l'ordonnée du point C d'abscisse 10 et situé sur le graphique. Utilise le résultat trouvé pour $f(10)$. Conclus.

b) Lis l'ordonnée du point D d'abscisse 30 et situé sur le graphique. Utilise le résultat trouvé pour $f(30)$. Conclus.

CORRIGÉ 28

▶ **1. a)** Le point A d'abscisse 45 et situé sur le graphique a pour ordonnée 2 000.

Conclusion : la distance parcourue par le nageur 1 est égale à 2 000 m.

b) Le point B d'ordonnée 200 et situé sur le graphique a pour abscisse 5.

Conclusion : le nageur 1 a parcouru les 200 premiers mètres en 5 minutes.

▶ **2.** Le graphique n'est pas une droite. Donc pour le nageur 1, il n'y a pas proportionnalité entre la distance parcourue et le temps.

> **RAPPEL**
> Une situation de proportionnalité est représentée par une droite passant par l'origine du repère.

▶ **3.** Nous avons la relation $d = v \times t$ où d désigne la distance parcourue, t le temps mis pour parcourir cette distance et v la vitesse moyenne réalisée. Cette relation s'écrit encore $v = \frac{d}{t}$.

Nous avons $v = \frac{2\,000}{45} = 44{,}444\ldots$ soit environ 44 m/min.

▶ **4. a)** Nous avons $f(10) = 50 \times 10 = 500$.

b) Nous avons $f(30) = 50 \times 30 = 1\,500$.

▶ **5. a)** Le point C d'abscisse 10 et situé sur le graphique a pour ordonnée 400. Donc au bout de 10 min le nageur 1 a parcouru 400 m. Puisque $f(10) = 500$ au bout de 10 min le nageur 2 a parcouru 500 m. Conclusion : le nageur 2 est en tête au bout de 10 min.

b) Le point D d'abscisse 30 et situé sur le graphique a pour ordonnée 1 600. Donc au bout de 30 min le nageur 1 a parcouru 1 600 m. Puisque $f(30) = 1\,500$ au bout de 30 min le nageur 2 a parcouru 1 500 m.

Conclusion : le nageur 1 est donc en tête au bout de 30 min.

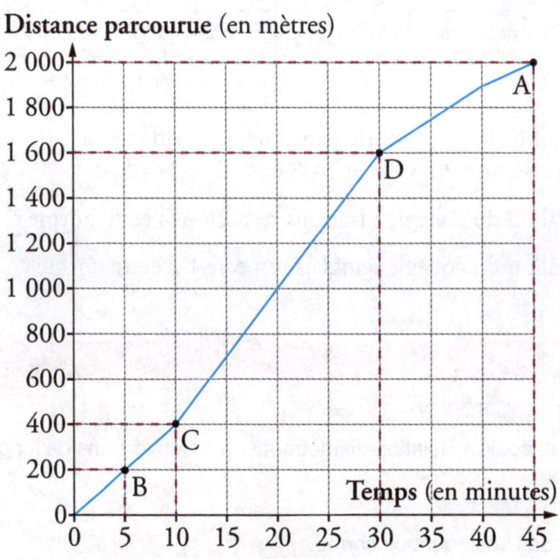

MATHS

SUJET

29

Polynésie française • Septembre 2018

Exercice 5 • 17 points

Le ballon de basket

ph© MicroStockHub/Getty Images/iStockphoto

Un collégien français et son correspondant anglais ont de nombreux centres d'intérêt communs comme le basket qu'ils pratiquent tous les deux. Le tableau ci-dessous donne quelques informations sur leurs ballons.

Ballon du collégien français	Ballon du correspondant anglais
$A \approx 1\,950$ cm^2	$D \approx 9{,}5$ inch
A désigne l'aire de la surface du ballon et r son rayon. On a $A = 4 \times \pi \times r^2$.	D désigne le diamètre du ballon. L'« inch » est une unité de longueur anglo-saxonne. On a 1 inch = 2,54 cm.

Pour qu'un ballon soit utilisé dans un match officiel, son diamètre doit être compris entre 23,8 cm et 24,8 cm.

▶ **1.** Le ballon du collégien français respecte-t-il cette norme ?

▶ **2.** Le ballon du collégien anglais respecte-t-il cette norme ?

LES CLÉS DU SUJET

■ Points du programme

Aire d'une boule • Relation diamètre/rayon • Conversions de longueurs.

■ Nos coups de pouce

▶ **1.** Résous une équation carrée.

CORRIGÉ 29

▶ **1.** $\text{Aire}_{\text{ballon français}} = 4 \times \pi \times r^2 = 1\,950$

Donc $r^2 = \dfrac{1\,950}{4\pi}$.

Donc $r = \sqrt{\dfrac{1\,950}{4\pi}} \approx 12{,}5$ cm.

Le diamètre du ballon français est 25 cm, il n'est pas compris entre 23,8 cm et 24,8 cm.

Le ballon français n'est pas conforme.

> **RAPPEL**
> N'oublie pas que le diamètre d'un disque est le double du rayon.

▶ **2.** $\text{Diamètre}_{\text{ballon anglais}} = 9{,}5 \times 2{,}54 = 24{,}13$ cm.

Le diamètre du ballon anglais est compris entre 23,8 cm et 24,8 cm.

Donc le ballon anglais est conforme.

MATHS

SUJET

30

Polynésie française • Septembre 2017

Exercice 5 • 7 points

Le marathon

L'épreuve du marathon consiste à parcourir le plus rapidement possible la distance de 42,195 km en course à pied. Cette distance se réfère historiquement à l'exploit effectué par le Grec Philipidès, en 490 av. J.-C., pour annoncer la victoire des Grecs contre les Perses. Il s'agit de la distance entre Marathon et Athènes.

▶ **1.** En 2014, le Kényan Dennis Kimetto a battu l'ancien record du monde en parcourant cette distance en 2 h 2 min 57 s. Quel est alors l'ordre de grandeur de sa vitesse moyenne :
5 km/h, 10 km/h ou 20 km/h ?

▶ **2.** Lors de cette même course, le Britannique Scott Overall a mis 2 h 15 min pour réaliser son marathon. Calculer sa vitesse moyenne en km/h. Arrondir la valeur obtenue au centième de km/h.

▶ **3.** Dans cette question, on considérera que Scott Overall court à une vitesse constante. Au moment où Dennis Kimetto franchit la ligne d'arrivée, déterminer :

a) le temps qu'il reste à courir à Scott Overall ;

b) la distance qu'il lui reste à parcourir. Arrondir le résultat au mètre près.

LES CLÉS DU SUJET

■ Points du programme

Calculs de vitesses • Conversions de durées • Différence de durées.

■ Nos coups de pouce

▶ **1.** Un ordre de grandeur consiste à prendre des nombres proches de ceux de l'énoncé mais plus simples à utiliser.

▶ **3.** Soustrais les deux temps de course.

CORRIGÉ 30

RAPPEL
$V = \frac{d}{t}$.

▶ **1.** Le Kenyan a parcouru les 42 km en environ 2 h.

Sa vitesse est donc d'environ

$V = \frac{d}{t} = \frac{42}{2} = \boxed{21 \text{ km/h}}$.

L'ordre de grandeur de sa vitesse est 20 km/h.

▶ **2.** On a $d = 42{,}195$ km et $t = 2$ h 15 min $= 2{,}25$ h.

Donc : $V = \frac{d}{t} = \frac{42{,}195}{2{,}25} \approx \boxed{18{,}75 \text{ km/h}}$.

▶ **3. a)** La différence de temps de course entre les deux coureurs est de :

2 h 15 min – 2 h 2 min 57 s = 2 h 14 min 60 s – 2 h 2 min 57 s
= 12 min 3 s.

Il restera à Scott Overall 12 min 3 s de course.

b) On a $t = 12$ min 3 s $= 12{,}05$ min.

RAPPEL
Il y a 60 minutes dans 1 heure.

Puisque Scott Overall court à une vitesse de 18,75 km/h, on a :

$V = 18{,}75 \div 60 = 0{,}3125$ km/min.

$d = V \times t = 0{,}3125 \times 12{,}05 \approx \boxed{3{,}766 \text{ km}}$.

Il restera à Scott Overall 3,766 km à parcourir, au mètre près.

MATHS

SUJET

31

Asie • Juin 2018

Exercice 5 • 12 points

Le garage

Paul veut construire un garage dans le fond de son jardin.
Sur le schéma ci-dessous, la partie colorée représente le garage positionné en limite de propriété.
Les longueurs indiquées (1,6 m et 3 m) sont imposées ; la longueur marquée par un point d'interrogation est variable.

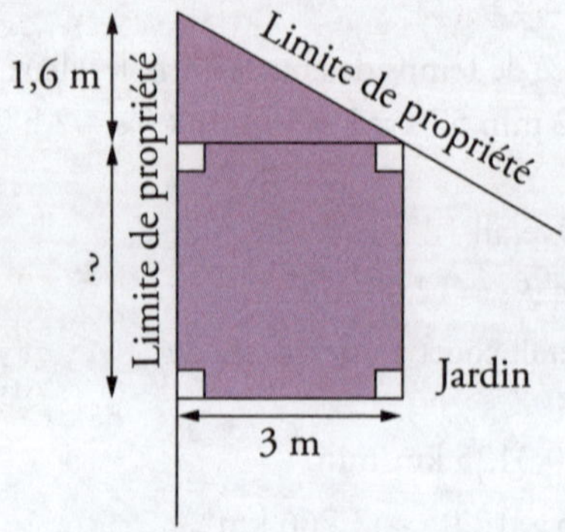

Toute trace de recherche, même incomplète, pourra être prise en compte dans la notation.

Sachant que la surface du garage ne doit pas dépasser 20 m^2, quelle valeur maximale peut-il choisir pour cette longueur variable ?

LES CLÉS DU SUJET

■ Points du programme

Aires de figures usuelles • Mise en inéquation et résolution.

■ Nos coups de pouce

Note x la longueur manquante et résous une inéquation.

CORRIGÉ 31

Le garage est composé d'un triangle rectangle et d'un rectangle.

$\mathscr{A}_{\text{triangle rectangle}} = \dfrac{L \times l}{2} = \dfrac{1{,}6 \times 3}{2} = 2{,}4 \text{ m}^2$

$\mathscr{A}_{\text{rectangle}} = L \times l = 3x$

Donc $\mathscr{A}_{\text{garage}} = 3x + 2{,}4$.

On cherche donc à résoudre l'inéquation : $3x + 2{,}4 < 20$.

$3x < 20 - 2{,}4$

$3x < 17{,}6$

$x < \dfrac{17{,}6}{3} \approx 5{,}9$ m.

Conclusion : la longueur doit être inférieure à 5,9 m.

MATHS

SUJET **32**

Amérique du Nord • Juin 2018

Exercice 5 • 6 points

La frise

Gaspard travaille avec un logiciel de géométrie dynamique pour construire une frise.

Il a construit un triangle ABC isocèle en C (motif 1) puis il a obtenu le losange ACBD (motif 2). Voici les captures d'écran de son travail.

Motif 1	Motif 2
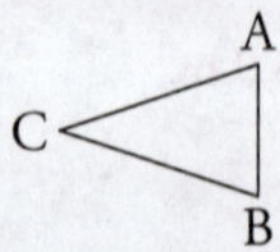	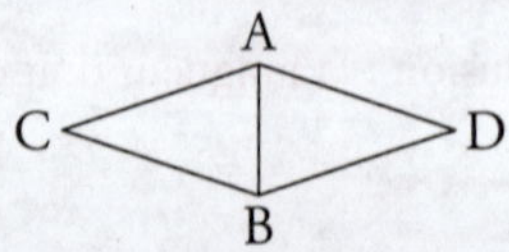

▶ **1.** Préciser une transformation permettant de compléter le motif 1 pour obtenir le motif 2.

▶ **2.** Une fois le motif 2 construit, Gaspard a appliqué à plusieurs reprises une translation.

Il obtient ainsi la frise ci-dessous.

Préciser de quelle translation il s'agit.

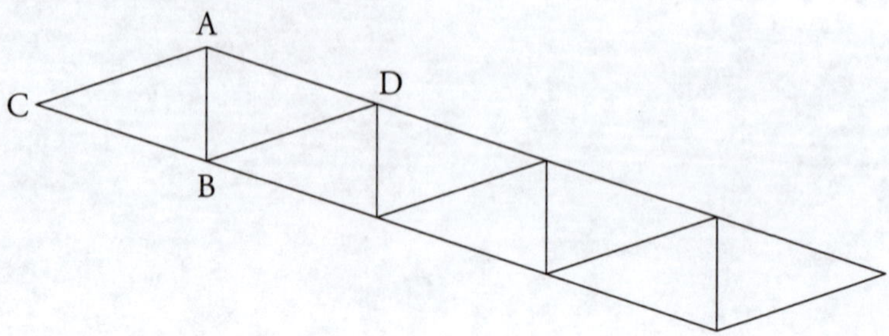

LES CLÉS DU SUJET

■ Points du programme

Transformations géométriques.

■ Nos coups de pouce

▶ **1.** Une symétrie axiale donne un effet « miroir ».

▶ **2.** Une translation donne un effet « glissement ».

CORRIGÉ 32

▶ **1.** Pour obtenir le motif 2, on trace le symétrique du motif 1 par rapport à l'axe (AB).

▶ **2.** Il a appliqué la translation qui amène C sur B.

SUJET

33

Asie • Juin 2018

Exercice 2 • 17 points

La yourte

Samia vit dans un appartement dont la surface au sol est de 35 m^2. Elle le compare avec une yourte, l'habitat traditionnel mongol.

ph© Kazakh yurt/Getty Images/iStockphoto

On modélise cette yourte par un cylindre et un cône.

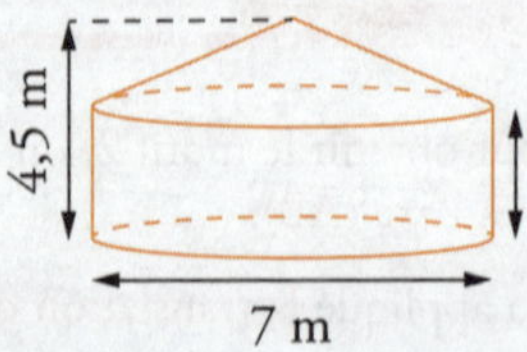

On rappelle les formules suivantes :

Aire du disque = $\pi \times \text{rayon}^2$

Volume du cylindre = $\pi \times \text{rayon}^2 \times \text{hauteur}$

Volume du cône = $\frac{1}{3} \times \pi \times \text{rayon}^2 \times \text{hauteur}$

▶ **1.** Montrer que l'appartement de Samia offre une plus petite surface au sol que celle de la yourte.

▶ **2.** Calculer le volume de la yourte en m^3.

▶ **3.** Samia réalise une maquette de cette yourte à l'échelle $\frac{1}{25}$.
Quelle est la hauteur de la maquette ?

LES CLÉS DU SUJET

■ Points du programme

Calculs d'aire et de volume • Réduction.

Nos coups de pouce

▶ **1.** Calcule l'aire du disque représentant la surface au sol.

▶ **2.** Calcule le volume de la partie cylindrique puis celle de la partie conique. Déduis-en le volume de la yourte.

▶ **3.** Applique le coefficient de réduction, c'est-à-dire $\frac{1}{25}$, à la hauteur de la yourte.

CORRIGÉ 33

▶ **1.** L'aire $\mathscr{A}$ d'un disque de rayon R est donnée par la formule $\mathscr{A} = \pi \times R^2$.
Le disque a pour diamètre 7 m. Son rayon mesure donc 3,5 m. Alors $\mathscr{A} = \pi \times 3{,}5^2$ soit $\boxed{\mathscr{A} = 12{,}25\pi \text{ m}^2}$.
$\mathscr{A} = 38{,}48 \text{ m}^2$ est une valeur approchée au centième.

> RAPPEL
> Si on note D le diamètre d'un disque de rayon R, alors $R = \frac{D}{2}$ et l'aire du disque mesure $\frac{\pi \times D^2}{4}$.

Mais $35 < 38{,}48$ donc l'appartement de Samia offre une plus petite surface au sol que celle de la yourte.

▶ **2.** Notons $\mathscr{V}_1$ le volume du cylindre dont la base mesure 3,5 m de rayon et la hauteur 2,5 m. D'après les rappels donnés dans l'énoncé :
$\mathscr{V}_1 = \pi \times 3{,}5^2 \times 2{,}5$ soit $\mathscr{V}_1 = 30{,}625 \times \pi \text{ m}^3$.
$\mathscr{V}_1 = 96{,}21 \text{ m}^3$ est une valeur approchée au centième.
Notons $\mathscr{V}_2$ le volume du cône dont la base mesure 3,5 m de rayon et la hauteur (4,5 – 2,5) c'est-à-dire 2 m. D'après les rappels donnés dans l'énoncé : $\mathscr{V}_2 = \frac{1}{3} \times \pi \times 3{,}5^2 \times 2 \text{ m}^3$.
$\mathscr{V}_2 = 25{,}65 \text{ m}^3$ est une valeur approchée au centième.
Notons $\mathscr{V}$ le volume de la yourte.
$\mathscr{V} = \mathscr{V}_1 + \mathscr{V}_2$ soit $\mathscr{V} = 96{,}21 + 25{,}65$ c'est-à-dire $\boxed{\mathscr{V} = 121{,}86 \text{ m}^3}$, valeur approchée au centième.

▶ **3.** Notons h la hauteur de la maquette et H celle de la yourte. Alors $h = \frac{1}{25} \times H$ soit $h = \frac{1}{25} \times 4{,}5 = 0{,}18$.
Conclusion : la hauteur de la maquette est de 0,18 m ou encore 18 cm.

MATHS

SUJET **34**

Amérique du Sud • Novembre 2018

Exercice 4 • 18 points

Écran de télévision

Valentin souhaite acheter un écran de télévision ultra HD (haute définition).
Pour un confort optimal, la taille de l'écran doit être adaptée aux dimensions de son salon.
Voici les caractéristiques du téléviseur que Valentin pense acheter :

Hauteur de l'écran	60 cm
Format de l'écran	16/9
Ultra HD	Oui

Valentin a-t-il fait un choix adapté ?
Utiliser les informations ci-dessous et les caractéristiques du téléviseur pour répondre.

Toute trace de recherche, même incomplète, pourra être prise en compte dans la notation.

Information 1. Distance écran-téléspectateur du salon de Valentin :

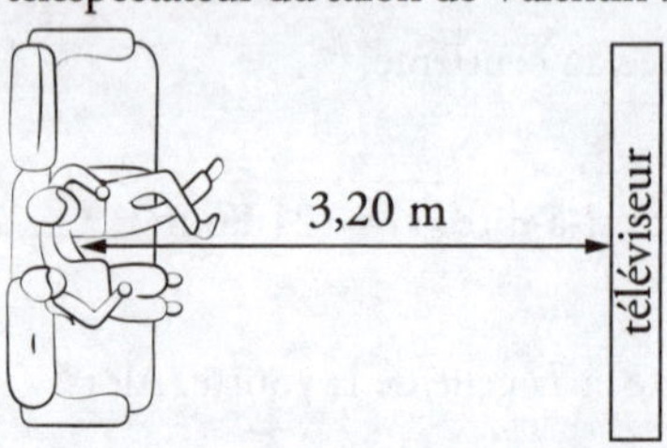

Information 2. Pour un écran au format 16/9, on a :

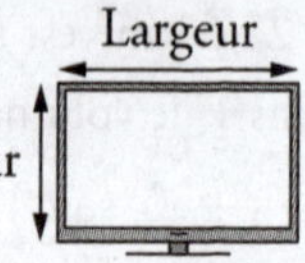

$$\text{Largeur} = \frac{16}{9} \times \text{Hauteur}$$

Information 3. Graphique pour aider au choix de la taille de l'écran :

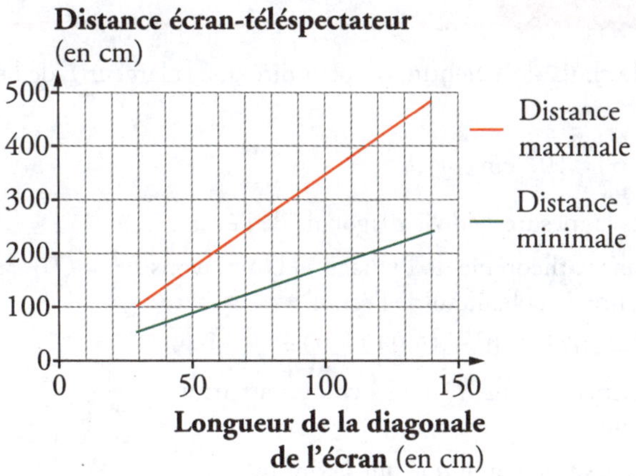

LES CLÉS DU SUJET

Points du programme

Lectures graphiques • Théorème de Pythagore.

Nos coups de pouce

Stratégie possible :

- Calcule la largeur de l'écran avec l'information 2.
- Calcule la mesure de la diagonale de l'écran en appliquant le théorème de Pythagore.
- Lis les deux distances, minimale et maximale, écran-téléspectateur correspondant à cette diagonale en utilisant l'information 3.
- En utilisant l'information 1, conclus.

CORRIGÉ 34

D'après le choix de Valentin, on peut dire que la largeur L de l'écran est telle que :

$L = \frac{16}{9} \times 60 \approx 107$ cm.

Calculons la mesure D de la diagonale de l'écran.

Appliquons le théorème de Pythagore. Nous avons $D^2 = L^2 + H^2$ où H est la mesure de la hauteur de l'écran.

Alors $D^2 = 107^2 + 60^2 = 15\,049$ et $D = \sqrt{15\,049}$.

La calculatrice indique $D \approx 123$ cm, valeur arrondie à l'unité.

Nous lisons sur le graphique que la droite d'équation $x = 123$ coupe la droite $\mathcal{D}_1$ au point A d'ordonnée 210 et coupe la droite $\mathcal{D}_2$ au point B d'ordonnée 420.

Nous savons que la distance écran-téléspectateur dans le salon de Valentin mesure 3,20 m soit 320 cm.

Il est évident que 210 cm < 320 cm < 420 cm.

Conclusion : Valentin a fait un choix adapté !

> **REMARQUE**
> La plupart des résultats trouvés sont des valeurs approchées. Donc il est inutile de donner des résultats en centimètres comportant des décimales.

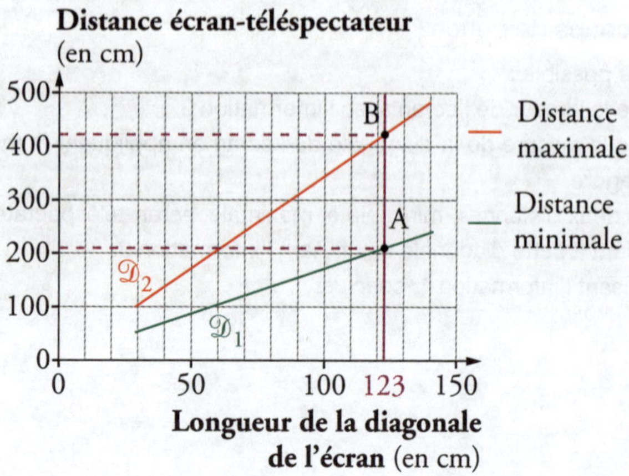

SUJET 35

Pondichéry • Mai 2018
Exercice 7 • 16 points

Triangles semblables

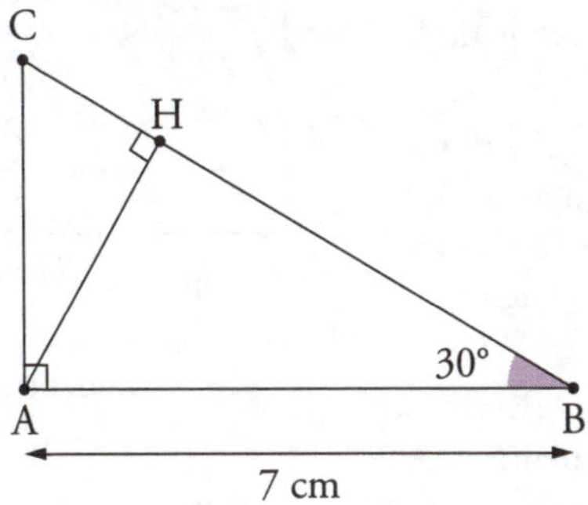

On considère ci-dessus un triangle ABC rectangle en A tel que $\widehat{ABC} = 30°$ et AB = 7 cm. H est le pied de la hauteur issue de A.

▶ **1.** Tracer la figure en vraie grandeur sur la copie. Laisser les traits de construction apparents sur la copie.

▶ **2.** Démontrer que AH = 3,5 cm.

▶ **3.** Démontrer que les triangles ABC et HAC sont semblables.

▶ **4.** Déterminer le coefficient de réduction permettant de passer du triangle ABC au triangle HAC.

LES CLÉS DU SUJET

■ Points du programme

Construction géométrique • Triangles semblables • Réduction.

■ Nos coups de pouce

▶ **1.** Utilise une règle graduée, un compas et un rapporteur.
▶ **2.** Utilise la trigonométrie dans le triangle BAH rectangle en H.
▶ **3.** Applique, par exemple, la définition : « Deux triangles qui ont leurs angles deux à deux de même mesure sont semblables. »
▶ **4.** Écris les côtés proportionnels.

MATHS

CORRIGÉ 35

▶ **1.** Construction de la figure en vraie grandeur.

On trace un segment [AB] de longueur 7 cm.

On trace un demi-cercle de diamètre [AB].

On trace la demi-droite d'origine B faisant un angle de 30° avec la demi-droite [BA). Cette demi-droite coupe le demi-cercle en H.

Enfin la demi-droite [BH) coupe la perpendiculaire en A à (AB) en C.

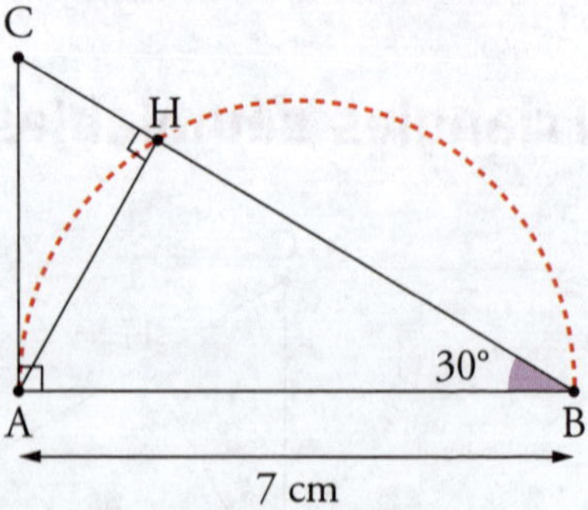

Échelle : $\frac{7}{10}$

▶ **2.** Dans le triangle ABH rectangle en H, nous avons $\sin\widehat{ABH} = \frac{AH}{AB}$ soit $AH = AB\sin\widehat{ABH}$ ou encore $AH = 7 \times \sin 30°$ c'est-à-dire : $\boxed{AH = 3{,}5 \text{ cm}}$.

> RAPPEL
> Dans un triangle ABH rectangle en H,
> $\sin\widehat{ABH} = \frac{\text{côté opposé}}{\text{hypoténuse}}$.

▶ **3.** Les triangles ABC, HAC et AHB sont rectangles. Dans un triangle rectangle, la somme des mesures des deux angles aigus vaut 90°. Alors :

$\widehat{BAH} = 90° - 30° = 60°$; $\widehat{HAC} = 90° - 60° = 30°$;

$\widehat{ACH} = 90° - 30° = 60°$

Donc : $\widehat{BAC} = \widehat{AHC} = 90°$; $\widehat{ACB} = \widehat{ACH} = 60°$;

$\widehat{ABC} = \widehat{HAC} = 30°$.

Les triangles ABC et HAC ont leurs angles deux à deux de même mesure. Ils sont donc semblables.

▶ **4.** Puisque ces deux triangles sont semblables, alors les longueurs des côtés opposés aux angles de même mesure sont proportionnelles et

$\frac{HA}{AB} = \frac{HC}{AC} = \frac{AC}{BC} = k$ qui est le rapport de la similitude.

Mais $\frac{HA}{AB} = \frac{3{,}5}{7} = 0{,}5$, donc le triangle HAC est une réduction du triangle ABC dans le rapport 0,5.

SUJET

36

Asie • Juin 2018

Exercice 6 • 13 points

Les homothéties

Avec un logiciel de géométrie dynamique, on a construit la figure A. En appliquant à la figure A des homothéties de centre O et de rapports différents, on a ensuite obtenu les autres figures.

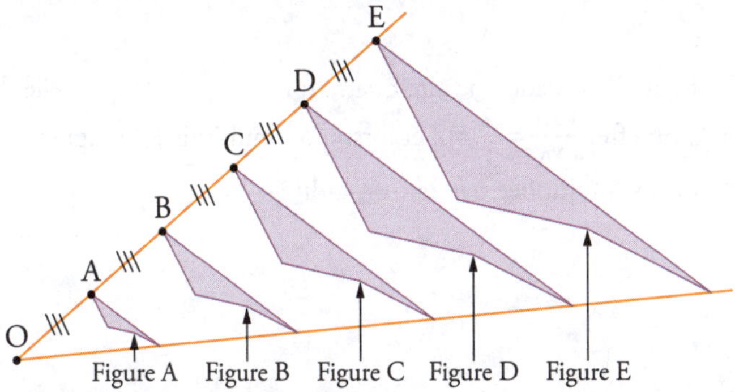

▶ **1.** Quel est le rapport de l'homothétie de centre O qui permet d'obtenir la figure C à partir de la figure A ?

Aucune justification n'est attendue.

▶ **2.** On applique l'homothétie de centre O et de rapport $\frac{3}{5}$ à la figure E. Quelle figure obtient-on ?

Aucune justification n'est attendue.

▶ **3.** Quelle figure a une aire quatre fois plus grande que celle de la figure A ?

LES CLÉS DU SUJET

Points du programme

Homothéties.

Nos coups de pouce

Revoir la définition et les propriétés d'une homothétie.

CORRIGÉ 36

> **REMARQUE**
> « Homothétie » est un mot d'origine grecque et qui signifie « position semblable ».

▶ **1.** La figure C est l'image de la figure A par l'homothétie de centre O et de rapport 3. En effet $\frac{OC}{OA} = 3$.

▶ **2.** Lorsqu'on applique à la figure E l'homothétie de centre O et de rapport $\frac{3}{5}$, on obtient la figure C. En effet $\frac{OC}{OE} = \frac{3}{5}$.

▶ **3.** La figure B possède une aire quatre fois plus grande que celle de la figure A. En effet $\frac{OB}{OA} = \frac{2}{1} = 2$ et lorsqu'on multiplie les longueurs par deux, l'aire est multipliée par 2^2 c'est-à-dire 4.

France métropolitaine • Septembre 2018
Exercice 7 • 12 points

Vitesse ascensionnelle

Pour la course à pied en montagne, certains sportifs mesurent leur performance par la **vitesse ascensionnelle**, notée V_a.
V_a est le quotient du dénivelé de la course, exprimé en mètres, par la durée, exprimée en heures.

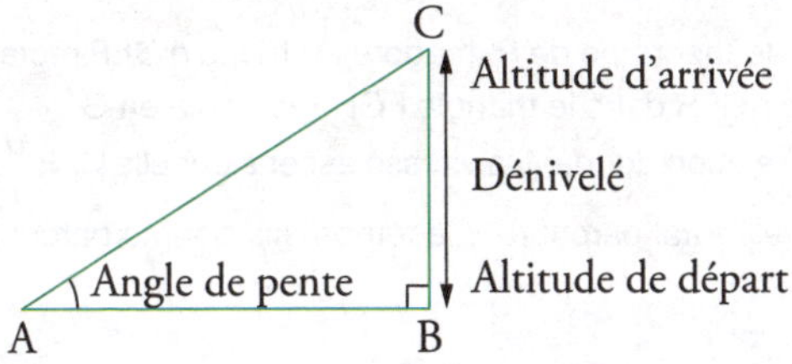

Par exemple : pour un dénivelé de 4 500 m et une durée de parcours de 3 h : $V_a = 1\,500$ m/h.
Rappel : le dénivelé de la course est la différence entre l'altitude à l'arrivée et l'altitude au départ.
Un coureur de haut niveau souhaite atteindre une vitesse ascensionnelle d'au moins 1 400 m/h lors de sa prochaine course.

La figure ci-dessous n'est pas représentée en vraie grandeur.

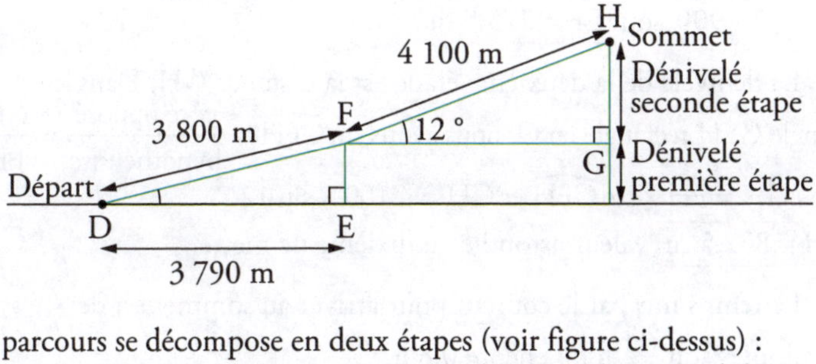

Le parcours se décompose en deux étapes (voir figure ci-dessus) :
- Première étape de 3 800 m pour un déplacement horizontal de 3 790 m.
- Seconde étape de 4,1 km avec un angle de pente d'environ 12°.

▶ **1.** Vérifier que le dénivelé de la première étape est environ 275,5 m.

▶ **2.** Quel est le dénivelé de la seconde étape ?

▶ **3.** Depuis le départ, le coureur met 48 minutes pour arriver au sommet. Le coureur atteint-il son objectif ?

LES CLÉS DU SUJET

■ Points du programme

Théorème de Pythagore • Trigonométrie.

■ Nos coups de pouce

▶ **1.** Applique le théorème de Pythagore au triangle DEF rectangle en E.

▶ **2.** Calcule $\sin\widehat{GFH}$ dans le triangle FGH rectangle en G.

▶ **3.** Utilise la relation donnant la vitesse ascensionnelle $V_a = \dfrac{d}{t}$, où *d* représente le dénivelé total parcouru, *t* le temps mis pour le parcourir.

CORRIGÉ 37

▶ **1.** Appliquons le théorème de Pythagore dans le triangle DEF rectangle en E.
$EF^2 + ED^2 = DF^2$ ou encore $EF^2 = DF^2 - ED^2$.
Alors $EF^2 = 3\,800^2 - 3\,790^2 = 75\,900$.
$EF = \sqrt{75\,900}$ soit $\boxed{EF = 275{,}5 \text{ m}}$

▶ **2.** Le dénivelé de la deuxième étape est la distance GH. Dans le triangle GFH rectangle en G, nous avons $\sin\widehat{GFH} = \dfrac{\text{côté opposé}}{\text{hypothénuse}} = \dfrac{GH}{FH}$.
Alors $GH = FH \times \sin\widehat{GFH}$ et $GH = 4\,100 \times \sin 12°$.
$\boxed{GH = 852{,}5 \text{ m}}$ valeur arrondie au dixième de mètre.

▶ **3.** Le temps mis par le coureur pour arriver au sommet est de 48 minutes soit $\dfrac{48}{60}$ h ou encore 0,8 h.

Par définition $V_a = \dfrac{275{,}5 + 852{,}5}{0{,}8} = 1\,410$ m/h

L'objectif était d'atteindre une vitesse ascensionnelle d'au moins 1 400 m/h. Cet objectif est donc réalisé.

SUJET 38

Amérique du Sud • Novembre 2018

Exercice 1 • 12 points

QCM géométrie

Cet exercice est un questionnaire à choix multiples. Pour chaque question, une seule réponse est correcte.

Pour chacune des questions, écrire sur la copie, le numéro de la question et la lettre de la bonne réponse.

Aucune justification n'est attendue.

		Réponse A	**Réponse B**	**Réponse C**
1	ABC est un triangle rectangle en A. AC = 3,5 cm et BC = 7 cm. La mesure de l'angle $\widehat{ABC}$ est :	30°	45°	60°
2	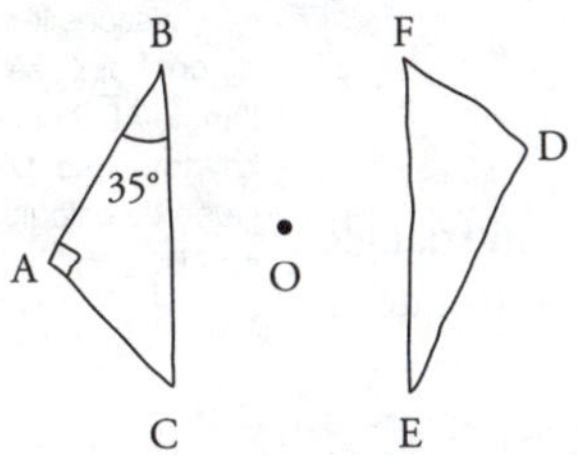 Le triangle DEF est le symétrique du triangle ABC par rapport au point O. La mesure de l'angle $\widehat{DEF}$ est :	35°	55°	65°
3	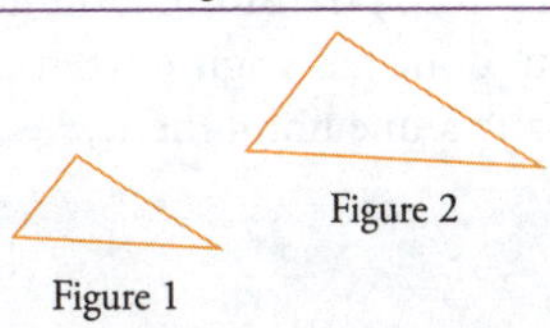 La transformation utilisée pour obtenir la figure 2 à partir de la figure 1 est une :	translation	homothétie	rotation

MATHS

LES CLÉS DU SUJET

Points du programme

Trigonométrie • Trigonométrie • Transformations.

Nos coups de pouce

▶ **1.** Calcule $\sin\widehat{ABC}$.

▶ **2.** Utilise la propriété suivante : la symétrie centrale conserve les angles.

▶ **3.** Élimine deux des trois transformations suggérées. Conclus.

CORRIGÉ 38

▶ **1.** Dans le triangle ABC rectangle en A, nous avons $\sin\widehat{ABC} = \frac{AC}{BC}$ soit $\sin\widehat{ABC} = \frac{3,5}{7} = 0,5$.

La calculatrice indique $\widehat{ABC} = 30°$.

La bonne réponse est la réponse A.

> **REMARQUE**
> Dans le triangle ABC rectangle en A, nous connaissons la mesure du côté opposé à l'angle $\widehat{ABC}$ et celle de l'hypoténuse. D'où l'idée de calculer $\sin\widehat{ABC}$.

▶ **2.** Le triangle DEF est le symétrique du triangle ABC par rapport au point O. Nous savons que la symétrie centrale conserve les angles.

Donc $\widehat{DEF} = \widehat{ABC} = 35°$.

La bonne réponse est la réponse A.

▶ **3.** La figure donnée permet d'affirmer que la transformation utilisée ne conserve pas les longueurs. Il ne peut donc pas s'agir d'une translation ni d'une rotation. Nous avons affaire à une homothétie.

La bonne réponse est la réponse B.

Amérique du Nord • Juin 2018
Exercice 2 • 14 points

Les triangles

La figure ci-dessous n'est pas en vraie grandeur. On donne les informations suivantes :

– le triangle ADE a pour dimensions AD = 7 cm, AE = 4,2 cm et DE = 5,6 cm ;
– F est le point de [AD] tel que AF = 2,5 cm ;
– B est le point de [AD) et C est le point de [AE) tels que AB = AC = 9 cm ;
– la droite (FG) est parallèle à la droite (DE).

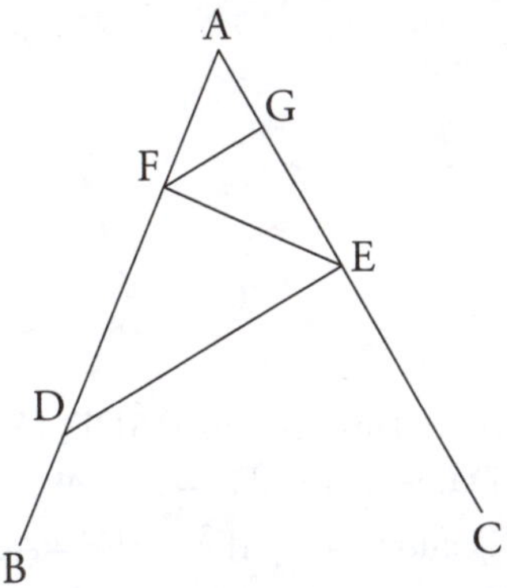

▶ **1.** Réaliser une figure en vraie grandeur.

▶ **2.** Prouver que ADE est un triangle rectangle en E.

▶ **3.** Calculer la longueur FG.

LES CLÉS DU SUJET

■ Points du programme

Réciproque du théorème de Pythagore • Théorème de Thalès • Constructions.

■ Nos coups de pouce

▶ **2.** Tu dois bien penser à séparer les calculs de carrés de longueurs dans la réciproque du théorème de Pythagore.

CORRIGÉ 39

▶ **1.**

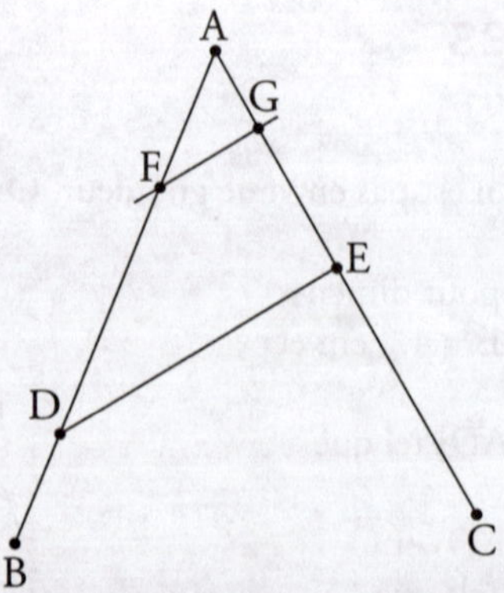

▶ **2.** Dans le triangle ADE, [AD] est le plus grand côté.

D'une part : $AD^2 = 7^2 = 49$.

D'autre part : $AE^2 + ED^2 = 4{,}2^2 + 5{,}6^2 = 17{,}64 + 31{,}36 = 49$.

Donc : $AD^2 = AE^2 + ED^2$.

Donc, d'après la réciproque du théorème de Pythagore, ADE est rectangle en E.

▶ **3.** Les droites (GE) et (FD) sont sécantes en A.

Les droites (FG) et (ED) sont parallèles.

Donc d'après le théorème de Thalès, on a :

$$\frac{AF}{AD} = \frac{AG}{AE} = \frac{FG}{DE}$$

Donc : $\frac{2{,}5}{7} = \frac{AG}{4{,}2} = \frac{FG}{5{,}6}$.

Donc, avec le produit en croix, on a : $FG = \frac{2{,}5 \times 5{,}6}{7} = 2$ cm.

SUJET

40

Polynésie française • Septembre 2018

Exercice 6 • 14 points

Le vélo de piscine

Une personne pratique le vélo de piscine depuis plusieurs années dans un centre aquatique à raison de deux séances par semaine. Possédant une piscine depuis peu, elle envisage d'acheter un vélo de piscine pour pouvoir l'utiliser exclusivement chez elle et ainsi ne plus se rendre au centre aquatique.

- Prix de la séance au centre aquatique : 15 €.
- Prix d'achat d'un vélo de piscine pour une pratique à la maison : 999 €.

▶ **1.** Montrer que 10 semaines de séances au centre aquatique lui coûtent 300 €.

▶ **2.** Que représente la solution affichée par le programme ci-après ?

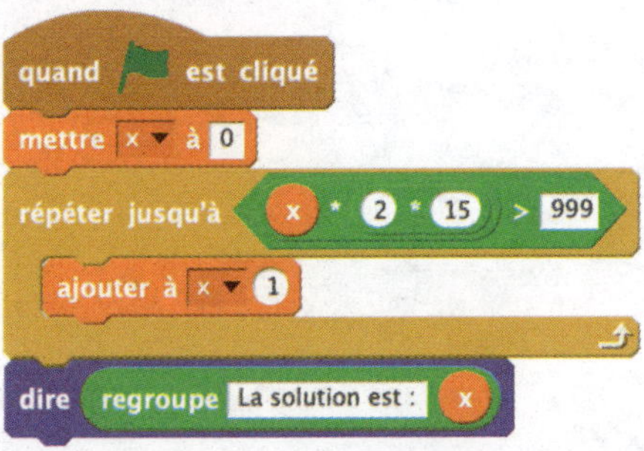

▶ **3.** Combien de semaines faudrait-il pour que l'achat du vélo de piscine soit rentabilisé ?

LES CLÉS DU SUJET

■ **Points du programme**

Algorithmique • Inéquation.

■ **Nos coups de pouce**

▶ **3.** Arrondir la solution de l'inéquation à l'entier supérieur.

MATHS

CORRIGÉ 40

▶ **1.** Le prix payé pour le centre aquatique est : $15 \times 2 \times 10 = \boxed{300\,€}$

▶ **2.** La solution affichée par ce programme est le nombre de séances au-delà duquel le prix payé au centre aquatique est supérieur au prix du vélo aquatique.

▶ **3.** On résout l'inéquation :

$$2x \times 15 > 999$$
$$30x > 999$$
$$x > \frac{999}{30}$$
$$x > 33{,}3$$

Donc à partir de 34 séances au centre aquatique le vélo de piscine est rentabilisé.

Amérique du Sud • Novembre 2018
Exercice 6 • 12 points

Suite de carrés

Léna et Youri travaillent sur un programme. Ils ont obtenu le dessin suivant :

Ils ont ensuite effacé une donnée par erreur dans le script principal. Voici les copies d'écran de leur travail :

Programme		Pour information
Script principal	**Bloc du motif**	L'instruction

quand ⚑ est cliqué
s'orienter à 90▾
aller à x: -200 y: 0
effacer tout
répéter 5 fois
  Motif
  avancer de ( )
	définir Motif
	stylo en position d'écriture
	répéter 4 fois
	  avancer de 40
	  tourner ↻ de 90 degrés
	relever le stylo
		s'orienter à 90▾
		signifie qu'on se dirige vers la droite.

Dans cet exercice, aucune justification n'est demandée.

▶ **1. a)** La valeur effacée dans le script principal était-elle 40 ou bien 60 ?
b) Dessiner sur la copie ce qu'on aurait obtenu avec l'autre valeur.
On représentera l'instruction « avancer de 20 » par un segment de longueur 1 cm.

▶ **2.** Léna et Youri souhaitent maintenant obtenir un triangle équilatéral comme motif.

Afin d'obtenir un triangle équilatéral :
• par quelle valeur peut-on remplacer (a) ?
• par quelle valeur peut-on remplacer (b) ?
• par quelle valeur peut-on remplacer (c) ?

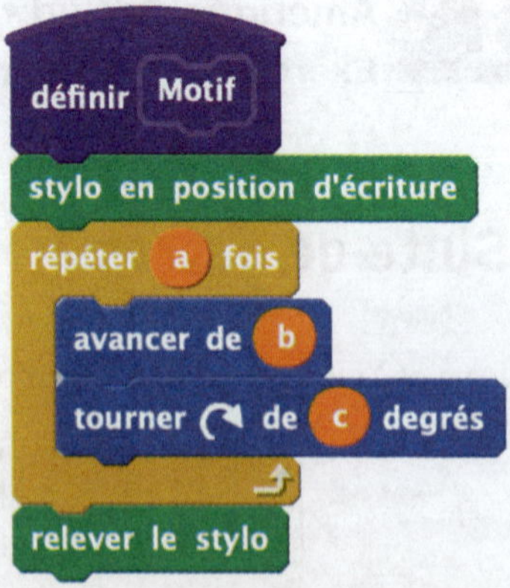

LES CLÉS DU SUJET

Points du programme

Algorithmique • Propriétés de base d'un carré et d'un triangle équilatéral.

Nos coups de pouce

▶ **1.** Le point de départ du second carré est décalé de : « côté carré + 20 ».

▶ **2.** Attention à l'angle de rotation.

CORRIGÉ 41

▶ **1. a)** Le nombre manquant est 60.

b) *Le dessin est plus petit que celui demandé.*

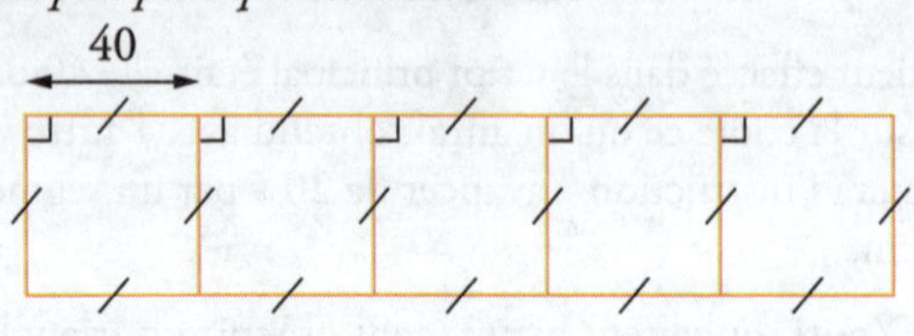

▶ **2.** On doit remplacer (a) par 3 car un triangle équilatéral a 3 côtés égaux.

On doit remplacer (b) par 40.

On doit remplacer (c) par 120.

SUJET

42

France métropolitaine • Juillet 2019

ANALYSER DES DOCUMENTS • 20 points

Rafle du Vel d'Hiv (1942) et déportation de masse pendant la Seconde Guerre mondiale

DOCUMENT 1 **Circulaire de la préfecture de Paris ordonnant la rafle du « Vel d'Hiv » des 16 et 17 juillet 1942**

« À messieurs les commissaires [...]

Paris, le 13 juillet 1942.

Les autorités occupantes ont décidé l'arrestation et le rassemblement d'un certain nombre de Juifs étrangers. [...] [La mesure] concerne tous les Juifs étrangers, quel que soit leur sexe, pourvu qu'ils soient âgés de 16 à 60 ans. Les enfants de moins de 16 ans seront emmenés en même temps que les parents[1]. [...]

Vous constituerez des équipes d'arrestation. Chaque équipe sera composée d'un gardien en tenue et d'un gardien en civil ou d'un inspecteur des Renseignements généraux ou de la Police judiciaire.

[...]

Les équipes chargées des arrestations devront procéder avec le plus de rapidité possible, sans paroles inutiles et sans commentaire. [...] Des autobus seront mis à disposition. Lorsque vous aurez un contingent suffisant pour remplir un autobus, vous dirigerez :

a) Sur le camp de Drancy les individus ou familles n'ayant pas d'enfant de moins de 16 ans.

b) Sur le Vélodrome d'Hiver : les autres.

En ce qui concerne le camp de Drancy, le contingent prévu doit être de 6 000.

[...]

HISTOIRE

La garde du Vélodrome d'Hiver sera assurée, tant à l'intérieur qu'à l'extérieur par la gendarmerie de la région parisienne et sous sa responsabilité.

Le directeur de la police municipale, Hennequin. »

Archives de la police, sorties à l'occasion d'une exposition organisée par la mairie du IIIe arrondissement de Paris en 2012.

1. En réalité, la rafle s'est portée sur tous les Juifs, français comme étrangers et de tout âge.

DOCUMENT 2 **Principaux itinéraires des convois de déportation à destination d'Auschwitz**

Mémorial de la Shoah.

DOCUMENT 1

▶ **1.** À l'aide de l'expression soulignée, présentez la situation de la France en 1942.

▶ **2.** Identifiez les personnes visées par la circulaire.

▶ **3.** Décrivez ce qu'est une rafle à l'aide de ce document.

▶ **4.** Montrez comment les services de l'État français collaborent avec l'occupant.

DOCUMENT 2

▶ **5.** Expliquez pourquoi la rafle du « Vel d'Hiv » n'est qu'une étape dans la politique nazie mise en place en Europe durant la Seconde Guerre mondiale.

LES CLÉS DU SUJET

■ Comprendre les documents

• Le **document 1** est de type officiel. Il a été produit par le directeur de la police de Paris, M. Hennequin, le 13 juillet 1942, jour de la rafle du « Vel d'Hiv ». L'auteur expose la mission qu'il confie aux commissaires de la police parisienne. Ce document permet de connaître l'attitude des autorités de police françaises concernant cette affaire.

• Le **document 2** est une carte réalisée par des historiens (date inconnue) à des fins didactiques. Elle montre comment était organisée la déportation des victimes du nazisme jusqu'aux camps d'extermination situés en Europe de l'Est.

• La confrontation des deux documents permet de passer du cas particulier (la rafle du « Vel d'Hiv ») à la réalité générale (la Shoah).

■ Répondre aux questions

▶ **1.** Qui « occupe » ? Que signifie l'emploi de ce verbe dans le contexte de 1942 ? Selon tes connaissances, en combien de zones la France était-elle divisée ?

▶ **2.** Attention : deux mots associés sont à prendre en compte pour bien répondre à la question. Interroge-toi aussi sur le cas des enfants.

▶ **3.** Dans le document 1, identifie les différentes étapes de l'opération. Rédige ensuite ta réponse en reliant chacune d'elle de manière à faire un récit.

▶ **4.** Qui prend la décision de la rafle d'après le document ? Ne recopie pas celui-ci. À partir des informations qu'il fournit, définis le type d'action,

HISTOIRE

d'une part, et de responsabilité, d'autre part, assuré par les services de l'État français.

▶ **5.** Utilise la légende pour distinguer les types de camps et leurs localisations. De quoi témoigne le passage de « camp d'internement » à « camp d'extermination » ? Que déduire de la présence d'autres camps que celui d'Auschwitz et « d'autres convois » vers ce camp, qui ne partent pas de Paris ? Utilise tes connaissances concernant la « solution finale ».

CORRIGÉ 42

▶ **1.** En juin 1940, la France a été vaincue par l'Allemagne. L'armistice a été signé et le territoire est divisé en plusieurs zones. Les deux plus grandes sont la zone occupée au nord et le long de la côte atlantique, et la zone libre au sud sous l'autorité du maréchal Pétain, installé à Vichy. L'Alsace-Lorraine est rattachée à l'Allemagne. Les départements du nord de la France sont dans une zone « interdite ».

CONSEIL
Pour être complet, n'hésite pas à remonter aux débuts de la guerre. Cite les temps forts de celle-ci, ceux qui permettent d'expliquer la situation que tu rappelles.

▶ **2.** Les personnes visées par la circulaire sont « les Juifs étrangers ». Ce sont donc toutes les personnes caractérisées par leur confession ou appartenance à la communauté juive et n'ayant pas (ou plus) la nationalité française. Aucune distinction sérieuse de sexe ou d'âge n'est faite, les enfants de moins de seize ans sont également concernés. Ils ne doivent seulement pas être séparés de leurs parents.

REMARQUE
Le document 1 ne vise que les Juifs étrangers, mais, comme le souligne la note qui l'accompagne, la rafle affecta aussi les Juifs français.

▶ **3.** Une rafle est une opération d'arrestation massive (des milliers de personnes, selon le document) et d'emprisonnement des personnes visées. Celles-ci sont interpellées à leur domicile, rassemblées, puis emmenées vers des lieux de détention (le camp de Drancy, en l'occurrence) à l'aide de véhicules utilitaires (des bus).

▶ **4.** La rafle est décidée par les Allemands. Les Français leur apportent leur aide matérielle. Ils fournissent des personnels d'intervention pour opérer les arrestations ; d'autres pour garder les interpellés au vélodrome ou dans le camp de Drancy (la gendarmerie). Ils fournissent aussi les véhicules (et leurs chauffeurs) servant au transfert des victimes vers les sites d'internement. Les

Français ne sont que des exécutants, sans lesquels, cependant, l'opération n'aurait pas pu être menée à bien.

▶ **5.** La rafle du « Vel d'Hiv » n'est qu'une étape dans la politique nazie. Elle n'est d'abord qu'une rafle parmi d'autres. La déportation des Juifs se fait pendant toute la durée de la guerre, jusqu'à la fin de celle-ci en 1945. Au début, les Juifs ont été recensés, fichés et limités dans leurs droits ; puis ils ont été enfermés dans des camps. Ils ont été progressivement exclus des sociétés nationales, puis déportés dans des camps de concentration. À partir de 1942, les nazis ont pris la décision d'une « solution finale » : l'extermination des Juifs d'Europe, leur assassinat pur et simple. Celui-ci avait commencé « par balles » sur le front de l'Est dès juin 1941 ; il s'est poursuivi par les privations, puis par le gaz dans les camps comme Auschwitz. Plus de cinq millions de Juifs ont été victimes de ce génocide auquel le régime de Vichy a collaboré.

INFO +
Pendant la guerre, on distingue les camps de prisonniers militaires où sont respectées les conventions de Genève, les camps de concentration où les conditions de vie sont très dures, et les camps d'extermination où les personnes sont assassinées.

HISTOIRE

SUJET

43

France métropolitaine • Juillet 2019

MAÎTRISER LES DIFFÉRENTS LANGAGES • 20 points

La dynamique des aires urbaines en France

▶ **1.** En vous appuyant sur un exemple étudié en classe, rédigez un développement construit d'environ vingt lignes montrant l'organisation et les dynamiques d'une aire urbaine en France. *(13 points)*

▶ **2.** Les territoires ultramarins français *(7 points)*

a) Localisez et nommez les trois océans identifiés sur le planisphère suivant (p. 26).

b) Reliez, dans le tableau ci-dessous, chaque territoire ultramarin à l'océan dans lequel ou au bord duquel il se situe.

Martinique	•	•	Océan Atlantique
Réunion	•		
Guadeloupe	•	•	Océan Indien
Polynésie française	•		
Mayotte	•	•	Océan Pacifique
Guyane	•		

c) Localisez et nommez sur le planisphère deux territoires ultramarins de votre choix.

d) Identifiez l'équateur sur le planisphère par un trait de couleur et complétez la légende.

Les territoires ultramarins français

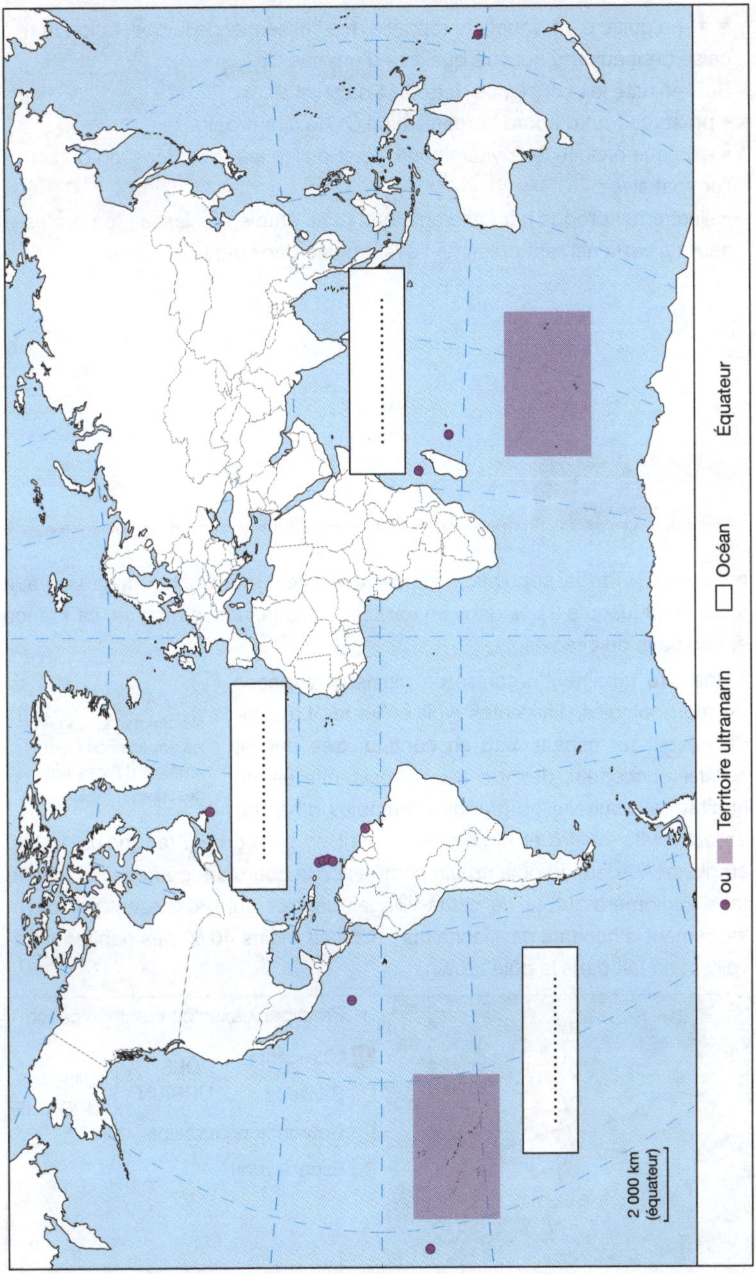

LES CLÉS DU SUJET

▶ **1.** En guise d'introduction, rappelle que l'essentiel de la population française peut aujourd'hui être qualifiée d'urbaine.

Suis ensuite les consignes détaillées du sujet :

• présente tout d'abord l'organisation d'une aire urbaine ;

• explique ensuite les dynamiques, c'est-à-dire les évolutions, en particulier spatiales ;

• illustre tes propos par l'exemple que tu as étudié en classe ; ton professeur t'a certainement présenté l'aire urbaine dans laquelle tu vis.

CORRIGÉ 43

▶ **1.** • 85 % de la population française résident aujourd'hui dans une aire urbaine, et jusqu'à 95 % dans un territoire sous influence urbaine. La France est un pays de citadins.

• Une aire urbaine s'organise en plusieurs espaces de morphologies différentes (voir schéma). La ville-centre est un espace bâti en continu, très dense, auquel succèdent des banlieues résidentielles en habitat pavillonnaire ou grands ensembles d'habitat collectif. Ville-centre et banlieues forment un pôle urbain (au moins 10 000 emplois). Au-delà du pôle urbain commence la couronne périurbaine : l'habitat s'agglomère autour de petits villages-centres qui grossissent par développement d'habitats pavillonnaires ; mais au moins 40 % des habitants travaillent en fait dans le pôle urbain.

> CONSEIL
> Ne cite pas seulement les espaces de l'aire urbaine, donnes-en une description rapide.

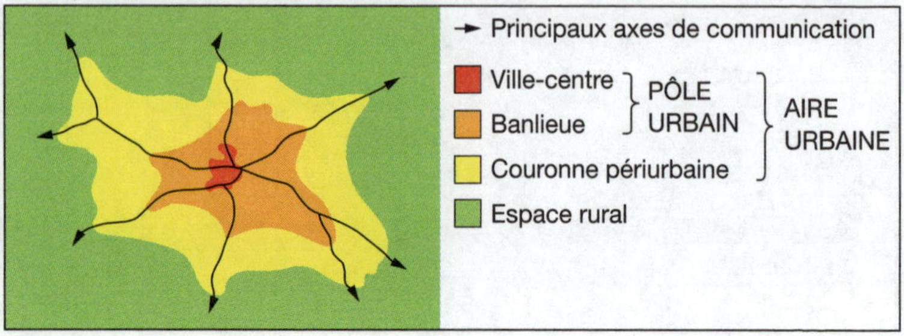

• Les dynamiques urbaines sont marquées par l'étalement : l'espace urbain et périurbain se dilate, s'étale dans l'espace et sa densité diminue. La périurbanisation gagne sur les campagnes proches, grignotant l'espace rural environnant, à la faveur du développement de l'automobile et de prix fonciers plus attractifs. La dissociation entre lieu de vie, lieu de travail, lieu de loisirs ou de consommation, a été permise par le développement de l'automobile. Elle entraîne donc l'explosion des mobilités. Les axes de communication sont alors saturés par les migrations pendulaires. Ces mobilités génèrent pertes de temps et pollution.

> GAGNE DES POINTS
> Il est recommandé de réaliser un schéma simple d'une aire urbaine. Essaie d'y indiquer des toponymes locaux.

• Ce mode de vie périurbain, fortement consommateur d'espace et d'énergie, est-il cependant, aujourd'hui, le mieux adapté aux nouvelles problématiques de développement durable ?

> GAGNE DES POINTS
> Une phrase de conclusion sur la durabilité de ces dynamiques urbaines est bienvenue.

▶ 2. a), c) et d)

Voir le planisphère complété page suivante. Tous les territoires ultramarins y sont indiqués. Cependant, le jour de l'épreuve, contente-toi d'abord des deux demandés, pour consacrer le maximum de temps au développement construit. S'il te reste du temps à la fin, et que tu es sûr de toi, tu peux en indiquer d'autres.

b)

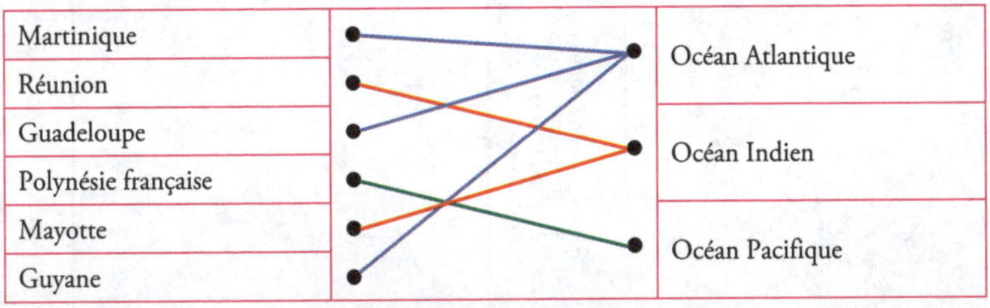

Les territoires ultramarins français

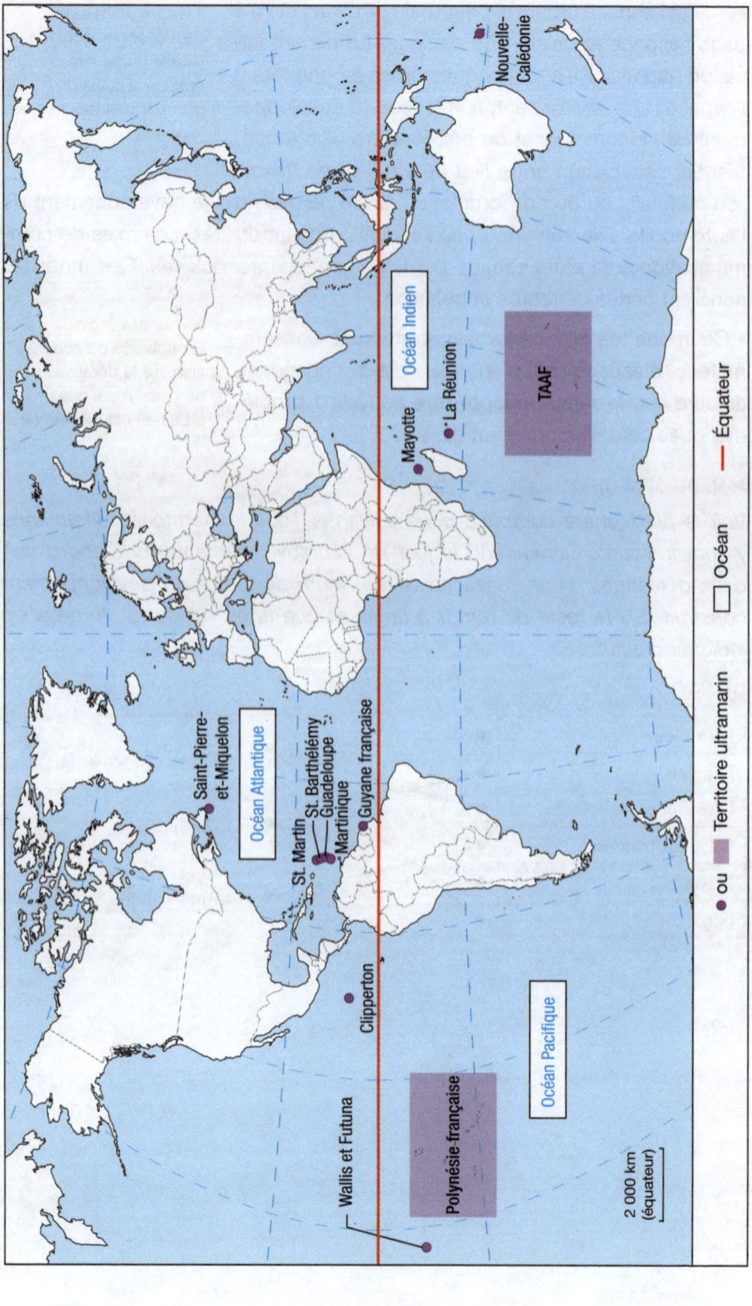

SUJET 44

France métropolitaine • Juillet 2019

ENSEIGNEMENT MORAL ET CIVIQUE • 10 points

L'engagement des citoyens dans la vie de leur commune

DOCUMENT **Dépliant de présentation des budgets participatifs de la ville de Floirac**

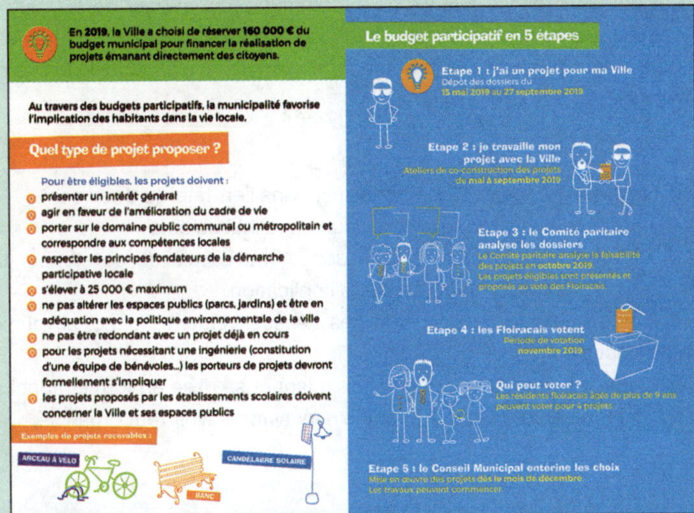

www.ville-floirac33.fr/la-democratie-participative.

▶ **1.** Identifiez la source et les destinataires de ce dépliant.

▶ **2.** Qui peut proposer des projets ? Qui peut voter ?

▶ **3.** Expliquez quel est l'objectif recherché par la ville de Floirac.

▶ **4.** Citez deux autres formes d'engagement des citoyens dans la vie démocratique.

EMC

▶ **5.** Vous allez à la rencontre des habitants de votre quartier pour qu'ils s'engagent dans la vie de la commune. Rédigez un texte pour les convaincre.

LES CLÉS DU SUJET

■ Comprendre le document

Il n'y a qu'un seul document, mais il est complexe. Il s'agit d'un dépliant diffusé par la ville de Floirac (département de la Gironde) en 2019, qui présente aux habitants les budgets participatifs de la commune.

Cette commune a en effet décidé de faire vivre la démocratie locale en associant les citoyens à la vie de la commune : un budget de 160 000 € est alloué à la réalisation de projets déposés par les citoyens eux-mêmes. Ce document illustre donc la démocratie participative à l'échelle locale et l'engagement des citoyens.

■ Répondre aux questions

▶ **2.** Qui peut proposer ? La réponse est dans l'en-tête du document. Qui peut voter ? Une rubrique du document s'intitule ainsi.

▶ **3.** L'objectif est indiqué dans le document. Essaie de développer ta réponse en montrant l'intérêt de cette implication.

▶ **4.** Cette question ne concerne pas nécessairement Floirac, ni même l'échelle locale.

▶ **5.** Imagine la structure de ton texte (plan) et sa mise en forme (appel à l'engagement) au brouillon. Ne rédige rien avant d'avoir tout organisé.

CORRIGÉ 44

▶ **1.** Le document est publié par la ville de Floirac, en Gironde (33), sur le site Web de la commune. Le Conseil municipal s'adresse ainsi aux citoyens habitant Floirac.

▶ **2.** Le dépliant précise que les projets émanent « directement des citoyens ». La décision de réaliser ou non les projets présentés dépend d'une « votation » à laquelle peuvent participer tous les « résidents floiracais âgés de plus de 9 ans ». Il s'agit donc

> GAGNE DES POINTS
> Développe ta réponse en montrant les spécificités du groupe de votants.

d'un corps de votants restreint aux résidents de la commune, mais plus large que celui des seuls citoyens (âgés de plus de 18 ans).

▶ **3.** L'objectif de la ville de Floirac est de promouvoir la démocratie locale en faisant vivre ses aspects participatifs. Elle souhaite favoriser « l'implication des habitants dans la vie locale ». Cette implication est aujourd'hui une condition nécessaire (mais pas toujours suffisante) pour faire avancer les projets locaux. En effet, la société civile française est particulièrement dynamique, et parfois même contestataire. L'implication des citoyens dans les processus de décision est un moyen de désamorcer une partie des contestations et de faire vivre les valeurs démocratiques.

▶ **4.** Outre cet exemple des budgets participatifs, les citoyens français peuvent s'engager dans la vie démocratique, à l'échelle locale ou à d'autres échelles. L'engagement dans un parti politique, par exemple, est un moyen de faire vivre ses idées. L'engagement dans un syndicat participe à la démocratie sociale.

▶ **5.** Mes chers concitoyens,

Notre commune, c'est notre premier cadre de vie, celui de notre quotidien. En s'engageant dans la vie de la commune, chacun d'entre nous peut, par sa connaissance du terrain, par ses compétences propres, participer à en faire un lieu de vie plus agréable pour tous ses habitants.

S'engager dans la vie de la commune, c'est aussi faire fonctionner une démocratie locale. Naturellement, vos élus locaux – maire et conseillers municipaux – sont à votre service : c'est la démocratie représentative. Mais la démocratie locale s'exerce à une échelle qui permet aux citoyens de s'engager dans la recherche de l'intérêt général. Si chacun fait entendre sa voix, alors les projets de la ville seront les projets de chacun !

L'engagement se fait au service de tous. Il fait vivre nos valeurs de fraternité et de solidarité. Alors engagez-vous ! Venez participer aux débats citoyens ! Venez proposer des projets pour notre vie de demain !

> **GAGNE DES POINTS**
> Respecte la forme demandée : un appel à l'engagement des habitants de ton quartier.

SUJET

45

Centres étrangers • Juin 2017

MAÎTRISER LES DIFFÉRENTS LANGAGES • 20 points

Les violences de guerre

▶ **1.** Rédigez un développement construit d'environ vingt lignes décrivant les violences subies par les combattants et les civils au cours de la Première Guerre mondiale. Vous pouvez vous appuyer sur les exemples vus en classe.

▶ **2.** Complétez la frise chronologique et le tableau :
– nommez la période représentée en grisé sur la frise ;
– indiquez l'année de chaque événement dans le tableau ;
– reportez précisément sur la frise les numéros des événements du tableau.

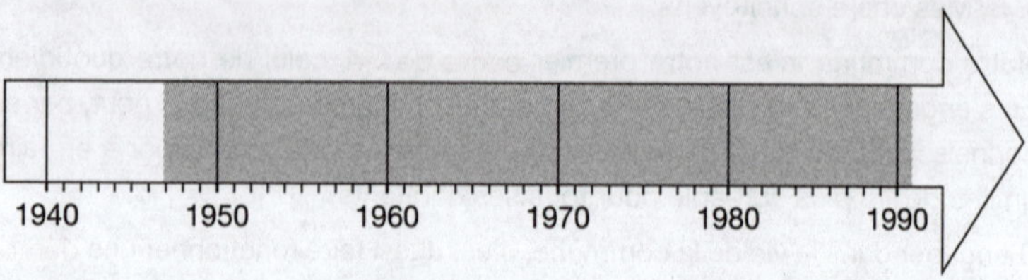

1

ph © Keystone-France

Indépendance de l'Algérie

Année : …………

2

Coll. Dixmier/KHARBINE-TAPABOR

Création de l'ONU

Année : …………

❸

© Europa Grafica-Commission européenne/DR

Traité de Rome

Année : ....

❹

ph © Stinger/Reuters

Chute du mur de Berlin

Année : ....

LES CLÉS DU SUJET

▶ **1.** Pour introduire ton développement, rappelle les dates de la guerre et son caractère principal. Lis attentivement l'énoncé : il t'oriente vers une réponse en deux parties.
Recense les exemples vus en cours et classe-les par catégories.
Dans ta conclusion, énonce un autre caractère important de la guerre et mentionne l'espoir pacifiste des survivants : que signifie l'expression « Der des der » ?

CORRIGÉ 45

▶ **1.** De 1914 à 1918, une guerre mondiale ravage l'Europe. C'est une guerre totale. Elle touche non seulement les militaires, mais aussi les civils. Tous subissent de terribles violences.

• Lors des combats, les militaires sont exposés à l'utilisation d'armes puissantes qui font d'importants dégâts : mines, grenades et obus déchiquettent les corps. Les « gueules cassées » et les invalides témoignent de ces violences physiques. Les

> **Info +**
> Les « gueules cassées » sont des soldats défigurés par les projectiles qui les ont atteints.

préparations d'artillerie avant les assauts assourdissent les hommes et leur déchirent les tympans. Les gaz asphyxient les combattants, leur brûlent les yeux et les tuent en leur infligeant de terribles souffrances.

Dans les tranchées, la violence est aussi psychologique. La peur est permanente. L'exposition aux intempéries (pluies, gel, chaleur) et la dureté de la vie démoralisent.

• Les civils sont parfois pris pour cible dans le cadre des bombardements. Des villes sont transformées en champs de ruines. Les populations vivent dans la peur d'être ensevelies dans leurs abris. Eux-mêmes effrayés par les violences qu'ils subissent, des soldats ennemis agressent les populations désarmées.

> **Info +**
> Des villages comme Regniéville ont été si détruits qu'ils n'ont pas été reconstruits après la guerre.

Dans le cadre d'opérations de représailles, ils brutalisent des otages. Ils s'en prennent parfois aux femmes. Des viols ont lieu. Les réquisitions sont aussi l'occasion de mauvais traitements infligés aux personnes qui résistent.

Contre toutes ces violences, les hommes se sont parfois insurgés (mutineries de 1917, grèves à l'arrière). L'épreuve fut telle que les survivants jurèrent que la guerre qu'ils venaient de vivre serait la dernière, que « plus jamais » les populations ne devraient être soumises à pareil calvaire. Totale, la Grande Guerre fut aussi une guerre brutale.

▶ **2.**

❶ Indépendance de l'Algérie : 1962.

❷ Création de l'ONU : 1945.

❸ Traité de Rome : 1957.

❹ Chute du mur de Berlin : 1989.

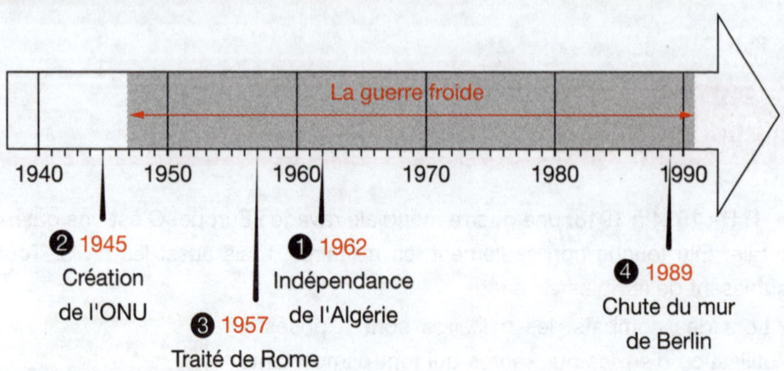

SUJET

46

France métropolitaine • Septembre 2018

MAÎTRISER LES DIFFÉRENTS LANGAGES • 20 points

La construction de l'Europe et ses enjeux

▶ **1.** Rédigez un développement construit d'environ vingt lignes racontant les étapes et présentant les enjeux de la construction européenne. (*13 points*)

▶ **2. a)** En suivant l'exemple proposé (Communisme soviétique, Joseph Staline), associez chaque expression suivante à un personnage dans le tableau. (*5 points*)

- Front Populaire
- Régime de Vichy
- Allemagne nazie
- Ve République
- Loi sur l'IVG (interruption volontaire de grossesse)

b) Reportez son numéro à sa place sur la frise chronologique. (*1 point*)

c) Nommez et datez un événement auquel il participe. (*1 point*)

Léon Blum

ph© S2 Photo/ Bridgeman Images

① ....

Joseph Staline

ph© Sovfoto/UIG/ Leemage

② Communisme soviétique

Charles de Gaulle

ph© Austrian Archives/ Imagno/Akg-Images

③ ....

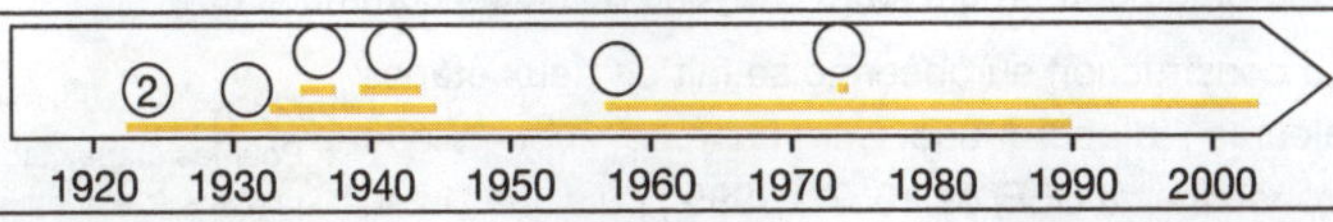

④ ....

ph© Everett Collection/ Bridgeman Images

Philippe Pétain

⑤ ....

ph© Philippe Ledru/ Akg-Images

Simone Veil

⑥ ....

ph© Akg-Images

Adolf Hitler

HISTOIRE

LES CLÉS DU SUJET

▶ **1.** L'énoncé du sujet impose de traiter deux aspects de la construction européenne : les étapes d'une part, les enjeux d'autre part. Tu peux suivre cet ordre suggéré, mais il est plus judicieux de commencer par traiter les enjeux, car ils fixent les buts à atteindre par le projet européen.

Tu peux construire ton développement de la façon suivante :

• Pour l'introduire, rappelle quel est l'état de l'Europe au lendemain de la Seconde Guerre mondiale et quel est le défi posé par la guerre froide.

• Les enjeux : distingue bien les enjeux économiques de ceux plus politiques liés aux idéologies de l'époque (communisme contre capitalisme).

• Les étapes : mets en évidence la distinction entre CEE et UE. Distingue aussi les évolutions des institutions et l'élargissement communautaire.

• Conclus en proposant un bilan de l'Europe par rapport aux objectifs fixés.

CORRIGÉ 46

▶ **1.** En 1945, l'Europe sort en ruine de la guerre mondiale. Dans un contexte de guerre froide naissante, elle est aussi divisée. Six pays de l'Ouest décident d'unir leurs forces. Comment y parviennent-ils ?

• Les premiers enjeux des Européens sont la reconstruction d'une part, la reconquête de la première place économique mondiale d'autre part. Ils veulent aussi favoriser la réconciliation entre leurs peuples et l'établissement d'une paix durable. Mais le principal objectif de la communauté des six est de se protéger de l'URSS par laquelle ils se sentent menacés. Soutenus par les États-Unis et leur plan Marshall, ils pensent que le retour rapide à la prospérité économique détournera leurs citoyens de l'idéal communiste.

• La construction européenne se fait en deux étapes majeures : d'abord une Communauté économique européenne (la CEE) de 1957 à 1995 ; puis une Union européenne (UE) de 1995 à nos jours.

> CONSEIL
> Pour les étapes, sois précis sur les dates.

• Testée dans le cadre de la Communauté économique du Charbon et de l'Acier (1951), la CEE est fondée par le traité de Rome (1957). L'exécutif s'installe à Bruxelles, la Cour de justice à Luxembourg ; en 1979 naît le Parlement européen qui s'établit à Strasbourg. L'élargissement est progressif : de six en 1957, la CEE passe à neuf (1973), dix (1981) puis douze (1986).

> CONSEIL
> Le sujet renvoie à l'usage de nombreux sigles (CECA, CEE, UE) ; n'hésite pas à les utiliser, mais donnes-en la traduction au premier emploi que tu en fais.

• Par le traité de Maastricht (1992), la communauté renforce ses liens et passe à quinze États (1995). Elle se dote d'une Constitution (traité de Lisbonne, 2007) et d'une monnaie (l'euro, 2002). La Banque européenne installe son siège à Francfort. L'Europe continue de s'élargir. Dix pays (d'Europe de l'Est et de la Méditerranée) la rejoignent en 2004. Aujourd'hui, l'UE compte vingt-huit États, mais la crise qu'elle traverse depuis 2008 la fragilise. Pour la première fois, un pays (le Royaume-Uni) décide de la quitter (Brexit, 2019).

Pour ses cinquante ans (2007), l'Europe pouvait se flatter d'un bon bilan : elle avait atteint les objectifs qu'elle s'était fixés en 1957. Mais le contexte a changé, les difficultés s'accumulent et elle doit faire face, désormais, à de nombreuses critiques.

▶ **2. a)** et **b)**

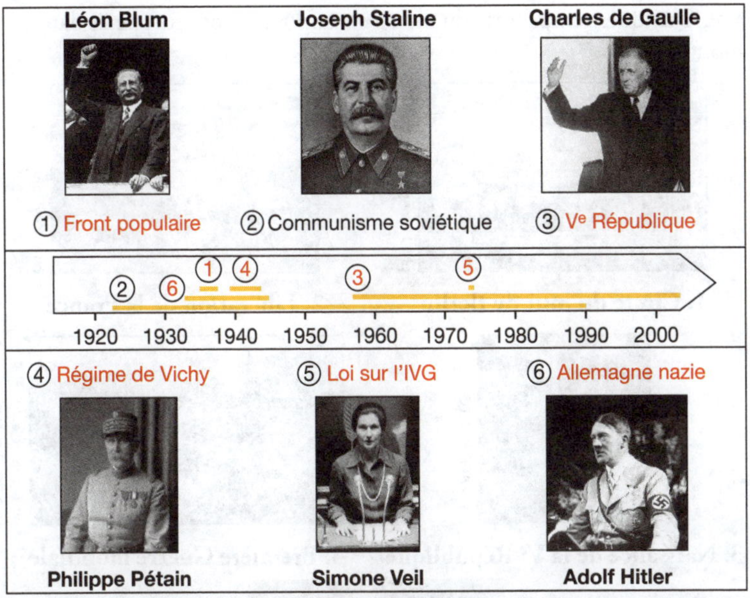

c) • Léon Blum, les accords de Matignon, 7-8 juin 1936

• Joseph Staline, le blocus de Berlin, juin 1948-mai 1949

• Charles de Gaulle, l'Appel du 18 juin, 18 juin 1940

• Philippe Pétain, l'armistice du 22 juin 1940 (ou Bataille de Verdun, 1916)

• Simone Veil, première présidente du Parlement européen, 1979 (ou loi sur l'IVG, janvier 1975)

• Adolf Hitler, chancelier du Reich, 30 janvier 1933

SUJET

47

France métropolitaine • Juin 2017

MAÎTRISER LES DIFFÉRENTS LANGAGES • 20 points

La décolonisation : l'exemple de l'Algérie

▶ **1.** Rédigez un développement construit d'environ vingt lignes expliquant comment une colonie est devenue indépendante. Vous vous appuierez sur l'exemple étudié en classe. *(14 points)*

▶ **2.** Quelques temps forts du XXe siècle en France, en Europe et dans le monde :

ph © Stringer/Reuters

1. Chute du mur de Berlin

ph © Keystone-France

2. Libération de la France

ph © AFP PHOTO

3. Naissance de la Ve République

ph © Tallandier/Rue des Archives

4. Première Guerre mondiale

ph © AKg-Images

5. Arrivée d'Hitler au pouvoir

a) Situez les événements sur la frise chronologique suivante, en reportant le numéro correspondant dans la case. *(2,5 points)*

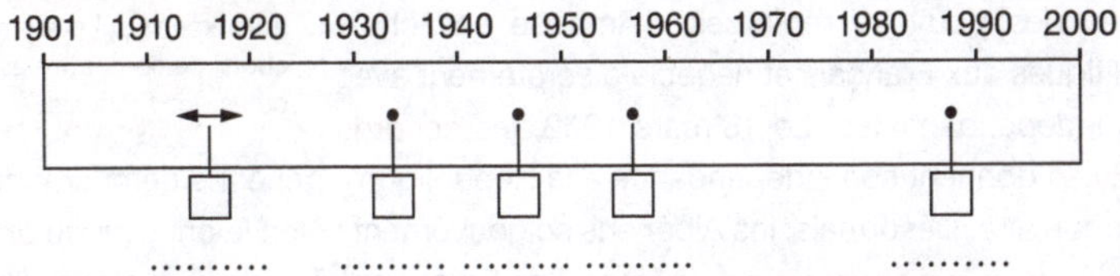

b) Sur les pointillés, vous indiquerez la date de deux événements de votre choix. *(2 points)*

c) À partir de la frise chronologique, trouvez l'événement en lien avec la guerre froide et justifiez votre choix en quelques mots. *(1,5 point)*

LES CLÉS DU SUJET

▶ **1.** Commence par rappeler en introduction le contexte de l'après Seconde Guerre mondiale pour les empires coloniaux.

• Dans un premier paragraphe, situe dans le temps et l'espace ton exemple, évoque les principaux événements, les moyens utilisés par les indépendantistes et les réponses données par la métropole.

• Dans un second paragraphe, explique comment se déroule l'accession à l'indépendance.

• Termine ton récit par une conclusion sur les conditions de la décolonisation en général.

CORRIGÉ 47

▶ **1.** Au lendemain de la Seconde Guerre mondiale, les empires coloniaux sont affaiblis. Les peuples veulent leur indépendance. Comment y parviennent-t-ils ?

> **Attention !**
> Le corrigé est établi sur un exemple. Il sert de modèle. Si tu as étudié un autre pays, l'organisation du développement peut rester la même.

• En 1954, les partisans de l'Algérie indépendante (le FLN) décident de passer à la lutte armée. Les indépendantistes tendent des embuscades, commettent des attentats (Toussaint rouge). La France envoie son armée ; elle traque les « rebelles » qui sont parfois torturés et exécutés. Les dirigeants cherchent des solutions. La division des Français sur le sujet provoque une crise politique en 1958.

• Le général de Gaulle propose ses services. Appelé à former un gouvernement, il change la Constitution. Avec des pouvoirs renforcés, il impose ses choix politiques aux Français et négocie discrètement avec les indépendantistes. Le 18 mars 1962, les accords d'Évian donnent son indépendance à la République algérienne démocratique et populaire. Désormais, les Algériens se gouvernent selon le principe du droit des peuples à disposer d'eux-mêmes. Les Français d'Algérie et quelques harkis quittent le territoire dans la précipitation.

Info +
Les harkis sont des musulmans qui avaient choisi de combattre aux côtés des Français.

• L'exemple algérien montre que l'indépendance des colonies a été difficile à obtenir. Manifestations et violences ont fait de nombreuses victimes dans tous les camps.

Conseil
Même si l'exemple choisi est moins violent que le cas algérien, montre que les difficultés ont toujours provoqué des heurts.

▶ **2. a) et b)**

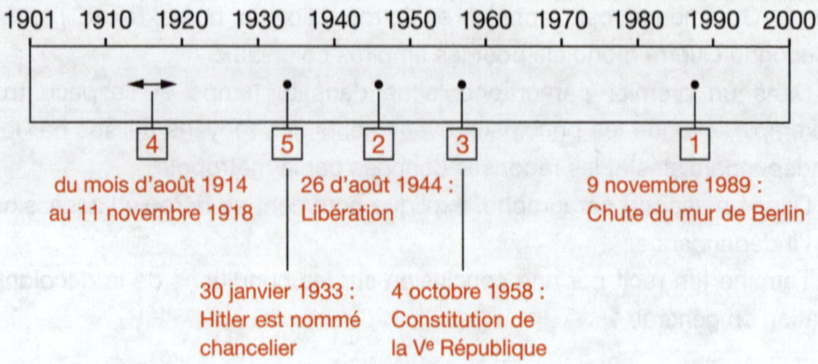

c) L'événement en lien avec la guerre froide est la chute du mur de Berlin. Ce mur fut érigé (1961) pour séparer les deux Allemagne et les deux blocs, celui de l'est (communiste) et celui de l'ouest (capitaliste). Sa chute symbolise la fin de la guerre froide.

SUJET

48

Centres étrangers • Juin 2019

MAÎTRISER LES DIFFÉRENTS LANGAGES • 20 points

La guerre froide, une division du monde en deux blocs

▶ **1.** Sous la forme d'un développement construit d'une vingtaine de lignes et en vous appuyant sur des connaissances précises, montrez que la guerre froide divise le monde en deux blocs qui s'opposent et s'affrontent. *(14 points)*

▶ **2. a)** Sur le modèle du repère 1, complétez les deux cases vides avec les deux repères proposés ci-dessous et les années qui leur correspondent. Reliez chaque case au bon endroit sur la frise.

– Traité de Rome

– Chute du mur de Berlin

b) Placez précisément sur la frise la période de la guerre froide et indiquez ses années de début et de fin.

c) Lequel de ces trois repères (question **a**) est le plus directement lié à la guerre froide ? Justifiez votre réponse. *(6 points)*

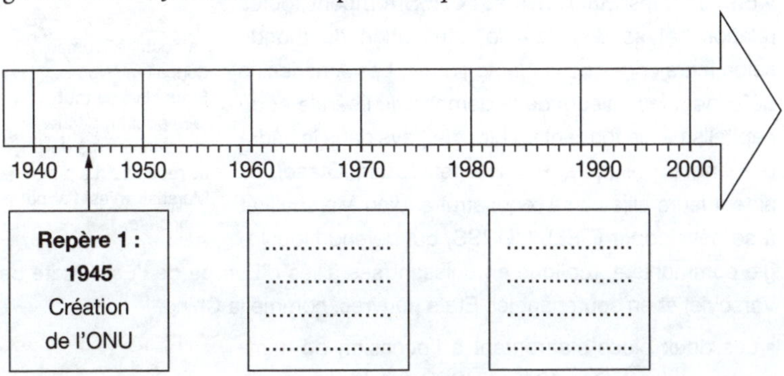

HISTOIRE

LES CLÉS DU SUJET

▶ **1.** • En introduction, commence par rappeler quelles puissances s'opposent durant la guerre froide et quelles sont les dates de ce conflit.

• Dans un premier paragraphe, définis les deux camps en précisant les raisons qui les opposent.

• Dans un second paragraphe, présente des exemples d'affrontements entre les deux blocs.

• En conclusion, propose une définition de la guerre froide qui mette en évidence l'idée de bipolarisation.

CORRIGÉ 48

▶ **1.** • Au lendemain de la Seconde Guerre mondiale, les vainqueurs américains et soviétiques se retrouvent face à face. Ils n'ont pas les mêmes intérêts ni les mêmes buts. Une guerre froide les oppose de 1947 à 1991. Cette guerre divise le monde en deux blocs qui s'affrontent.

• En 1947, les États-Unis et l'URSS rompent toutes relations et se disputent la domination du monde selon leurs convictions idéologiques. Les Américains défendent les valeurs de la démocratie libérale et du capitalisme. Ils forment un bloc de pays dans le cadre d'alliances politiques et militaires (Otan, Otase). Ils aident leurs alliés à se reconstruire (plan Marshall) et à se développer (CEE). L'URSS, qui défend l'idéologie communiste, réplique en unissant ses alliés d'Europe de l'Est (Pacte de Varsovie) et en soutenant les États pauvres, comme la Chine.

> INFO +
> La doctrine Truman donnait mission aux États-Unis de tout faire pour empêcher le communisme de se répandre. Le plan Marshall en est l'arme financière.

• Les deux blocs s'affrontent à l'occasion de nombreuses crises. Dès 1948, l'URSS fait le blocus de Berlin-Ouest que les Américains ravitaillent grâce à un pont aérien. En Corée (1950), les deux adversaires sont tout près de s'affronter dans une guerre directe. En 1962, le déploiement, à Cuba, de missiles russes capables d'atteindre le sol des États-Unis conduit le président américain John Kennedy à faire le blocus de l'île ; il menace l'URSS d'une guerre nucléaire. La

> CONSEIL
> Appuie-toi sur la crise que tu as étudiée en classe, mais cite aussi d'autres exemples d'affrontements.

guerre est évitée, mais d'autres conflits (au Vietnam dans les années 1960, au Proche-Orient, en Afghanistan dans les années 1980) ou crises (Euromissiles, « guerre des étoiles » dans les années 1980) entretiennent la rivalité. L'effondrement de l'URSS (1991) y met un terme.

• Entre 1947 et 1991, la guerre froide a divisé le monde en deux blocs (ou pôles) idéologiques qui s'affrontèrent par personnes interposées pour mieux le contrôler.

▶ **2. a) et b)**

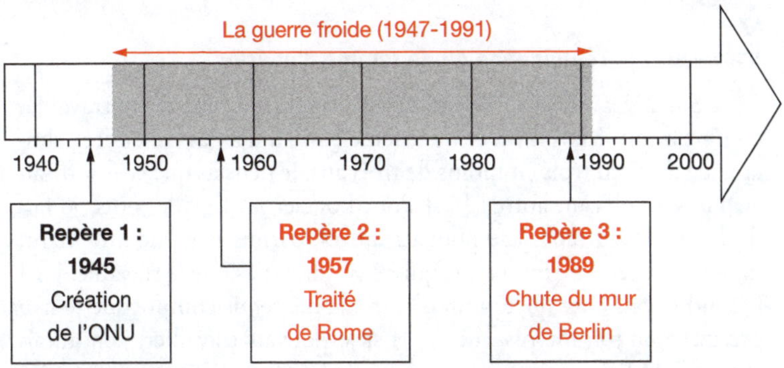

c) Le repère qui est le plus directement lié à la guerre froide est la chute du mur de Berlin en 1989. Le démantèlement du Mur et la réunification de l'Allemagne qui suit en 1990 révèlent la faiblesse de l'URSS et son incapacité à poursuivre l'affrontement face aux États-Unis avant son effondrement puis sa disparition comme leader du bloc communiste en 1991.

SUJET 49

Polynésie française • Juin 2017

ANALYSER DES DOCUMENTS • 20 points

La place des femmes dans la société (1960-1980)

DOCUMENT 1 **Témoignage d'une femme d'ouvrier**

« S'il n'y avait pas les enfants, j'aurais recommencé à travailler comme avant. Mais il y a ce quatrième ; ah ; il n'a pas été désiré celui-là ; j'en avais eu trois en moins de trois ans, je pensais que cela suffisait et puis en voilà un autre ! […] Pour boucler les fins de mois, je fais du lavage et du repassage pour les autres, parfois je garde un enfant, mais en cachette de mon mari qui ne voudrait pas que je travaille. […] Quand je vais chez quelqu'un d'autre, je me rends compte que je n'ai presque rien ; je me dis que […]) si je pouvais travailler, j'en aurais autant […] J'aimerais avoir une journée à moi, entièrement libre. »

Interview, début des années 1960, Paris, citée par Christine Bard, *Les Femmes dans la société française au XXe siècle,* Armand Colin, 2003.

DOCUMENT 2 **Loi Veil : une loi pour légaliser l'avortement**

Art. L. 162.1. La femme enceinte que son état place dans une situation de détresse peut demander à un médecin l'interruption de sa grossesse. Cette interruption ne peut être pratiquée qu'avant la fin de la dixième semaine de grossesse. (*Délai porté à 12 semaines en 2001*)

Art. L. 162.7. Si la femme est mineure célibataire, le consentement de l'une des personnes qui exerce l'autorité parentale est requis.

Art. L. 162.8. Un médecin n'est jamais tenu de donner suite à une demande d'interruption de grossesse ni de pratiquer celle-ci, mais il doit informer l'intéressée de son refus.

D'après la loi Veil du 17 janvier 1975.

DOCUMENT 3 Des inégalités qui subsistent

« La situation de la femme dans notre société reste marquée par la dépendance, l'inégalité et le non-respect du droit de la personne [...] Les femmes sont majoritaires parmi les smicards[1], les chômeurs, les allocataires du minimum vieillesse. »

Discours de François Mitterrand pour la journée de la femme (8 mars 1982) devant 400 ouvrières, employées, mères de famille invitées à l'Élysée.

1. Travailleurs payés au salaire minimum.

▶ **1.** Document 1 : quels sont les souhaits de cette femme d'ouvrier ? Deux réponses sont attendues. *(4 points)*

▶ **2.** Qu'est ce qui l'empêche de les réaliser ? Deux réponses sont attendues. *(4 points)*

▶ **3.** Document 2 : que permet la loi Veil ? *(2 points)*

▶ **4.** Quelles sont les limites prévues par la loi ? Deux réponses sont attendues. *(4 points)*

▶ **5.** Après avoir analysé tous les documents, précisez comment la place des femmes dans la société a évolué entre 1960 et 1980. *(6 points)*

HISTOIRE

LES CLÉS DU SUJET

Comprendre les documents

Nous sommes en présence de trois documents de natures très différentes couvrant la période allant de 1960 (doc. 1) à 1982 (doc. 3). Le deuxième (1975) est un **texte officiel** ; c'est une loi. Il définit un droit accordé aux femmes. Les deux autres exposent des **points de vue** : celui d'une ouvrière qui évoque les difficultés de sa vie quotidienne en tant que femme et mère ; celui du président de la République élu un an auparavant (1981), qui dénonce la condition des femmes. Ces trois documents permettent d'évaluer certains progrès dans la vie des Françaises et surtout leurs limites.

Répondre aux questions

▶ **1.** Que découvre cette femme d'ouvrier chez les autres ? Qu'est-ce qui lui permettrait d'être libre ?

▶ **2.** Pourquoi se plaint-elle d'avoir un quatrième enfant ? Que lui manque-t-il pour accéder à ce dont elle rêve ? Que signifie « boucler les fins de mois » ?

▶ **3.** Qu'est-ce qu'une IVG, interruption volontaire de grossesse ?

▶ **4.** Les deux principales limites sont données dès le premier article. D'autres conditions sont énoncées dans les suivants. Cherche le sens du mot « consentement ». Qu'est-ce que « l'autorité parentale » ? Quel est le droit du médecin ?

▶ **5.** Document par document, recense ce qui est impossible ou limité pour les femmes d'un côté, ce qui leur est permis de l'autre. Compare les dates. Aide-toi de ce que tu sais de la situation des femmes aujourd'hui. Utilise le troisième document pour évaluer les limites des changements.

CORRIGÉ 49

▶ **1.** Cette femme d'ouvrier souhaite avoir plus d'argent pour s'offrir des biens qu'elle voit chez les autres. Elle souhaite aussi avoir plus de temps libre.

▶ **2.** Elle ne peut réaliser ses souhaits parce qu'elle doit s'occuper de ses enfants qui lui prennent tout son temps, et parce qu'elle n'a pas l'autorisation de son mari pour travailler. Elle n'a donc pas de travail régulier qui lui fournirait des revenus suffisants. Le peu qu'elle gagne complète le salaire de son mari et sert à payer l'indispensable.

▶ **3.** La loi Veil permet aux femmes de mettre fin à une grossesse, de ne pas avoir un enfant qu'elles ne désirent pas.

▶ **4.** La loi limite l'accès à l'interruption de la grossesse : la femme doit être en « situation de détresse » (physique, sociale ou financière) ; l'intervention doit avoir lieu « avant la dixième semaine de grossesse ». Si la femme est mineure, l'accord des parents est nécessaire. L'accord du médecin est aussi obligatoire pour procéder à l'opération.

> **Info +**
> En 2001, le délai autorisant une IVG a été porté à 12 semaines au lieu de 10, soit trois mois.

▶ **5.** Depuis les années 1960, la place des femmes en France s'est améliorée : elles peuvent travailler sans demander l'autorisation de leur mari (situation évoquée dans le doc. 1). Après la loi Neuwirth (1967) qui autorise la contraception, elles peuvent avoir le nombre d'enfants qu'elles souhaitent. En cas de grossesse non désirée, elles peuvent demander son interruption volontaire (doc. 2). Sur le plan juridique, les époux deviennent égaux devant la loi : les femmes cessent d'être dépendantes de leur mari. Mais, en 1980, la condition des femmes reste difficile. Elles sont souvent en situation de précarité (bas salaires, chômage). L'égalité avec les hommes est loin d'être acquise (doc. 3).

> **Info +**
> En 2014, la condition de « situation de détresse » a été supprimée de la loi sur l'IVG.

Pondichéry • Mai 2017

ANALYSER UN DOCUMENT • 20 points

Les revendications des jeunes dans les années 1960

DOCUMENT **Les nouvelles aspirations de la jeunesse**

Ce que n'est pas une vie normale.

Avoir 20 ans et vivre en potache[1].

Ne pas pouvoir recevoir son père ou son frère dans sa chambre mais dans un foyer totalement impersonnel.

Demander l'autorisation pour danser dans un foyer qui nous est réservé.

Vivre dans une ambiance malsaine parce que la société qui veille sur nous a peur des « abus » de la jeunesse.

Enregistrer bêtement et passivement la culture imposée.

Mener une vie misérable dans tous les sens du terme, faire un travail au noir pour payer ses études ou sa piaule[2].

Abandonner ses études après trois ans en cité[3] parce qu'on est incapable de les payer.

Ce qu'est une vie normale.

Vivre libre et être responsable.

Être respecté au même titre que n'importe quel citoyen.

Avoir les mêmes droits et les mêmes responsabilités, que l'on soit un garçon ou une fille.

Faire de la cité[3] un lieu d'animation culturelle et de création artistique qui soit le fait des étudiants.

Pouvoir arriver au terme de ses études sans être aidé financièrement par papa.

Pouvoir discuter sur un pied d'égalité avec l'administration et ne pas recevoir de bonbons pour nous faire plaisir.

Si vous contestez ou si vous approuvez la politique menée, manifestez-vous, exprimez-vous.
Réunion d'information [...]
Au foyer F jeudi 8 février [1967] à 20 h 30.

Tract de l'Association des résidents de la cité universitaire de Nanterre (ARCUN) rapporté par Emmanuelle Loyer, *Mai 68 dans le texte*, Bruxelles, Complexe, coll. « De source sûre », 2008.

1. Potache : collégien, lycéen (familier).
2. Piaule : chambre (familier).
3. Cité universitaire : résidence où sont logés des étudiants.

▶ **1.** Pourquoi peut-on dire que la jeunesse étudiante est confrontée à des difficultés financières selon les auteurs de ce texte ? *(6 points)*

▶ **2.** Relevez dans le document deux éléments qui montrent que les jeunes aspirent à plus de liberté et deux éléments qui montrent qu'ils aspirent à plus d'égalité. *(6 points)*

▶ **3.** Relevez la phrase du texte qui incite les jeunes à s'engager dans la vie politique. *(4 points)*

▶ **4.** À l'aide de vos connaissances, indiquez deux exemples d'évolution qui ont répondu aux aspirations de la jeunesse depuis les années 1960. *(4 points)*

LES CLÉS DU SUJET

Comprendre le document

Le document est le texte d'un **tract**. Ce support a vocation à diffuser une information, une **opinion** et à proposer une action. Dans les deux dernières lignes, le tract invite le lecteur à venir à une réunion d'information. Il date de février 1967, soit un an avant la crise étudiante de 1968. Comme l'indique la première ligne, « Avoir 20 ans et vivre en potache », le texte s'adresse à des jeunes. Il traduit les **revendications de la jeunesse** dans les années 1960.

Répondre aux questions

▶ **1.** D'après le texte, pourquoi un jeune abandonnerait-il ses études ?
▶ **2.** Pense à ce qui est interdit aux jeunes de l'époque. Que cherchent-ils en termes de droits ? Les garçons et les filles sont-ils traités à l'identique ?
▶ **3.** Ne te contente pas de citer la phrase. Justifie ton choix.

CORRIGÉ 50

Info +
Un emploi « au noir » est un travail non déclaré à l'administration.

▶ **1.** Selon les auteurs de ce texte, les jeunes sont confrontés à des difficultés financières : ils ne peuvent pas payer leurs études ou le loyer de leur chambre. Ils sont obligés de trouver un emploi « au noir » ou de se faire aider par leurs parents.

▶ **2.** Les étudiants veulent être libres de recevoir leurs proches dans leur chambre, de pratiquer des activités de loisir (danser, par exemple) ou de création artistique. Ils veulent l'égalité entre garçons et filles (les mêmes droits) et être à égalité avec l'administration quand ils échangent avec elle.

▶ **3.** La phrase qui incite les jeunes à s'engager dans la vie politique est la suivante : « si vous contestez ou si vous approuvez la politique menée, manifestez-vous, exprimez-vous ». Les auteurs du texte invitent ainsi les lecteurs à revendiquer et à expliquer les réformes qu'ils souhaitent.

Conseil
Ne te contente pas de citer une réforme : date-la.

▶ **4.** Parmi les réformes qui ont répondu aux revendications de la jeunesse, il y a, par exemple :

– l'abaissement de la majorité électorale de 21 à 18 ans (1974) ;

– la création du collège unique (égalité des élèves) par la loi Haby (1975) ;

– la généralisation de la mixité dans les écoles ou le développement des Maisons de la jeunesse et de la culture (MJC) dans les années 1960 ;

– la loi Neuwirth autorisant l'usage des contraceptifs (1967) ;

– la création des délégués de classe dans les écoles (1969) ;

– ou encore la mise en place des bourses d'étude et des allocations d'aide au logement pour les étudiants.

SUJET

51

Centres étrangers • Juin 2019

ANALYSER DES DOCUMENTS • 20 points

Les évolutions des espaces de faible densité

DOCUMENT 1 De nouveaux enjeux pour le Cantal

Le Cantal, un territoire sans demandeur d'emploi ? Avec un taux de chômage de 6,3 % au troisième trimestre 2016, le département affiche le taux le plus faible de France devant la Lozère [...]

Ces bons chiffres devraient ravir les acteurs économiques. Mais la réalité est plus contrastée. Car le département, dont la préfecture est l'une des rares à ne pas être reliée à l'autoroute, est sujet au déclin démographique – il a perdu 9 % de ses habitants entre 1982 et 2010 – et à un vieillissement de sa population.

Si certains secteurs d'activité, comme le transport ou le bâtiment, peinent à recruter, les services publics, eux, sont en décroissance, nuance Éric Debuire, secrétaire général départemental de la CGT, installé dans le Cantal depuis 2000. « Le département a perdu six bureaux de postes, cinq trésoreries principales, une agence EDF doit fermer en juin, le ferroviaire est à l'abandon... », détaille le syndicaliste. « Nous sommes dans une zone rurale peuplée de personnes âgées, ayant un revenu très bas, qui a besoin d'une politique de services publics de proximité. »

Pour les élus, l'enjeu principal est d'attirer de nouveaux habitants, en leur proposant une offre complète. « Il leur faut insister sur la qualité de vie dans le territoire et sur la qualité des services liés par exemple à la scolarité des enfants ou aux nouveaux usages numériques », explique Laurent Rieutort, directeur de l'Institut d'Auvergne du développement des territoires. Salons spécialisés, dispositif WorK2Be pour trouver du travail au conjoint d'un nouvel arrivant, accompagnement des porteurs de projets... Les outils se sont multipliés pour transmettre un même message : « Le Cantal embauche ! » Et, depuis 2003, ils ont permis à 96 familles de s'installer dans le département.

Surtout, la clé pour le territoire est de parvenir à retenir ses jeunes. Faute d'offre universitaire suffisante dans le département, nombre d'étudiants vont suivre un cursus ailleurs. Et trouvent, ensuite, un emploi sur place. […]

Solène Lhénoret, « Dans le Cantal, trouver trente salariés ce n'est pas évident », Lemonde.fr, 24 mars 2017.

DOCUMENT 2 **Image utilisée dans le cadre d'une opération de communication menée par le département du Cantal en 2017**

Cantalauvergne.com.

DOCUMENT 1

▶ **1.** Relevez quatre éléments qui, d'après cet article, montrent que la situation du Cantal est révélatrice de celle que connaissent les espaces de faible densité.

DOCUMENT 2

▶ **2.** Quelles catégories de population le Cantal cherche-t-il à retenir et à attirer ? Pourquoi ?

GÉOGRAPHIE

DOCUMENTS 1 ET 2

▶ **3.** Relevez une phrase du document 1 permettant d'expliquer le message du document 2.

▶ **4.** À l'aide de l'exemple du Cantal et de vos connaissances, montrez qu'un espace de faible densité possède des atouts et peut les valoriser.

LES CLÉS DU SUJET

■ Comprendre les documents

• Le **document 1** est un texte tiré du site d'un journal quotidien. Il présente les difficultés du département du Cantal, mais aussi les politiques volontaristes mises en place pour y remédier.

• Le **document 2** est une image issue du site Internet du même département. Tirée d'une campagne de communication de 2017, elle traduit en image les atouts que cherche à mettre en valeur le département.

■ Répondre aux questions

▶ **1.** N'oublie pas d'insérer les éléments entre guillemets, car ils sont tirés du texte.

▶ **2.** Quels sont les deux personnages représentés ?

▶ **3.** Il faut chercher dans la deuxième partie du texte, qui est celle des atouts, et non dans la première, qui évoque les difficultés.

▶ **4.** Il faudra d'abord définir ce que sont les espaces de faible densité, puis évoquer leurs atouts. Autant que possible, efforce-toi d'intégrer des exemples provenant des documents.

CORRIGÉ 51

▶ **1.** Quatre éléments montrent que la situation du Cantal est révélatrice de celle que connaissent les espaces de faible densité :

– le « déclin démographique » ;

– le « vieillissement de sa population » ;

– la « décroissance [des] services publics » ;

– une population aux « revenus très bas ».

▶ **2.** D'après le document 2, le Cantal cherche à retenir, voire à attirer, les jeunes ménages avec enfants. On le voit sur l'image avec la similitude des vêtements de l'homme et de l'enfant : il s'agit d'un père et de son fils de quelques années. En effet, les ménages avec de jeunes enfants permettent, d'une part, de rajeunir la population du Cantal qui est vieillissante, mais également de maintenir les services publics, par exemple les écoles.

▶ **3.** Le document 1 dit bien qu'il faut « insister sur la qualité de vie dans le territoire et sur la qualité des services liés par exemple à la scolarité des enfants ou aux nouveaux usages numériques ».

C'est bien le message véhiculé par l'image du document 2 : une sieste père/fils en pleine nature, qui évoque une certaine qualité de vie (mentionnée en légende de l'image), loin de la vie parisienne, par exemple ; la présence d'un petit enfant, qui est en âge scolaire ; le QR code et le site Internet montrent que les nouveaux usages numériques sont présents et permettront d'accompagner les « porteurs de projet ».

> GAGNE DES POINTS
> Ne te contente pas de relever la phrase, explique comment l'image fait appel aux mêmes éléments.

▶ **4.** • La France compte près de quatre millions d'habitants dans les espaces de faible densité (moins de 30 hab./km²), dont un demi-million dans les espaces désertifiés (moins de 10). Longtemps considérés comme des territoires sans intérêt et voués au déclin, ces espaces ruraux de faible densité sont redevenus attractifs pour des populations qui rejettent le mode de vie urbain ou périurbain.

• Si les pratiques anciennes, tel l'élevage extensif, sont en voie de disparition, des systèmes agricoles intégrés se sont souvent développés, tournés vers l'exportation (Champagne). Avec l'émergence du développement durable, l'espace rural est perçu de façon plus positive. La sylviculture se développe (bois de construction, biocombustibles). De même les énergies renouvelables : l'éolien et le solaire profitent d'une surface au sol abondante. Les espaces de faible densité sont enfin le théâtre privilégié du tourisme vert (nature, patrimoines locaux, séjours à la ferme, parcs naturels nationaux et régionaux).

• Les politiques publiques tentent de faire valoir ces atouts, comme c'est le cas dans le Cantal, où les acteurs régionaux, comme l'Institut d'Auvergne du développement des territoires, s'efforcent d'attirer de nouveaux habitants, à grand renfort de campagnes de communication, qui en vantent le faible taux de chômage ou la qualité de vie.

• Loin d'être des espaces systématiquement en difficulté, les espaces de faible densité présentent des atouts sérieux dans la France du XXIe siècle.

SUJET 52

France métropolitaine • Septembre 2018

ANALYSER DES DOCUMENTS • 20 points

La modernisation de l'agriculture française

DOCUMENT 1 **La modernisation de l'agriculture française**

La modernisation concerne en premier l'organisation des terres agricoles. Les modifications que connaît l'Ouest illustrent parfaitement la dynamique générale. Jusqu'en 1950, la petite propriété reste majoritaire de la Normandie jusqu'à la frontière espagnole. À partir de cette date, les exploitations se concentrent rapidement sous l'effet de l'exode rural et des politiques de remembrement[1]. Les paysans qui restent achètent ou louent massivement les nombreuses terres laissées libres. Les parcelles sont redécoupées, les haies sont arrachées. En France métropolitaine, la taille moyenne des exploitations triple en 50 ans. […]

Parallèlement, l'autoconsommation diminue, la polyculture traditionnelle décline et la spécialisation s'affirme : production laitière en Normandie ou élevage hors-sol en Bretagne.

La modernisation concerne aussi les techniques agricoles. Le tracteur se généralise à partir des années 1950 (60 000 en 1946, 1 500 000 en 1979), les engrais chimiques sont couramment utilisés. De nouvelles semences plus productives voient le jour et il devient possible de sélectionner scientifiquement les races de l'élevage. […]

Mais depuis plusieurs années, la course aux rendements[2] montre ses limites. Le revenu paysan stagne, et de nombreuses exploitations sont surendettées. […] Les conséquences écologiques du modèle agricole intensif paraissent aussi de plus en plus dommageables. L'utilisation massive d'engrais et de pesticides contribue ainsi à la pollution des eaux de surface, des nappes phréatiques et du bord de mer.

D'après V. Adoumié, *Géographie de la France*, Hachette 2015.

1. Remembrement : redistribution spatiale des terres entre les paysans, ce qui entraîne l'agrandissement des champs.
2. Rendement : quantité de produit récolté sur une surface cultivée.

DOCUMENT 2 **Un paysage agricole de Bretagne (commune de Naizin, Morbihan)**

Site Internet sur l'atlas des paysages, Morbihan.

DOCUMENT 1

▶ **1.** Citez trois progrès techniques qui ont permis d'augmenter les productions agricoles. *(3 points)*

▶ **2.** Relevez deux conséquences de la modernisation de l'agriculture pour les agriculteurs. *(4 points)*

▶ **3.** Reproduisez le tableau et complétez-le sur votre copie ; associez les mots soulignés à la définition qui convient. *(3 points)*

1.	Élevage en milieu artificiel
2.	Production de plusieurs cultures au sein d'une exploitation
3.	Production d'une seule catégorie de plante ou d'une seule espèce animale

DOCUMENTS 1 ET 2

▶ **4.** Décrivez et expliquez les transformations récentes des paysages agricoles. *(5 points)*

▶ **5.** Quels sont les risques liés à la modernisation de l'agriculture et les solutions adoptées pour réduire ces risques ? *(5 points)*

GÉOGRAPHIE

LES CLÉS DU SUJET

Comprendre les documents

Le document 1 est un texte tiré d'un manuel universitaire. Il synthétise les principaux éléments de la modernisation de l'agriculture française que l'on peut repérer à l'échelle locale sur le document 2.

Répondre aux questions

▶ **1.** Cherche le mot-clé « technique » dans le texte.

▶ **2.** Attention : la question concerne les agriculteurs et non les espaces agricoles.

▶ **4.** Prends soin de bien centrer le propos sur les paysages et d'utiliser les deux documents.

▶ **5.** La partie sur les solutions nécessite des connaissances tirées du cours de ton professeur.

CORRIGÉ 52

▶ **1.** Les trois progrès techniques qui ont permis d'augmenter les productions agricoles sont :

– la généralisation du tracteur, c'est-à-dire la mécanisation ;

– l'utilisation croissante des engrais chimiques (chimisation) ;

– l'utilisation de nouvelles semences et la sélection de nouvelles races d'élevage plus productives.

▶ **2.** La modernisation de l'agriculture a eu deux conséquences pour les agriculteurs : la diminution de leur nombre et leur endettement. La baisse du nombre des agriculteurs est liée à la nécessité d'acquérir des exploitations de plus grandes dimensions pour que la mécanisation soit rentable. Leur endettement résulte de l'augmentation des investissements nécessaires (machines, engrais, semences).

▶ **3.**

1. élevage hors-sol	Élevage en milieu artificiel
2. polyculture	Production de plusieurs cultures au sein d'une exploitation
3. spécialisation	Production d'une seule catégorie de plante ou d'une seule espèce animale

▶ **4.** Les paysages agricoles se sont profondément transformés depuis 1950. Les parcelles ont été redécoupées, les haies arrachées. C'est la fin du bocage traditionnel en Bretagne. Le document 2 montre la prédominance de champs de grandes dimensions aux formes géométriques. Les haies ne sont que des survivances. Les bâtiments agricoles modernes, de type silos ou bâtiments d'élevage hors-sol, se sont multipliés. Parallèlement, à côté des anciennes fermes sont apparues des habitations récentes, pourvues de tout le confort moderne.

Ces transformations des paysages sont liées à la modernisation des systèmes productifs agricoles depuis 1950. La mécanisation et la chimisation ont nécessité des exploitations plus grandes, obtenues par remembrement au profit de formes géométriques, et une spécialisation poussée des cultures ou élevages, au détriment de la polyculture traditionnelle, afin de rentabiliser les investissements consentis.

▶ **5.** La modernisation de l'agriculture ne va pas sans risques. Les investissements nécessaires ont conduit à l'endettement massif de la profession, étranglée entre le secteur amont (matériel, banque) et aval (agroalimentaire, distribution). Les conséquences écologiques sont également de plus en plus sensibles : pollutions des sols et des nappes phréatiques, crises alimentaires (maladie de la vache folle).

> GAGNE DES POINTS
> Fais deux paragraphes : un sur les risques et un sur les solutions.

La réduction de ces risques passe par une aide accrue aux agriculteurs, notamment dans la cadre de la Politique agricole commune de l'Union européenne, voire le contrôle des prix imposés par la grande distribution aux producteurs. Sur le plan environnemental, une agriculture raisonnée, voire biologique, permettrait une plus grande maîtrise des produits phytosanitaires et donc de la pollution qu'ils entraînent.

SUJET

53

France métropolitaine • Juin 2018

MAÎTRISER LES DIFFÉRENTS LANGAGES • 20 points

Les territoires ultramarins français : problèmes spécifiques et aménagements

▶ **1.** Rédigez un développement construit d'environ vingt lignes pour montrer les problèmes spécifiques rencontrés par les territoires ultramarins français et les aménagements réalisés pour tenter d'y remédier. Vous pouvez prendre appui sur un exemple étudié en classe. *(13 points)*

▶ **2.** L'organisation du territoire français *(7 points)*

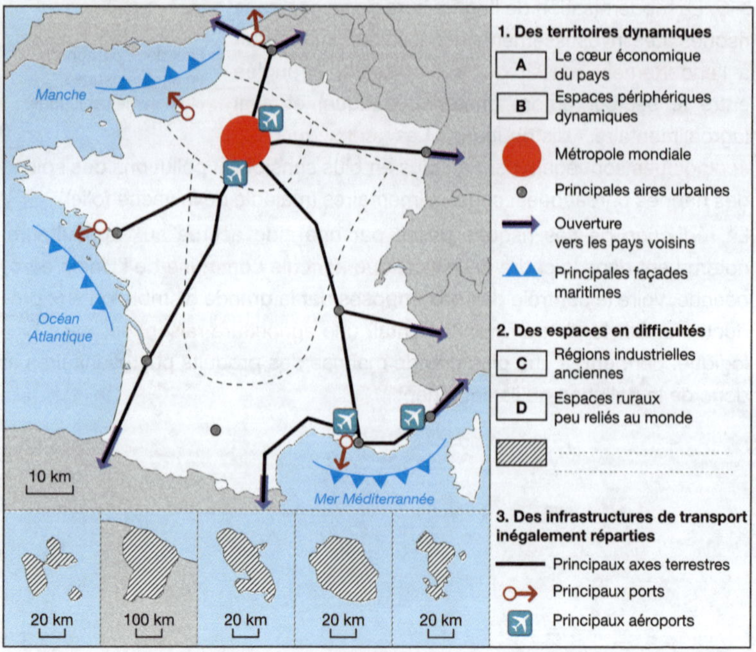

Sur la carte et la légende ci-dessus :

- Complétez la légende des figurés A, B, C et D en choisissant des couleurs adaptées pour montrer les inégalités de dynamisme des quatre espaces.
- Coloriez la carte à l'aide de la légende.

• Complétez la légende en indiquant l'information qui correspond au figuré hachuré.
• Localisez et nommez quatre aires urbaines de votre choix.
• Expliquez le choix du figuré pour les façades maritimes.

LES CLÉS DU SUJET

▶ **1.** Le sujet invite à construire un développement en deux parties : dans la première, présente les problèmes spécifiques auxquels sont confrontés les territoires ultramarins français ; dans la seconde, explique les aménagements mis en place pour les surmonter. Pense bien aux différents acteurs (locaux, national, européen) qui interviennent.
En introduction, pense à présenter la diversité des territoires ultramarins : cela montrera que tu maîtrises ton sujet et valorisera ta copie.

CORRIGÉ 53

▶ **1.** Répartis sur tous les océans, les territoires ultramarins français présentent une grande diversité de statuts (DROM, COM, POM...), de climats et de populations. L'outremer compte 2,7 millions d'habitants, dont 2,1 millions pour les seuls DROM.

Ces territoires partagent des contraintes. Ils souffrent de handicaps spécifiques, que l'Union européenne a rassemblés sous le vocable d'ultrapériphérie. Souvent insulaires (Guadeloupe, Réunion...) et soumis à des risques naturels importants (volcanisme et cyclones dans les Antilles et à la Réunion), ils ont une superficie généralement faible, ce qui les prive de ressources naturelles importantes, excepté le nickel en Nouvelle-Calédonie. Ils sont donc dépendants pour leur approvisionnement, mais leur éloignement de la métropole et leur isolement entraîne des surcoûts importants. Les économies ultramarines, subventionnées par l'État, sont fragiles (chômage).

> CONSEIL
> Attention, des territoires ont une superficie importante, comme la Guyane. Pense à nuancer ton propos.

Les acteurs à tous les niveaux tentent d'atténuer ces contraintes par des aménagements ou des politiques. La politique de continuité territoriale, mise en œuvre par l'État, prend en charge les surcoûts liés à la distance ; la politique de convergence de l'UE se traduit par des subventions européennes.

Les aménagements s'efforcent d'améliorer l'accessibilité, et donc la compétitivité de l'outremer, à travers la construction ou la rénovation de ports, d'aéroports, ou de routes. Ainsi, la « nouvelle route du littoral », à la Réunion, en voie d'achèvement, doit décongestionner l'axe principal de l'île, entre le port et la capitale.

GAGNE DES POINTS
Développe un exemple d'aménagement vu en cours.

▶ **2.**

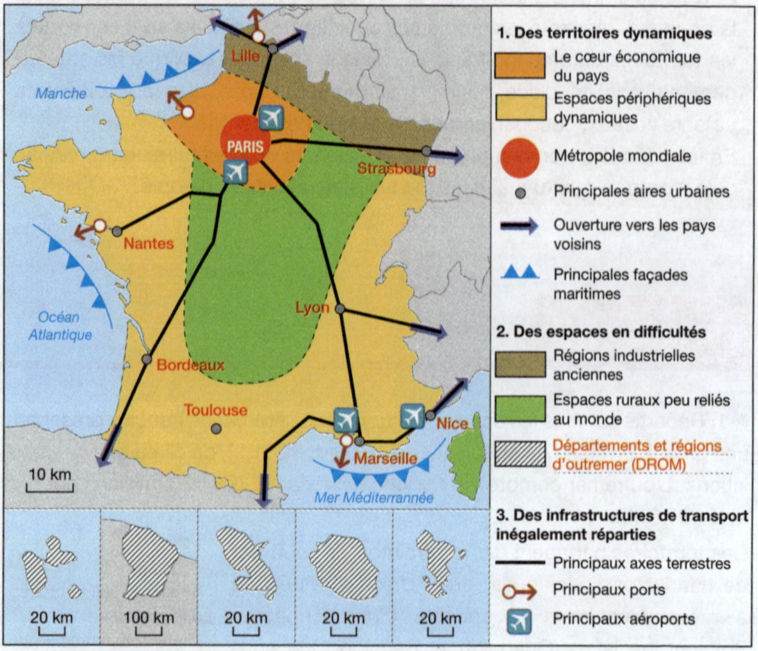

Le figuré des façades maritimes est un symbole d'interface qui insiste sur les connexions de la France au reste du monde.

SUJET

54

Polynésie française • Septembre 2017

ANALYSER DES DOCUMENTS • 20 points

L'aménagement du Grand Ouest

DOCUMENT 1 **Le projet d'aéroport du Grand Ouest à Notre-Dame-des-Landes**

Aujourd'hui nul ne sait quand les travaux de cette infrastructure, destinée à remplacer l'actuel aéroport de Nantes, pourront être mis en œuvre. Les voix des opposants n'ont cessé de se faire entendre. Plus d'une centaine d'entre eux se sont même installés sur la zone d'aménagement différé (ZAD[1]), rebaptisée « zone à défendre ».

Cécile Rialland-Juin, géographe à l'université d'Angers : « Dans les années 1960, cette zone était faiblement peuplée et l'agriculture n'était pas considérée comme prioritaire. Toutes les conditions étaient réunies pour que l'aéroport se fasse. »

Les paysans concernés vont pourtant s'organiser contre le projet et s'engager dans les luttes sociales et la défense de l'environnement. « Entre-temps, l'étalement urbain a fait son œuvre et de plus en plus de pavillons ont poussé autour de Notre-Dame-des-Landes », poursuit Cécile Rialland. Cette hausse de la population riveraine ne pouvait que mener au conflit.

« Notre-Dame-des-Landes, du projet local à l'enjeu national », *La Croix*, 28 janvier 2016.

1. ZAD (Zone d'aménagement différé) : zone mise en réserve afin d'être aménagée.

DOCUMENT 2 **Aménager l'Ouest français**

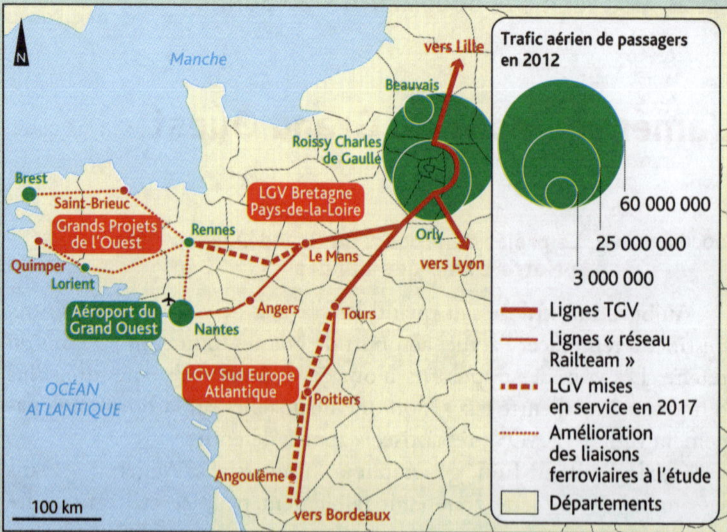

D'après rapport UAF 2012, RFF 2012 et http://geoconfluences.ens-lyon.fr.

▶ **1.** Quelle « infrastructure » est évoquée dans la première ligne du texte ? *(2 points)*

▶ **2.** En vous aidant de la carte, localisez ce projet d'infrastructure. *(2 points)*

▶ **3.** Quels aménagements sont réalisés dans l'ouest de la France ? Deux réponses attendues. *(4 points)*

▶ **4.** Pourquoi ce projet d'infrastructure permettrait-il d'équilibrer le trafic aérien de passagers en France ? *(4 points)*

▶ **5.** Expliquez les difficultés rencontrées par le projet en identifiant les opposants et leurs motivations. *(8 points)*

LES CLÉS DU SUJET

Comprendre les documents

• Le **document 1** est extrait d'un article du quotidien *La Croix*. Il fait le point en 2016 sur un dossier longtemps très controversé, mais abandonné depuis par le gouvernement d'Édouard Philippe : le projet d'aéroport de Notre-Dame-des-Landes.

• Le **document 2** est une carte tirée du site Internet de géographie, Géo-confluences. Il permet de visualiser les trafics aéroportuaires existants et les lignes à grande vitesse desservant l'Ouest de la France.

Répondre aux questions

▶ **4.** Analyse le déséquilibre du trafic aérien sur la carte.

▶ **5.** Développe ta réponse en l'organisant en plusieurs petits paragraphes, sans te limiter aux opposants et à leurs motivations.

CORRIGÉ 54

▶ **1.** L'infrastructure projetée est celle de l'aéroport international du Grand Ouest, situé à Notre-Dame-des-Landes, destiné à remplacer l'actuel aéroport de Nantes.

▶ **2.** Cet aéroport devait être construit sur la commune de Notre-Dame-des-Landes, à 25 km au nord-ouest de la métropole de Nantes, capitale de la région Pays de la Loire.

▶ **3.** Deux aménagements sont réalisés dans l'Ouest français : il s'agit du prolongement, achevé en 2017 depuis Tours et Le Mans, de deux lignes à grande vitesse (LGV). La LGV Sud Europe Atlantique relie Paris à Bordeaux en deux heures, et la LGV Bretagne Pays de la Loire met Rennes à une heure et demie de Paris. Ces deux aménagements permettent d'améliorer l'intégration du Grand Ouest au territoire français en général, et à la région parisienne en particulier.

> GAGNE DES POINTS
> Utilise les données figurant sur la carte et donne-leur du sens en calculant un rapport.

▶ **4.** Le projet d'aéroport du Grand Ouest partait du constat que l'actuel aéroport de Nantes est saturé. Or, le trafic aérien de passagers du Grand Ouest (Nantes, Rennes, Brest) totalise moins de cinq millions de personnes par an, soit douze fois moins que le seul aéroport parisien de Roissy Charles-de-Gaulle : il y a donc sans doute des besoins en la matière ! On peut constater, toutefois, que l'aménagement d'un nouvel aéroport semble presque contradictoire avec la création de nouvelles LGV : sur de telles distances (moins de 500 km), le train est plus compétitif que l'avion. Reste le trafic international...

▶ **5.** Le projet de construction de l'aéroport international du Grand Ouest à Notre-Dame-des-Landes a été envisagé dès « les années 1960 ». Avec l'essor des régions littorales atlantiques, et Nantes en particulier, l'une des agglomérations les plus dynamiques de France, le développement d'infrastructures de transport modernes paraît aller de soi.

• Pourtant, cette dynamique positive, avec la poussée de la couronne périurbaine, a conduit de nombreux habitants à s'installer près de la zone d'aménagement différé de Notre-Dame-des-Landes. Ces personnes sont réticentes à l'idée de devenir riveraines d'un aéroport, avec les nuisances sonores que cela implique.

> CONSEIL
> Réinvestis des notions provenant d'autres parties du programme : ici, la couronne périurbaine.

• Par ailleurs, le succès des préoccupations écologiques dans la population se traduit aussi par le soutien aux agriculteurs locaux, peu désireux de céder des terres qui ont pris de la valeur avec la proximité des zones périurbaines. L'arrivée de militants écologistes et d'extrême-gauche, qui ont transformé la ZAD en « zone à défendre », permet de comprendre la radicalisation de l'opposition, le retard pris par le projet puis son abandon.

> GAGNE DES POINTS
> Étoffe le développement avec quelques connaissances tirées de l'actualité.

SUJET 55

Polynésie française • Juin 2017

MAÎTRISER LES DIFFÉRENTS LANGAGES • 20 points

La France, une influence mondiale

▶ **1.** Sous la forme d'un développement construit d'une vingtaine de lignes, expliquez l'influence culturelle, géopolitique et économique de la France dans le monde. *(15 points)*

▶ **2.** Sur le planisphère suivant : *(5 points)*
– colorez en rouge et nommez la Polynésie française ;
– nommez l'océan Pacifique ;
– colorez en vert et nommez la France métropolitaine ;
– nommez un État voisin de la France métropolitaine ;
– nommez l'Asie.

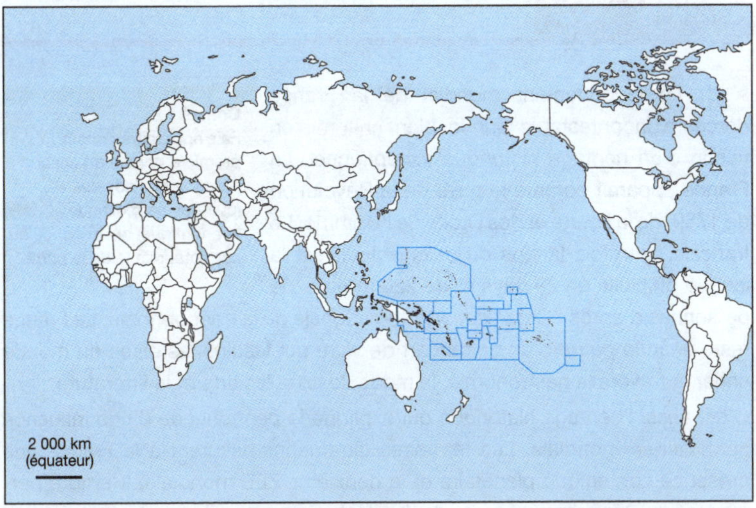

GÉOGRAPHIE

LES CLÉS DU SUJET

▶ **1.** La France est un cas particulier. Depuis un demi-siècle, on assiste à un certain affaiblissement de sa **puissance**, mais son **rayonnement** – c'est-à-dire la capacité d'influencer les autres puissances – est toujours aussi fort dans un certain nombre de domaines. Cela fait d'elle « **une puissance moyenne à rayonnement mondial** ».

L'énoncé propose **trois catégories** : l'influence culturelle, l'influence géopolitique, l'influence économique. Le plus efficace pour élaborer ton plan est de suivre ces indications : consacre un paragraphe à chaque catégorie. Il faut veiller à citer quelques chiffres et à donner des exemples précis des idées développées.

CORRIGÉ 55

Conseil
Fais apparaître dans la première phrase de chaque paragraphe l'adjectif (culturel, géopolitique, économique) qui annonce au correcteur l'axe de la partie.

▶ **1.** Le rayonnement mondial de la France demeure incontestable sur le plan culturel, en raison d'un héritage historique exceptionnel. La France apparaît comme le pays de la Révolution de 1789, de la liberté et des Droits de l'Homme. Le français, autrefois langue du colonisateur, est la langue officielle de 29 pays et de 220 millions de personnes d'après l'Organisation internationale de la francophonie. La France reste enfin la patrie d'un certain art de vivre qui fascine les élites du monde entier, à travers la gastronomie, la mode, le luxe, les arts et la littérature.

C'est aussi l'héritage historique qui explique la permanence d'une influence géopolitique mondiale. Les territoires ultramarins assurent à la France une présence stratégique planétaire et la deuxième ZEE mondiale. Membre permanent du Conseil de sécurité de l'ONU, la France conserve un droit de veto sur les affaires mondiales. Son réseau diplomatique – le troisième au monde – est l'outil d'une diplomatie autonome, appuyée sur une puissance militaire nucléaire et équipée d'armements de pointe : avion omnirôle Rafale, porte-avions nucléaire Charles-de-Gaulle, fréquemment engagés (Libye, Côte-d'Ivoire, Centrafrique, Sahel, Irak-Syrie…).

C'est peut-être sur le plan économique que l'influence française montre des limites. Sixième PIB mondial et troisième de l'Union européenne, l'économie française, riche et diversifiée, est encore une des grandes économies du monde actuel. Cependant, les parts de marché de l'industrie française diminuent en raison d'une moindre compétitivité. Depuis 2000 et plus encore depuis la crise de 2008, ce recul semble s'accélérer.

▶ 2.

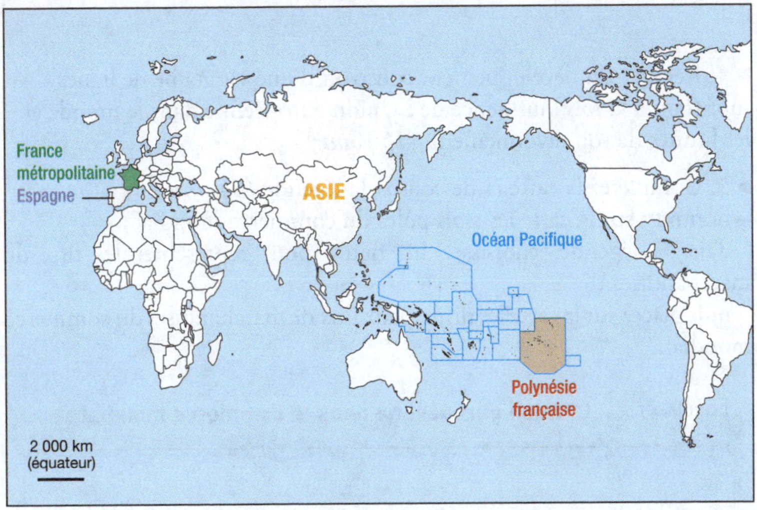

SUJET

56

Pondichéry • Mai 2018

MAÎTRISER LES DIFFÉRENTS LANGAGES • 20 points

L'influence de l'Union européenne dans le monde

▶ **1.** Rédigez un développement construit d'une vingtaine de lignes montrant à la fois l'influence de l'Union européenne dans le monde et les limites de son rayonnement. *(15 points)*

▶ **2.** Complétez la carte ci-dessous et la légende *(5 points)* :
– nommez sur la carte les trois pôles du commerce mondial ;
– dans la légende, choisissez un figuré pour représenter les flux de marchandises ;
– puis placez sur la carte les principaux flux de marchandises du commerce mondial.

DOCUMENT **L'Union européenne dans le commerce mondial**

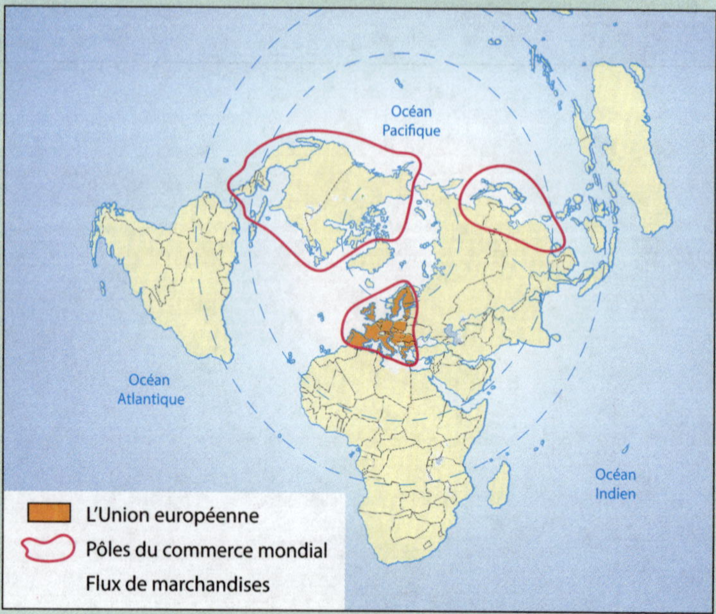

LES CLÉS DU SUJET

▶ **1.** L'énoncé du sujet t'invite à construire un développement en deux paragraphes : un premier qui montrera l'influence de l'UE ; un second qui en soulignera les faiblesses. Ces deux parties devront être à peu près de même longueur. Essaie de citer des chiffres clés pour justifier ton propos.

▶ **2.** Concernant les flux de marchandises du commerce mondial, il n'est pas question d'être exhaustif, on se contentera de figurer quelques flux majeurs. Commence par indiquer les flux entre les trois grands pôles mondiaux, puis complète-les par quelques exemples de flux secondaires (le pétrole du Golfe persique, les échanges Chine-Amérique latine…).

CORRIGÉ 56

▶ **1.** L'Union européenne (UE) est un espace de production de niveau mondial, au 1er rang, à égalité avec les États-Unis, avec environ 23 % de la richesse produite. C'est un ensemble ouvert, fortement inséré dans les processus de mondialisation, qui réalise 32 % du commerce mondial, et le 1er espace touristique mondial, avec 55 % des touristes internationaux. Ses firmes transnationales (1/3 des 500 premières mondiales) jouent un rôle considérable, notamment via les investissements directs à l'étranger. Avec 513 millions d'habitants à fort niveau de vie et haut niveau d'éducation, l'UE est un marché de consommation majeur et une zone de paix, au moins entre ses membres, garantie par des États de droit. Ses valeurs (démocratie, droits de l'Homme) en font une puissance culturelle, une puissance normative, une puissance du *soft power*, comme en témoignent les multiples élargissements à l'est, mais aussi la politique européenne de voisinage.

Toutefois, le modèle européen peine aujourd'hui à s'affirmer dans le monde, plusieurs facteurs limitant son rayonnement. L'Europe connaît un vieillissement de sa population, qui engendre des problèmes de financement (retraite, dépendance). En même temps, les migrations internationales posent des difficultés (crise des réfugiés de 2015). Sa croissance économique manque de dynamisme : les pays émergents sont en phase de rattrapage et l'Union a décroché face aux États-Unis. Seuls l'Allemagne et quelques pays du nord de l'Europe semblent échapper à ce relatif déclin économique.

> CONSEIL
> Introduis la 2e partie de ton raisonnement par un connecteur logique qui établit l'opposition.

GÉOGRAPHIE

Par ailleurs, les divisions entre membres de l'UE rendent peu lisible sa politique étrangère et son projet de puissance. L'UE n'a pas tous les attributs de la puissance : son *hard power* est déficient. Plus qu'une puissance européenne, il y a « des puissances en Europe », au 1er rang desquelles la France.

GAGNE DES POINTS
Réutilise les concepts de *hard power* et de *soft power*.

▶ **2.**

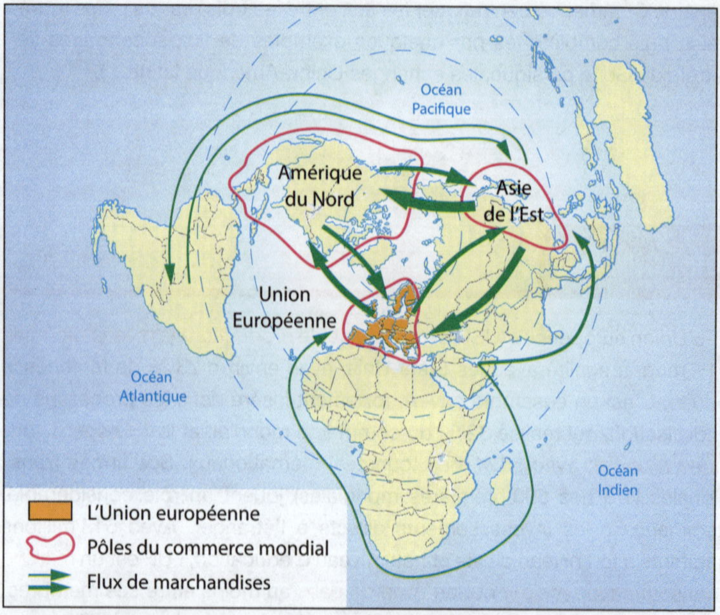

Veille à varier l'épaisseur des flèches représentant les flux, en fonction de leur importance.

SUJET 57

Amérique du Nord • Juin 2019

ENSEIGNEMENT MORAL ET CIVIQUE • 10 points

L'impôt sur le revenu et la solidarité nationale

DOCUMENT 1 **Cinq célibataires sans enfant payent en 2018 l'impôt sur leurs revenus de 2017**

	Revenus de l'année 2017	Impôt sur le revenu à payer en 2018
Paul Duchemin	9 000 euros	0 euro
Dominique Martin	27 000 euros	2 029 euros
Cristina Viala	40 000 euros	5 093 euros
Sophie Lefranc	90 000 euros	19 515 euros
Ali Abdellatifi	160 000 euros	46 860 euros

Jusqu'en janvier 2019, les Français payaient chaque année leurs impôts sur les revenus de l'année précédente.

Simulation à partir du site Impot.gouv.fr.

DOCUMENT 2 **La solidarité nationale**

L'engagement de l'État en matière de solidarité remonte essentiellement au lendemain de la crise économique des années 1930 et de la Seconde Guerre mondiale. Il prend la forme de l'État providence : l'intervention de l'État dans la vie économique et sociale apparaît nécessaire afin de lutter contre la pauvreté et les inégalités et d'assurer la cohésion nationale.

Cette prise de conscience est inscrite dans le préambule de la Constitution française de 1946 (repris par celle de 1958) qui garantit le droit au travail, la protection de la santé, l'accès à l'instruction, la sécurité matérielle. […] Concrètement, elle est à l'origine de la création de plusieurs institutions de protection sanitaire et sociale, reposant sur des systèmes d'assurance obligatoire organisés par l'État : la

EMC

Sécurité sociale est créée dès 1945 ; c'est également dans les années d'après-guerre qu'est mise en place l'assurance-chômage. La solidarité nationale est notamment financée par l'impôt sur le revenu, qui repose sur une redistribution des richesses, chaque citoyen y contribuant en fonction de ses moyens.

Conseil national des politiques de lutte contre la pauvreté et l'exclusion sociale, 19 septembre 2014.

DOCUMENT 1

▶ **1.** D'après ce document, pour quelle raison les Français ne paient-ils pas tous un même montant pour l'impôt sur le revenu ?

DOCUMENT 2

▶ **2.** Recopiez la phrase du texte qui justifie que les Français ne payent pas tous un même montant pour l'impôt sur le revenu.

▶ **3.** Relevez trois dispositifs pouvant contribuer à lutter contre la pauvreté et les inégalités.

DOCUMENTS 1 ET 2

▶ **4.** Un de vos amis ne comprend pas pourquoi certains paient des impôts et d'autres moins ou pas du tout. Il trouve cela contraire au principe d'égalité. Vous lui expliquez pourquoi l'impôt sur le revenu est un outil permettant de combattre les inégalités.

LES CLÉS DU SUJET

■ Comprendre les documents

• Le **document 1** est un tableau qui présente cinq situations différentes au regard de l'impôt sur le revenu. Les cinq personnes mentionnées gagnent un certain montant (colonne 2) et paient chacune un montant différent d'impôt (colonne 3), calculé d'après le site officiel des Impôts (impot.gouv.fr). On voit vite que l'impôt sur le revenu n'est pas strictement proportionnel au revenu.

• Le **document 2** est un texte provenant du Conseil national des politiques de lutte contre la pauvreté et l'exclusion sociale de 2014. Il explique l'engagement de l'État pour la solidarité nationale et les instruments qu'il utilise pour y parvenir.

■ **Répondre aux questions**

▶ **1.** Attention : la question porte sur le document 1. Il faut trouver la réponse dedans.

▶ **2.** Par dispositif, on entend des éléments techniques, non des principes.

▶ **3.** Veille à mettre ta réponse en situation, en ajoutant quelques éléments de mise en scène. Sur le fond, commence par expliquer pourquoi l'imposition est progressive et non simplement proportionnelle, puis développe les aspects liés à la solidarité.

CORRIGÉ 57

▶ **1.** D'après le document 1, les Français ne paient pas tous un même montant pour l'impôt sur le revenu. Cela ne tient pas à leur situation familiale : le document précise en effet qu'ils sont tous célibataires et sans enfant. En revanche, leurs revenus sont très différents les uns des autres : ils varient de 9 000 à 160 000 € : Ali Abdellatifi gagne presque 18 fois ce que gagne Paul Duchemin. C'est ce qui explique le montant très différent de leur impôt.

> CONSEIL
> Donne du sens aux chiffres du document en calculant un rapport approximatif.

▶ **2.** La phrase du document 2 qui justifie que les Français ne payent pas tous un même montant pour l'impôt sur le revenu est : « La solidarité nationale est notamment financée par l'impôt sur le revenu, qui repose sur une redistribution des richesses, chaque citoyen y contribuant en fonction de ses moyens. »

▶ **3.** Trois dispositifs cités dans le document 2 peuvent contribuer à lutter contre la pauvreté et les inégalités :

> GAGNE DES POINTS
> Explique, d'après tes connaissances, chaque dispositif.

• La Sécurité sociale : chacun cotise en fonction de ses revenus pour payer les frais de santé de ceux qui sont malades ; les risques sont mutualisés et les pauvres bénéficient des cotisations de tous.

• L'assurance-chômage : une cotisation payée sur les salaires permet à ceux qui se retrouvent sans emploi de percevoir des allocations.

• L'impôt sur le revenu : un impôt non proportionnel mais progressif, qui prélève d'autant plus que les revenus sont importants, permet de lutter contre les inégalités en prélevant aux plus riches pour financer les prestations sociales perçues par les plus pauvres.

▶ **4.** « C'était pas mal, le cours d'EMC, non ? » Mon ami Robin semble pourtant bien renfrogné. « M'ouais… N'empêche que je ne vois pas bien pourquoi certains Français payent des impôts et d'autres en payent moins ou pas du tout ! Mon père n'arrête pas de râler en disant que les impôts lui prennent tout ce qu'il gagne ! »

Je ris et lui réponds : « Si les impôts lui prennent tout ce qu'il gagne, comment se fait-il que vous viviez dans une belle maison et qu'il t'emmène au collège dans une grosse voiture ?

La République française défend un certain nombre de valeurs, dont l'égalité et la solidarité. Mais l'égalité ne consiste pas à ce que tout le monde paie les mêmes impôts. Une famille pauvre n'a pas les moyens de payer beaucoup d'impôts ; une famille aisée a la capacité d'en payer davantage. C'est la raison pour laquelle l'impôt sur le revenu n'est pas proportionnel, mais progressif : plus on gagne, plus le taux d'imposition est élevé.

Et puis, cela permet de redistribuer les richesses et ainsi faire preuve de solidarité en luttant contre les inégalités de revenus entre Français. La République est une République sociale. La lutte contre la pauvreté, par exemple, est une question de principe, de dignité humaine. C'est le choix qu'a fait le peuple français en 1945, et encore en 1958. »

SUJET 58

Nouvelle-Calédonie • Décembre 2018

ENSEIGNEMENT MORAL ET CIVIQUE • 10 points

Devenir français

DOCUMENT 1 **Cérémonie d'accueil dans la citoyenneté française**

Olivier Jacob, secrétaire général de la préfecture du Nord, sous-préfet de l'arrondissement de Lille, a présidé une cérémonie d'accueil dans la citoyenneté française ce jeudi 9 février 2017 en préfecture.

Il a remis un extrait de leur décret de naturalisation à 57 personnes domiciliées dans l'arrondissement de Lille, qui ont obtenu récemment la nationalité française par décret (39) ou par mariage (18). Les naturalisés se sont également vus remettre un livret d'accueil dans la citoyenneté française qui rappelle les droits et devoirs des citoyens français et contenant la *Déclaration des droits de l'homme et du citoyen*, la *Charte des droits et devoirs du citoyen*, un extrait de l'hymne national français et un extrait de la Constitution de 1958.

Ces citoyens, âgés de 20 à 78 ans, sont originaires de 28 pays […] : Algérie, Maroc, Tunisie, Burkina Faso, République démocratique du Congo, Cameroun, Gabon, Guinée, Rwanda, Sénégal, Madagascar, Niger, Taiwan, Liban, Brésil, Mexique, Chili, Ukraine, Russie, Kazakhstan, Portugal, Roumanie, Albanie, Hongrie, Pays-Bas, Moldavie, Pologne et Italie.

D'après Nord.gouv.fr.

DOCUMENT 2 **Une étrangère qui accède à la citoyenneté française**

Pascal Bonnière/Photo PQR/La Voix du Nord/MaxPPP

▶ **1.** Comment un étranger peut-il obtenir la nationalité française ?

▶ **2.** Décrivez la scène photographiée. Citez deux symboles républicains visibles sur la photographie.

▶ **3.** Vous êtes chargé de présenter la citoyenneté française à un correspondant étranger en visite dans votre établissement. En vous aidant des documents et de vos connaissances, en quelques lignes, comment lui expliqueriez-vous les valeurs, les principes et les symboles de la citoyenneté française ?

LES CLÉS DU SUJET

Comprendre les documents

- Le document 1 est extrait du site de la préfecture du Nord. Ce site publie et diffuse des informations administratives à l'usage des citoyens. Le texte rend compte d'une cérémonie de naturalisation où 57 personnes venues de 28 pays acquièrent la citoyenneté française.
- La photographie illustre l'événement. Placée devant les emblèmes de la France et à côté du préfet qui représente l'État, la nouvelle Française tient le document qui lui explique ses droits et devoirs.

■ Répondre aux questions

▶ **1.** Le document 1 propose les réponses. Cherche la définition d'un « décret » et utilise-la pour expliciter ta réponse.

▶ **2.** Quelle est la fonction d'un préfet ? Localise les symboles sur la photographie et donnes-en une courte description.

▶ **3.** Rappelle les principes qui définissent une démocratie ; utilise la devise de la France. Sers-toi des réponses apportées à la question 2. La photographie propose d'autres symboles : précise leur signification.

CORRIGÉ 58

▶ **1.** Une personne étrangère peut obtenir la nationalité française lorsqu'il (ou elle) se marie avec un(e) Français(e) ; elle le peut également par « décret », c'est-à-dire par décision d'un détenteur du pouvoir exécutif (un préfet, par exemple).

▶ **2.** La scène représente une femme qui vient d'acquérir la citoyenneté française. Elle pose pour une photographie qui fera souvenir de cet événement. Elle se tient à côté d'un représentant de l'État : le préfet. Dans ses mains, elle tient une pochette qui contient son certificat de nationalité et des informations sur ses pouvoirs et ses obligations. Derrière eux, on discerne trois symboles républicains : le drapeau bleu-blanc-rouge, emblème de la France républicaine ; le buste de Marianne, incarnation de la République ; le drapeau européen (12 étoiles sur fond bleu), emblème de la communauté d'États respectueux de la *Déclaration européenne des droits de l'homme*.

GAGNE DES POINTS
Décris la photographie en expliquant le sens de chaque détail relevé. Sois précis dans la description : localise tout ce que tu décris.

▶ **3.** Être citoyen français, c'est être membre d'un pays qui respecte les principes de la démocratie. La souveraineté populaire lui attribue le droit de voter et de participer à la vie politique du pays. Il peut se présenter à une élection. La devise « Liberté, égalité, fraternité » et la *Déclaration des droits de l'homme* lui accordent l'ensemble des libertés fondamentales (expression, réunion, croyance) et lui assurent l'égalité en droit avec tous ses concitoyens. Elle lui impose aussi des devoirs : le respect de la loi, la solidarité, la contribution aux causes communes (devoir fiscal, défense nationale).

SUJET 59

Afrique • Juin 2019

ENSEIGNEMENT MORAL ET CIVIQUE • 10 points

S'engager contre le racisme et l'antisémitisme

DOCUMENT 1 Extrait d'un article de presse

Quatre *supporters* anglais ont été jugés coupables de violence à caractère raciste en réunion dans l'espace public et ont été condamnés à de la prison avec sursis mardi en fin d'après-midi. Des peines allant de six à douze mois avec sursis, assorties de dommages et intérêts ont été prononcées. Seuls deux des quatre prévenus étaient présents. En marge du match PSG-Chelsea, ils avaient empêché un homme noir de monter dans la rame du métro dans laquelle ils se trouvaient en 2015, avant d'entonner un chant raciste. [...] Les images avaient fait le tour des chaînes d'information et couler beaucoup d'encre.

D'après un article de R. Goument,
Liberation.fr, 3 janvier 2017.

DOCUMENT 2 **Copie d'écran du site « egalitecontreleracisme »**

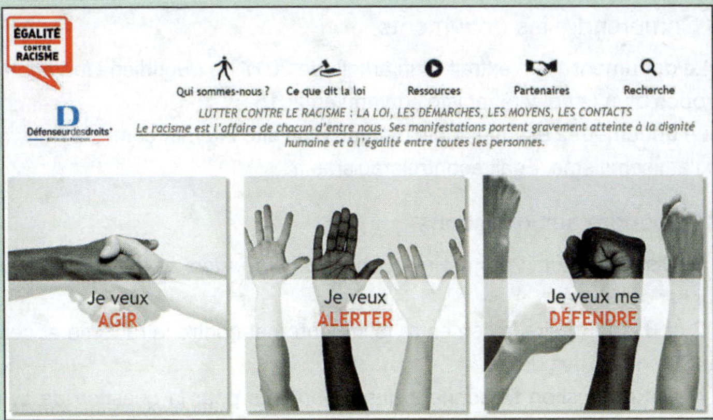

Egalitecontreleracisme.fr, 2017.

---

* Le Défenseur des droits est une institution de l'État créée en 2011 ayant pour mission de défendre les personnes dont les droits ne sont pas respectés.

▶ **1.** Pourquoi quatre *supporters* anglais ont-ils été condamnés ? (document 1)

▶ **2.** Relevez les trois types d'actions proposées par le site « egalitecontreleracisme ». (document 2)

▶ **3.** Expliquez pourquoi ce site propose un lien Internet vers celui du défenseur des droits. (document 2)

▶ **4.** Expliquez la phrase soulignée : « Le racisme est l'affaire de chacun d'entre nous. » (document 2)

▶ **5.** La semaine d'éducation et d'action contre le racisme et l'antisémitisme est organisée au mois de mars dans votre collège.
À cette occasion, vous êtes chargé de rédiger un texte pour convaincre vos camarades de s'engager dans un projet de lutte contre le racisme dans votre établissement. Quels sont vos arguments ?
Votre réponse ne comportera aucune information d'identité ou de signature.

LES CLÉS DU SUJET

Comprendre les documents

• Le **document 1** est extrait d'un article de 2017 du quotidien *Libération* à propos d'un fait divers raciste survenu en 2015.
• Le **document 2** est une copie d'écran d'un site Internet contre le racisme et l'antisémitisme, Egalitecontreleracisme.fr.

Répondre aux questions

▶ **1.** Distingue le fait qui est reproché aux *supporters* et le délit juridique qui est constitué.
▶ **2** et **3.** Il faut faire le lien entre le site Internet contre le racisme et celui du Défenseur des droits.
▶ **4.** Cette question te donnera des arguments pour la question de synthèse.
▶ **5.** Imagine la structure de ton texte (plan) et sa mise en forme (appel à l'engagement) au brouillon. Ne rédige rien avant d'avoir tout organisé.

CORRIGÉ 59

▶ **1.** D'après le document 1, les *supporters* anglais ont été condamnés pour avoir « empêché un homme noir de monter dans la rame du métro où ils se trouvaient » et avoir « [entonné] un chant raciste ». Cela constitue une violence à caractère raciste en réunion dans l'espace public.

▶ **2.** Les trois types d'actions proposées par le site Internet tiennent en trois verbes : « agir », « alerter » et « défendre ».

▶ **3.** Le site propose un lien Internet vers le site du Défenseur des droits, parce que celui-ci est une autorité administrative indépendante qui a « pour mission de défendre les personnes dont les droits ne sont pas respectés ». Ainsi, le site Egalitecontreleracisme.fr permet-il aux personnes qui se sentent victimes de racisme de contacter directement l'institution chargée de les défendre. En effet, ne pas être victime de discrimination raciale est un des droits fondamentaux de la République.

▶ **4.** La phrase soulignée, « Le racisme est l'affaire de chacun d'entre nous », signifie que, le racisme portant atteinte à la dignité humaine, tout être humain est concerné. C'est un principe général de la République française, rappelé par exemple dans la *Déclaration des droits de l'homme et du citoyen* de 1789 : « Tous les hommes naissent et demeurent libres et égaux en droits. »
Par ailleurs, chacun peut être victime du racisme de l'autre.

> GAGNE DES POINTS
> N'hésite pas à citer un des textes fondateurs de la République française.

▶ **5.** Projet de lutte contre le racisme : engagez-vous !
Le racisme est une idéologie qui postule non seulement l'existence de races humaines, mais également leur hiérarchie : certaines races sont définies comme supérieures à d'autres, jugées inférieures. Le racisme envers les Juifs, par exemple, est si profondément ancré dans l'Histoire qu'il a rendu nécessaire le mot d'« antisémitisme » pour le désigner.

Pourquoi s'engager ?

• D'abord, parce que le racisme est une atteinte à la dignité humaine, à ce qui fait de nous des êtres humains. La science a montré que l'on peut parler de différents « groupes humains », mais aussi que la diversité génétique d'un groupe à l'autre est plus faible que celle qui distingue les individus entre eux ! Le concept de « race humaine » n'est donc pas pertinent scientifiquement : il n'existe pas de race chez les êtres humains.

• Ensuite, parce que nous sommes tous des victimes potentielles. La victime de racisme, d'antisémitisme ou de discrimination raciale, aujourd'hui c'est quelqu'un, demain ce sera quelqu'un d'autre. Pourquoi pas vous ?

• Enfin, parce que le racisme est un délit réprimé par la loi et parce qu'il est incompatible avec les principes d'égalité et de fraternité de notre République. L'Histoire a par ailleurs montré à quelles abominations conduisaient le racisme et l'antisémitisme. Souvenons-nous du nazisme et du bilan terrifiant dont il est responsable !

> GAGNE DES POINTS
> Mobilise aussi tes connaissances en histoire pour argumenter.

Alors, rejoignez-nous ! Engagez-vous !

SUJET

60

France métropolitaine • Juillet 2019

SVT • 25 points

La nutrition des végétaux

L'eau et les sels minéraux comme l'azote, le phosphore et le potassium sont indispensables pour satisfaire les besoins nutritifs des végétaux. Dans ce sujet, on s'intéresse au lieu de prélèvement de l'eau et des sels minéraux au niveau d'un végétal.

DOCUMENT 1 **Organisation générale d'un végétal avec ses principaux organes**

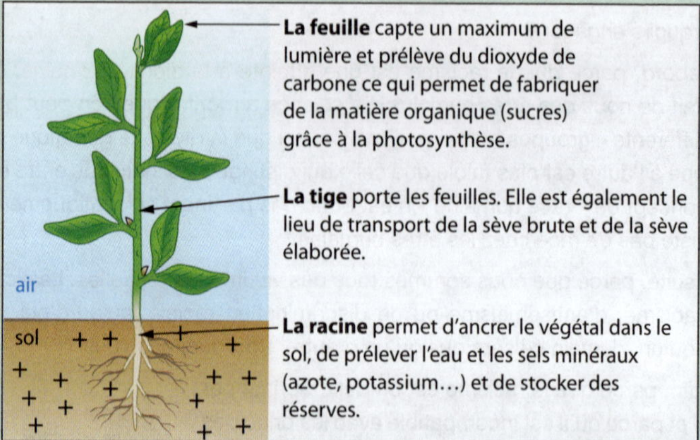

D'après le site snv.jussieu.fr et svt.ac-dijon.fr/schéma

▶ **1.** Recopier le schéma ci-dessous sur la copie et relier chaque substance minérale à l'organe qui la prélève en utilisant le document 1.

Substances minérales			**Organes du végétal**
l'eau	•	•	la feuille
le dioxyde de carbone	•	•	la tige
l'azote	•	•	la racine

On s'intéresse à l'absorption racinaire par la plantule.

DOCUMENT 2 **Expériences permettant de déterminer le lieu d'absorption de l'eau et des sels minéraux**

a. Observation d'une plantule à la loupe binoculaire

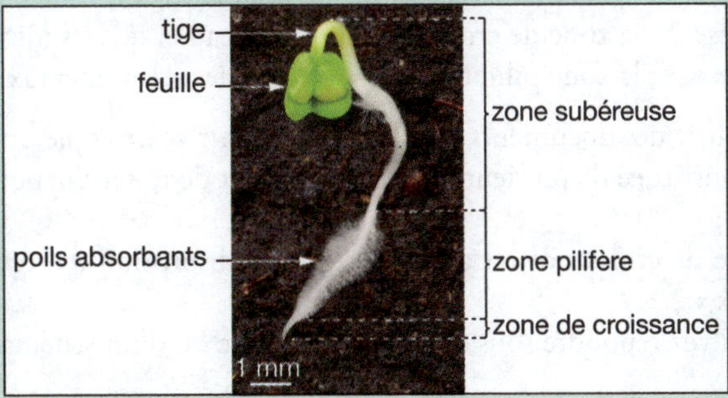

La racine est constituée de trois zones distinctes.
Pour déterminer quelle(s) zone(s) de la racine absorbe l'eau et les sels minéraux, les différentes parties de la racine sont placées dans l'eau minéralisée ou dans l'huile selon l'hypothèse testée (voir ci-dessous).

b. Expérience permettant de rechercher la/les zone(s) d'absorption racinaire

Précisions :

– L'huile et l'eau ne se mélangent pas, il n'y a pas d'échange entre ces deux fluides.
– L'huile est moins dense que l'eau ; ainsi elle se trouve au-dessus de l'eau dans le récipient.
– L'huile ne peut pas être absorbée par la plante et n'est pas toxique.
– L'huile ne contient ni eau ni sels minéraux.

Conditions expérimentales et résultats :

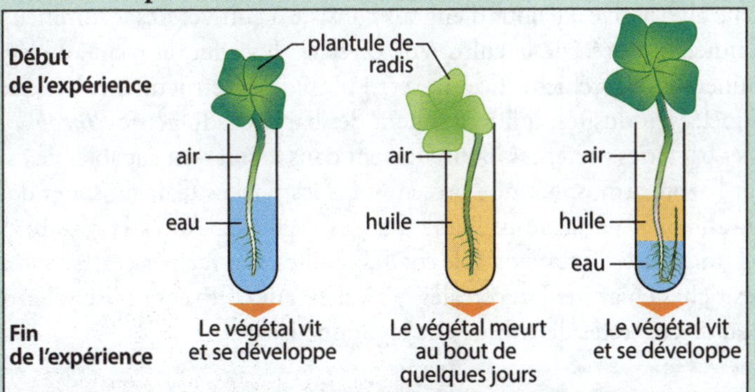

▶ **2.** À partir des documents 2a et 2b, choisir parmi les trois propositions suivantes l'hypothèse testée dans l'expérience précédente et la recopier sur la copie.
Hypothèse 1 : la zone subéreuse absorbe l'eau et les sels minéraux.
Hypothèse 2 : la zone de croissance absorbe l'eau et les sels minéraux.
Hypothèse 3 : la zone pilifère absorbe l'eau et les sels minéraux.

▶ **3.** À partir des documents 2a et 2b, décrire sur votre copie une expérience constituée de plusieurs tubes qui permet de tester l'hypothèse suivante :
« La zone de croissance est aussi une zone d'absorption d'eau et de sels minéraux ».
Vous pouvez répondre sous la forme d'un texte ou d'un schéma.

On s'intéresse maintenant à l'absorption de l'azote par les végétaux et à l'amélioration de la production des cultures. L'azote est indispensable pour la croissance des végétaux.

DOCUMENT 3 **Présentation de deux pratiques agricoles pour satisfaire les besoins d'une plante non légumineuse (céréale comme le blé) en azote**

• **Pratique agricole n° 1 : ajout d'engrais chimique azoté**
De l'engrais chimique azoté peut être apporté chaque année dans les cultures de céréales.
Quand l'apport est trop important, le surplus qui n'est pas absorbé par le végétal, se retrouve dans les cours d'eau, ce qui peut perturber les écosystèmes et engendrer des pollutions.
• **Pratique agricole n° 2 : utilisation des bactéries *Rhizobium***
Une alternative à l'ajout d'engrais consiste à cultiver des légumineuses l'année qui précède la culture de céréales. En effet, la racine de légumineuses (pois chiche, luzerne, etc.) possède des structures sphériques, appelées nodosités, qui renferment des bactéries du genre *Rhizobium*. Ces bactéries présentes naturellement dans le sol, sont capables de capter l'azote atmosphérique présent dans les poches d'air du sol et de le transformer en azote utilisable par les végétaux. Après la récolte des légumineuses, il reste dans le sol des feuilles, des racines et des nodosités riches en azote. Les céréales nouvellement cultivées utilisent l'azote issu de ces restes de cultures de légumineuses.

DOCUMENT 4 **Cultures de pois chiche (légumineuse) dans trois conditions culturales différentes**

La matière sèche produite par la plante permet d'évaluer la production de pois chiche.

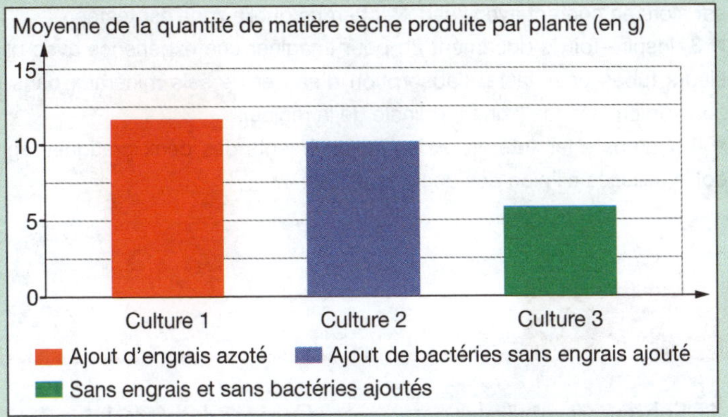

Graphique montrant la quantité de matière sèche produite par le pois chiche dans trois conditions de cultures différentes

▶ **4.** À partir des documents 3 et 4, comparer les deux pratiques agricoles utilisées pour améliorer la production des cultures.
Pour répondre, rédiger un paragraphe sur votre copie. Des valeurs chiffrées sont attendues.

LES CLÉS DU SUJET

Comprendre les documents

- Le premier document est un schéma de l'organisation générale d'un végétal avec ses organes et leur rôle respectif.
- Le document 2a présente les trois différentes zones d'une racine de plantule.
- Le tableau du document 2b compare les résultats d'expériences effectuées sur des plantules afin de connaître la/les zone(s) d'absorption racinaire.
- Le document 3 compare deux pratiques agricoles : l'ajout d'engrais chimique azoté et l'alternance de culture avec des légumineuses utilisant les bactéries *Rhizobium*.
- Le graphique du quatrième document compare la quantité de matière sèche produite par le pois chiche selon ses conditions de culture.

SVT

Répondre aux questions

▶ **1.** Lis attentivement les légendes associées aux organes du végétal, leur rôle y est noté.

▶ **2.** Compare les trois tubes en regardant bien quelle partie de la racine est alors en contact avec l'eau. Recherche quelle zone est testée.

▶ **3.** Inspire-toi du document 2b pour imaginer une expérience avec plusieurs tubes pour tester l'absorption d'eau et de sels minéraux dans la zone de croissance (zone terminale de la racine).

▶ **4.** Compare les intérêts et les inconvénients des deux pratiques agricoles utilisées à l'aide des documents 3 et 4.

CORRIGÉ 60

▶ **1.**

Substances minérales	**Organes du végétal**
l'eau •	• la feuille
le dioxyde de carbone •	• la tige
l'azote •	• la racine

▶ **2.** Le premier tube où toute la racine est dans l'eau est le témoin positif, il y a absorption d'eau et de sels minéraux, le végétal vit et se développe.

Le second tube où toute la racine est dans l'huile est le témoin négatif, il n'y a pas absorption d'eau et de sels minéraux, le végétal meurt.

Dans le troisième tube, seule la zone pilifère de la racine est dans l'eau, c'est donc elle qui est testée. Le végétal vit et se développe, il y a absorption d'eau et de sels minéraux.

L'hypothèse testée est donc l'hypothèse 3 : la zone pilifère absorbe l'eau et les sels minéraux.

▶ **3.** Il faut un témoin positif avec échanges : dans le premier tube où toute la racine est dans l'eau, il y a absorption d'eau et de sels minéraux, le végétal vit et se développe.

Il faut un témoin négatif sans échanges : dans le second tube où toute la racine est dans l'huile, il n'y a pas absorption d'eau et de sels minéraux, le végétal meurt.

Dans le troisième tube, seule la zone de croissance de la racine est dans l'eau, c'est donc elle qui est testée. On peut alors savoir s'il y a absorption d'eau et de sels minéraux, dans ce cas la plante vit et se développe comme avec le témoin positif.

L'hypothèse « la zone de croissance est aussi une zone d'absorption d'eau et de sels minéraux » est bien testée.

▶ **4.** On peut comparer les deux pratiques agricoles utilisées pour améliorer la production des cultures, afin de dégager leurs avantages et inconvénients.

• Pratique agricole 1 : engrais chimique azoté

– Avantages : l'engrais peut être apporté chaque année dans les cultures de céréales afin d'augmenter la production comme on le voit dans le graphique en comparant les cultures 1 et 3. Pour la culture 3, sans engrais, on a seulement 6 grammes de matière sèche produite par la plante contre 12 grammes avec l'ajout d'engrais de la culture 1. La production est multipliée par 2 avec l'engrais.

L'apport chimique est facile d'utilisation.

– Inconvénients : quand l'apport en engrais est trop important, le surplus qui n'est pas absorbé par le végétal se retrouve dans les cours d'eau, ce qui peut perturber les écosystèmes et engendrer des pollutions.

> REMARQUE
> Dans le graphique du document 4, il faut comparer les cultures qui ne diffèrent que par un seul facteur, c'est celui qui est testé.

• Pratique agricole 2 : utilisation des bactéries *Rhizobium*

Les racines de légumineuses contiennent des bactéries capables de fixer l'azote de l'air.

Après la récolte des légumineuses, il reste dans le sol des feuilles, des racines riches en azote. Les céréales cultivées ensuite utilisent l'azote issu de ces restes de cultures de légumineuses.

– Avantages : elle augmente la production, comme on le voit dans le graphique en comparant les cultures 2 et 3. Pour la culture 3, sans bactéries, on a seulement 6 grammes de matière sèche produite par la plante contre 10 grammes avec l'ajout de bactéries de la culture 2. La production est multipliée par 1,7 avec les bactéries *Rhizobium*.

Elle n'est pas polluante.

– Inconvénients : cette pratique nécessite une alternance de cultures, d'abord des légumineuses pour enrichir le sol en azote, puis des céréales qui utiliseront cet azote.

Les deux pratiques agricoles augmentent la production des cultures. Cependant, même si la culture avec les bactéries *Rhizobium* est plus contraignante et un peu moins rentable, elle préserve l'environnement.

> REMARQUE
> Dans le document 4, c'est la culture du pois chiche qui est testée. Pour une légumineuse, l'ajout de bactérie remplace l'engrais, les cultures 1 et 2 donnent des résultats presque identiques.

SUJET 61

France métropolitaine • Juillet 2019

PHYSIQUE-CHIMIE • 25 points

Étude des carottes glaciaires

Des cylindres de glace, de formule chimique H_2O, appelées « carottes », sont prélevés dans les régions polaires et dans les glaciers des montagnes ; ils contiennent des renseignements précieux pour l'étude du climat.
L'élément oxygène se trouve notamment sous la forme de trois atomes stables nommés oxygène 16, oxygène 17 et oxygène 18. À partir de la proportion d'oxygène 18 par rapport à l'oxygène 16 dans la glace, les chercheurs déterminent la température de l'atmosphère au moment de la formation de la glace.

DOCUMENT 1 **Un modèle de l'atome d'oxygène**

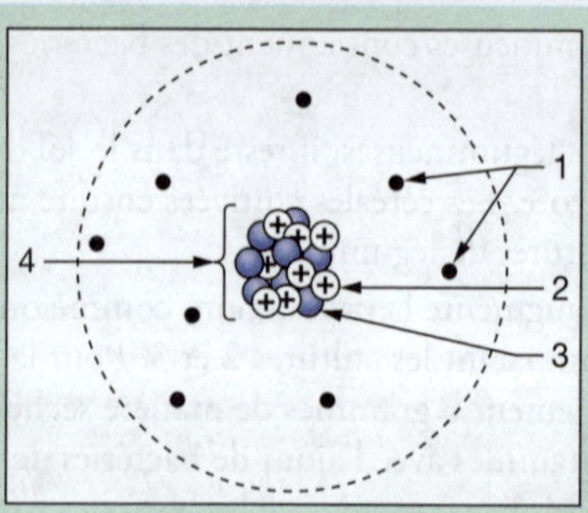

DOCUMENT 2 **Les fiches d'identité des atomes d'oxygène stables**

Oxygène 16	Oxygène 17	Oxygène 18
Symbole : $^{16}_{8}O$	Symbole : $^{17}_{8}O$	Symbole : $^{18}_{8}O$
Numéro atomique : 8	Numéro atomique : 8	Numéro atomique : 8
Nombre d'électrons : 8	Nombre d'électrons : 8	Nombre d'électrons : 8
Nombre de nucléons : 16	Nombre de nucléons : 17	Nombre de nucléons : 18
Masse de l'atome : $2{,}67 \times 10^{-26}$ kg	Masse de l'atome : $2{,}84 \times 10^{-26}$ kg	Masse de l'atome : $3{,}01 \times 10^{-26}$ kg
Abondance : 99,76 %	Abondance : 0,04 %	Abondance : 0,20 %

▶ **1. a)** Légender le document 1, en affectant à chaque numéro un nom parmi les propositions suivantes : noyau, électrons, proton, neutron.
b) Quel est le nombre de protons présents dans chacun des 3 atomes d'oxygène ? Justifier vos réponses par une phrase.
L'analyse des bulles d'air piégées dans la glace permet de déterminer la quantité de dioxyde de carbone CO_2 contenu dans l'atmosphère du passé.

DOCUMENT 3 **Évolution du pourcentage en volume de CO_2 dans l'air au cours des années**

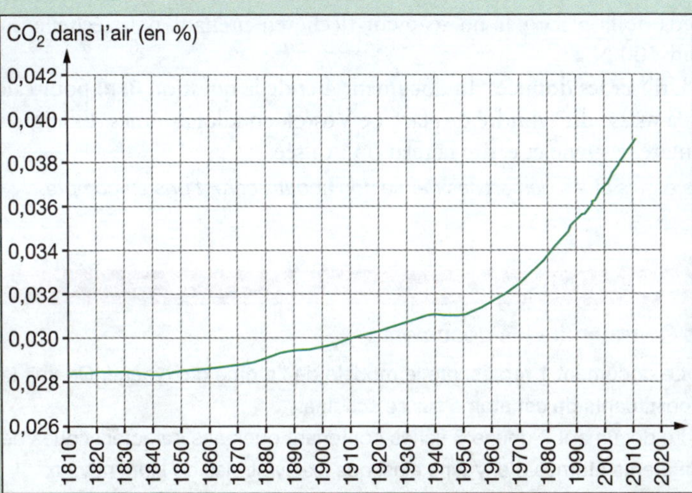

Données : www.eea.europa.eu/data-and-maps/figures/atmospheric-concentration-of-co2-ppm-1

▶ **2. a)** En utilisant le graphique du document 3, indiquer le pourcentage en volume de dioxyde de carbone présent dans l'air en 1910.
b) En quelle année ce pourcentage a-t-il atteint 0,037 % ?
c) Comparer, en citant des données du graphe, l'évolution du pourcentage de CO_2 en volume dans l'air, entre 1810 et 1950 puis entre 1950 et 2010.
d) Quelle valeur pourrait atteindre ce pourcentage en 2020 ? Décrire et critiquer la méthode utilisée.
Le projet ICE MEMORY est un programme scientifique dont l'objectif est de constituer la première archive glaciaire du monde. Des carottes provenant des glaciers les plus en danger seront conservées à –54 °C dans une cave creusée sous la neige de l'Antarctique.

PHYSIQUE-CHIMIE

Lieu de prélèvement de carottes glaciaires	Intensité de pesanteur g du lieu
Glacier du Mont Illimani (Bolivie). Altitude 6 300 m	$g = 9{,}76$ N/kg
Glacier du Col du Dôme (France). Altitude 4 236 m	$g = 9{,}79$ N/kg
Base de Vostok (Antarctique). Altitude 3 800 m	$g = 9{,}82$ N/kg

▶ **3. a)** À la base de Vostok qui se situe en Antarctique, on extrait une carotte de glace de 3 mètres de long, le poids du cylindre de glace est $P = 236$ N.

Schématiser le cylindre de glace en position verticale et représenter le poids de la glace par un segment fléché en prenant pour échelle 1 cm pour 100 N.

b) Utiliser les données du document 4 et de la question **3. a)** pour calculer la masse du cylindre de glace de Vostok en kilogrammes. Expliquer la démarche suivie et écrire la relation utilisée.

Les essais et les démarches même non aboutis seront pris en compte.

LES CLÉS DU SUJET

Comprendre les documents

• Le document 1 représente le modèle de l'atome d'oxygène. On voit les constituants de cet atome sur ce schéma.

• Le document 2 donne 3 fiches contenant quelques caractéristiques des différents atomes d'oxygène ainsi que les symboles de leurs noyaux.

• Le document 3 est un graphique donnant l'évolution du pourcentage en volume du dioxyde de carbone dans l'air, au cours du temps.

• Le document 4 indique l'intensité de pesanteur g (en N/kg) de quelques lieux où les carottes glaciaires ont été prélevées.

Répondre aux questions

▶ **1. b)** Utilise les données des fiches d'identité du document 2 pour répondre à cette question.

▶ **2. c)** Il faut faire quelques calculs pour répondre à cette question. N'oublie pas qu'il ne suffit pas de voir simplement une augmentation du pourcentage en volume du gaz, il faut la chiffrer. Rédige ta réponse en t'appuyant sur tes calculs.

d) Là aussi, il faut que tu rédiges ta réponse. Pense à ce qu'il manque sur le graphique du document 3 et à la façon dont il faut y remédier.

▶ **3. b)** Rappelle-toi que l'intensité de pesanteur varie en fonction du lieu. C'est ce qu'indique le document 4.

CORRIGÉ 61

> **REMARQUE**
> Les constituants du noyau atomique se distinguent par leurs charges.

▶ **1. a)** Dans le document 1 les numéros représentent :

1 : électrons ; 2 : proton ; 3 : neutron ; 4 : noyau.

b) Le nombre de protons d'un atome est donné par son numéro atomique Z écrit en bas à gauche du symbole du noyau. Les trois atomes d'oxygène présentés ont tous 8 protons car ils ont le même numéro atomique $Z = 8$.

▶ **2. a)** D'après le graphique, le pourcentage en volume du CO_2 en 1910 était de 0,030 %.

b) Le même graphique indique que le pourcentage en volume de CO_2 atteint 0,037 % en 2000.

c) L'étude du graphique du document 3 indique qu'entre 1810 et 1950, c'est-à-dire en 140 ans, le pourcentage en volume du CO_2 dans l'air ne varie que de 0,031 – 0,0285 = 0,0025 point tandis qu'entre 1950 et 2010 (en 60 ans) cette variation est de 0,039 – 0,031 = 0,0080 point. L'augmentation du pourcentage en volume du CO_2 en seulement 60 ans est plus de 3 fois supérieure à celle en 140 ans.

> **INFO +**
> Il faut deviner où ira la courbe !

d) Pour connaître la valeur qu'atteindra le pourcentage en volume du CO_2 en 2020 il est possible de prolonger la courbe du graphique donné dans le document 3. On constate qu'avec cette méthode le pourcentage atteint environ la valeur de 0,041 %.

En utilisant cette méthode, on considère que le pourcentage du volume augmente de la même façon, pas plus rapidement. De même on ne tiendra compte d'aucune inversion de tendance dans cette augmentation malgré quelques efforts entrepris par certains pays. La valeur que nous prévoyons restera donc hypothétique et notre méthode critiquable.

▶ **3. a)** Le poids $P = 236$ N est représenté par un segment fléché de 2,36 cm car l'échelle est de 1 cm ⇔ 100 N.

Le point de départ du segment est le centre de gravité G, au centre du cylindre.

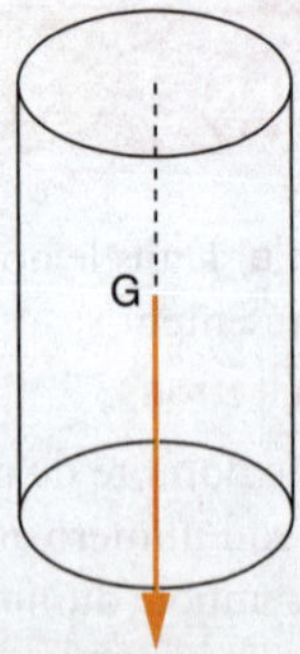

b) Le poids est donné par la relation $P = m \times g$. La valeur du poids du cylindre est de $P = 236$ N.

D'après le document 4, à Vostok la valeur de l'intensité de pesanteur est $g = 9{,}82$ N / kg.

La masse m du cylindre est donc donnée par la relation :

$m = \frac{P}{g} = \frac{236}{9{,}82} = 24{,}0$ kg.

CONSEIL
Écris la formule qui lie le poids et la masse, puis déduis-en la masse.

SUJET 62

Amérique du Sud • Novembre 2018

PHYSIQUE-CHIMIE • 25 points

Sous-marin : quels signaux pour communiquer ?

La communication à bord d'un sous-marin

– Dans un sous-marin en plongée, les membres de l'équipage ne perçoivent pas la lumière du jour, parfois pendant plusieurs semaines. Pour éviter le dérèglement de leur horloge biologique, des lampes indiquent l'alternance jour-nuit. Lorsqu'il fait jour à la surface, la lumière est blanche ; lorsqu'il fait nuit à la surface, la lumière est rouge.

– En cas d'incendie à bord, une sirène retentit.

La communication vers l'extérieur d'un sous-marin

– Pour communiquer vers l'extérieur depuis un sous-marin en plongée, on peut utiliser une bouée « antenne » reliée au sous-marin par un câble électrique. Cette bouée émet et reçoit des signaux radio.

– Par ailleurs, l'utilisation d'un sonar permet de faire des mesures et de recueillir des informations sur la nature des obstacles rencontrés. Le sonar émet un signal sonore dont la fréquence s'élève à plusieurs centaines de kilohertz. Ce signal se propage jusqu'à un obstacle, est réfléchi par cet obstacle puis revient jusqu'au sonar.

DOCUMENT 1 Échelle des fréquences sonores

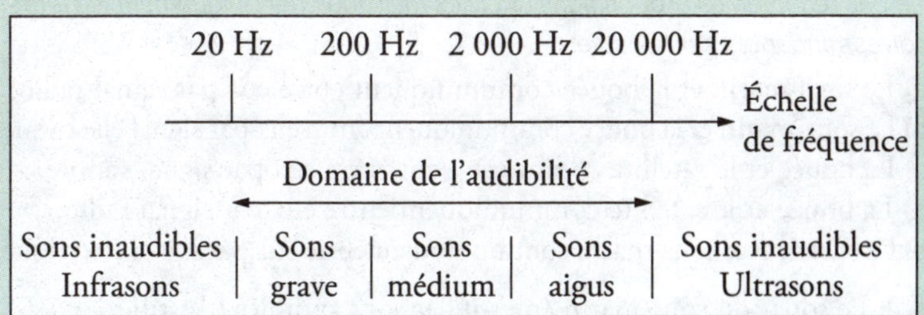

DOCUMENT 2 **Les moyens de communication depuis un sous-marin**

Les échelles ne sont pas respectées.

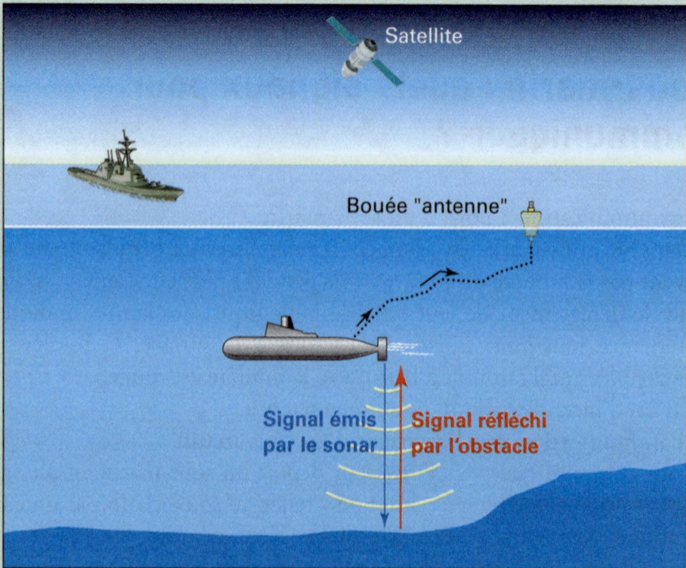

▶ **1.** Indiquer la nature des deux types de signaux utilisés pour la communication à bord d'un sous-marin et cités dans le texte d'introduction.

▶ **2.** Préciser l'information transmise par chacun de ces signaux.

▶ **3.** Parmi les propositions suivantes, identifier celles qui sont exactes.

Ne pas recopier les propositions choisies mais indiquer uniquement les lettres correspondantes sur la copie.

a) Le sous-marin et la bouée communiquent entre eux par signal radio.
b) Le sous-marin et la bouée communiquent entre eux par signal électrique.
c) La bouée et le satellite communiquent entre eux par signal sonore.
d) La bouée et le satellite communiquent entre eux par signal radio.
e) Le bateau et le sous-marin communiquent entre eux par signal électrique.

▶ **4.** Le sonar du sous-marin émet-il des sons audibles ? Justifier la réponse.

DOCUMENT 3 **Écran de visualisation des signaux émis et reçus par le sonar**

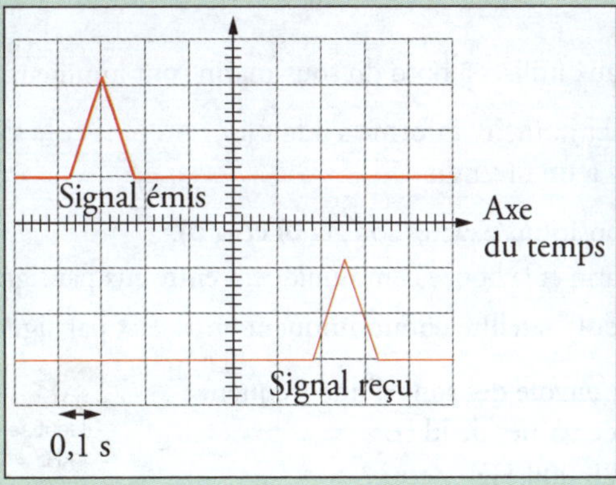

▶ **5.** Un sous-marin en expédition pour cartographier les fonds marins se trouve à 300 m sous la surface de l'océan. Les scientifiques utilisent le sonar pour connaître la profondeur du fond océanique dans la zone où se trouve le sous-marin.
En exploitant le document 3, calculer la profondeur du fond océanique.
Donnée : vitesse du son dans l'eau de mer : $v = 1\ 500$ m/s.

LES CLÉS DU SUJET

■ Comprendre les documents

• Le document 1 présente une échelle des fréquences sonores déjà vue en classe. Il montre le domaine de l'audibilité.

• Le document 2 est un schéma des moyens de communication qu'un sous-marin peut utiliser. Il illustre le texte d'introduction.

• Le document 3 montre l'écran d'un oscilloscope qui fait apparaître un signal émis et le même signal reçu après sa réflexion sur le fond marin. On peut lire le temps en secondes sur l'axe horizontal à l'aide des carreaux.

■ Répondre aux questions

▶ **3.** Lis bien le texte du début du sujet et souligne les signaux utilisés.

▶ **4.** Utilise le texte introductif et le document 1 pour répondre.

▶ **5.** Cette question se présente comme un problème à résoudre. N'oublie pas que tu cherches une distance. Le document 3 te permettra de déterminer le temps entre l'émission et la réception du signal.

CORRIGÉ 62

▶ **1.** Les signaux utilisés à bord du sous-marin sont lumineux ou sonores.

▶ **2.** Le signal lumineux informe s'il fait jour ou nuit et le signal sonore informe s'il y a un incendie.

▶ **3.** Les propositions exactes sont la **b)** et la **d)**.

b) Le sous-marin et la bouée communiquent entre eux par signal électrique.

d) La bouée et le satellite communiquent entre eux par signal radio.

▶ **4.** Le sonar envoie des sons d'une fréquence de plusieurs centaines de kHz.
100 kHz > 20 000 Hz

Il émet donc des ultrasons inaudibles à l'oreille humaine.

> **REMARQUE**
> Il faut se rappeler que 1 kHz = 1 000 Hz avant d'utiliser le doc. 1.

▶ **5.** Dans un premier temps, on cherche la distance du fond de l'océan au sous-marin, que l'on appelle d. La vitesse des ultrasons utilisés pour cette cartographie est $v = 1\,500$ m/s. Il suffit donc de lire le temps que met ce signal pour aller du sous-marin jusqu'au fond océanique que l'on appelle t. On utilisera ensuite la relation $v = \frac{d}{t}$.

> **CONSEIL**
> Explique ta démarche d'abord en donnant les formules que tu utiliseras.

• Détermination de t : le temps mesuré sur l'écran de visualisation est le temps d'un aller-retour, soit $2t$.

Sur le document 3 on constate que les deux pics sont distants de 5,6 carreaux. À chaque carreau correspond 0,1 s.

$2t = 5{,}6 \times 0{,}1 = 0{,}56$ s

$t = \frac{0{,}56}{5} = 0{,}28$ s

> **INFO +**
> N'oublie pas que le signal du sonar part de l'émetteur, puis revient vers le récepteur.

• Calcul de d : on sait que $d = v \times t$.

• $d = 1\,500 \times 0{,}28 = 420$ m.

• Calcul de la profondeur du fond océanique p : on sait que le sous-marin se trouve 300 m sous la surface de l'océan, donc :
$p = d + 300 = 720$ m.

Centres étrangers • Juin 2019

PHYSIQUE-CHIMIE • 25 points

Le savon de Marseille

ph © Maceo/Adobe Stock

Fabriqué à partir d'un corps gras (beurre, huile, suif…) et de soude, le savon possède des propriétés propices au lavage et à l'hygiène corporelle.

1. LA FABRICATION DU SAVON DE MARSEILLE — 10 POINTS

▶ **1.** La réaction entre l'huile d'olive et la soude est une étape de la fabrication du savon de Marseille. L'équation de la réaction chimique est :

$$C_{57}H_{104}O_6 + 3\,HO^- \rightarrow 3\,C_{18}H_{33}O_2^- + C_3H_8O_3$$

a) Indiquer la nature des entités chimiques de formules $C_{18}H_{33}O_2^-$ et $C_3H_8O_3$ en choisissant parmi les termes : *atome*, *molécule*, *ion*.

b) Donner le nom et le nombre de chaque atome présent dans la formule chimique $C_{57}H_{104}O_6$ du constituant majoritaire de l'huile d'olive.

DOCUMENT 1 **Étiquette d'une bouteille de solution d'hydroxyde de sodium (soude)**

Corrosif

HYDROXYDE DE SODIUM

($Na^+ + HO^-$)

▶ **2. a)** La solution d'hydroxyde de sodium est très basique. Parmi les propositions **A**, **B** et **C**, indiquer celle correspondant à la valeur de son pH.

A : pH > 7 **B** : pH = 7 **C** : pH < 7

b) Nommer l'ion responsable du caractère basique de la solution d'hydroxyde de sodium.

c) Citer deux moyens de protection à recommander pour utiliser la solution l'hydroxyde de sodium en toute sécurité.

2. L'HUILE D'OLIVE ET SON EXTRACTION 8 POINTS

▶ 1. Le broyage des olives

Les olives sont placées dans une meule pour être écrasées par une pierre. Autrefois, un âne entraînait la pierre, comme représenté ci-dessous. Le mouvement de l'âne était alors circulaire et uniforme.

DOCUMENT 2 **Schéma du principe de fonctionnement de la meule**

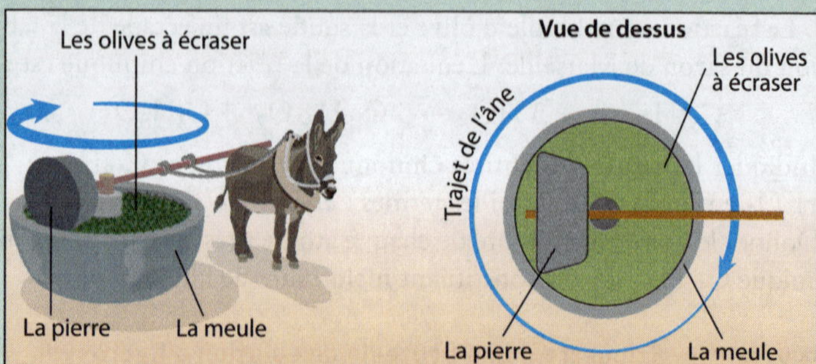

Donner la signification des termes *circulaire* et *uniforme*.

▶ 2. Extraction du jus

Après avoir broyé puis pressé les olives, un jus composé d'huile d'olive et d'eau est récupéré. L'huile d'olive est non miscible avec l'eau et sa masse volumique est plus petite que celle de l'eau. Schématiser le mélange *eau – huile d'olive*, après repos, dans un récipient. Légender le schéma.

▶ **3. Modernisation de la meule**

Le graphique ci-dessous indique le nombre de tours effectués par l'âne en fonction du temps.

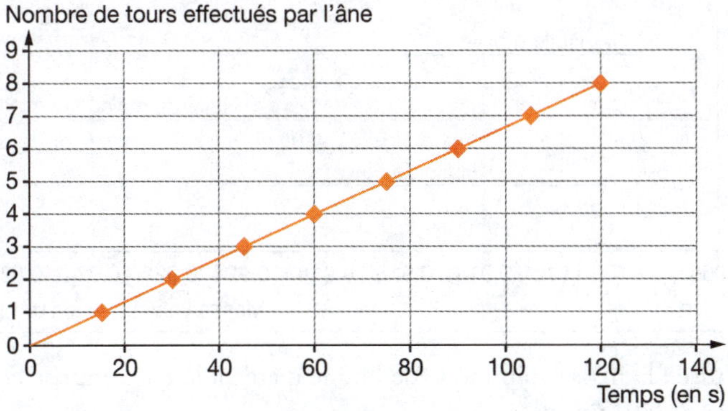

Aujourd'hui, l'âne a été remplacé par un moteur dont la vitesse de rotation est de 6 tr/min (6 tours par minute).

Montrer que l'utilisation du moteur à la place de l'âne permet d'écraser les olives plus rapidement en explicitant le raisonnement suivi.

3. UN LABEL À CONSERVER — 7 POINTS

Pour obtenir le label « savon de Marseille », l'unique corps gras autorisé est l'huile d'olive.

Au port de Marseille, de nombreuses huiles différentes arrivent quotidiennement par bateau.

Un industriel possède une savonnerie qui produit exclusivement du savon de Marseille. Il demande à un stagiaire de réaliser une expérience permettant de vérifier que l'huile reçue est effectivement de l'huile d'olive.

Voici l'expérience réalisée par le stagiaire :

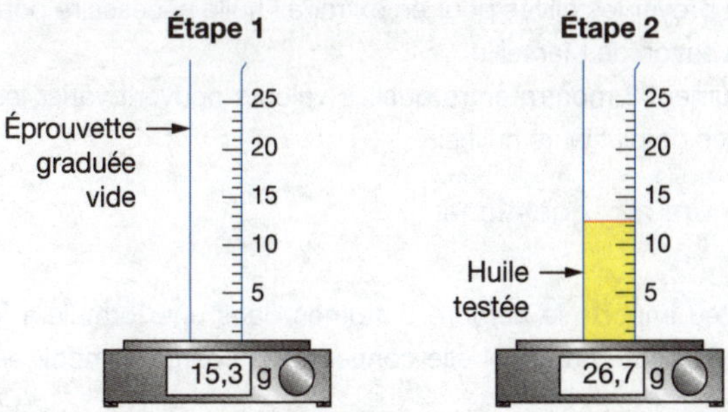

PHYSIQUE-CHIMIE

DOCUMENT 3 **Masse volumique de quatre huiles prélevées au port de Marseille**

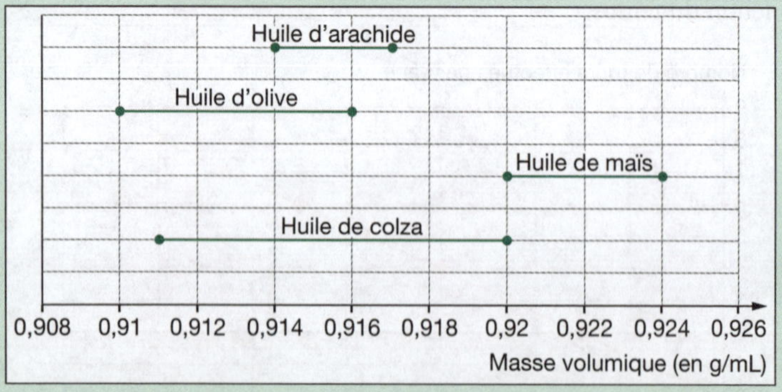

Lecture : la masse volumique de l'huile d'arachide est comprise entre 0,914 et 0,917 g/mL.

À partir de l'expérience ci-avant et en s'appuyant sur le document 3, indiquer si le stagiaire pourra conclure sur la nature de l'huile testée. Un raisonnement et des calculs sont attendus.

LES CLÉS DU SUJET

■ Comprendre les documents

- Le document 1 contient un pictogramme qui représente de façon schématique les caractéristiques et dangers de l'hydroxyde de sodium. Il mentionne les ions que cette solution contient.
- Le document 2 schématise, quant à lui, le fonctionnement d'une meule qui sert à broyer les olives pour en extraire l'huile nécessaire pour la fabrication du savon de Marseille.
- Le document 3 montre entre quelles valeurs peuvent varier les masses volumiques de plusieurs huiles.

■ Répondre aux questions

Partie 1

▶ **1. a)** Peu importe le nombre d'atomes dans une formule, rappelle-toi qu'elle représente un ion si elle contient une charge symbolisée par des + et des –.

Partie 2

▶ **2.** Connaître la masse volumique d'un liquide nous permet de savoir s'il surnage ou s'il « coule » dans un autre liquide de masse volumique différente.

▶ **3.** Tu dois faire un calcul et répondre en présentant un raisonnement. Pense à faire une rédaction courte et claire sans oublier de conclure.

Partie 3

Tu dois faire un calcul dans cette question également. Le tableau te permet de situer la valeur de la masse volumique d'une huile entre deux valeurs qui l'encadrent : cela veut dire qu'il n'y a pas qu'une seule valeur exacte pour la masse volumique de l'huile d'olive. Rédige ta réponse en présentant tes calculs et conclus.

CORRIGÉ 63

1. LA FABRICATION DU SAVON DE MARSEILLE

▶ **1. a)** La première formule $C_{18}H_{33}O_2^-$ représente un ion tandis que $C_3H_8O_3$ représente une molécule.

b) Dans la molécule de l'huile d'olive de formule $C_{57}H_{104}O_6$, il y a 57 atomes de carbone, 104 atomes d'hydrogène et 6 atomes d'oxygène.

▶ **2. a)** Le pH de la solution d'hydroxyde de sodium est supérieur à 7 car elle est basique. La bonne réponse est donc A : $pH > 7$.

b) L'ion responsable du caractère basique de la solution d'hydroxyde de sodium est le HO^- : l'ion hydroxyde.

> INFO +
> Les ions qui constituent la solution apparaissent sur le pictogramme.

c) D'après le pictogramme de l'hydroxyde de sodium, on constate que la solution est corrosive. Il faut donc utiliser des lunettes de protection et des gants pour la manipuler.

2. L'HUILE D'OLIVE ET SON EXTRACTION

▶ **1.** Un mouvement circulaire et uniforme s'effectue suivant une trajectoire en forme de cercle et à vitesse constante.

▶ **2.** D'après le texte, la masse volumique de l'huile d'olive est inférieure à celle de l'eau. L'huile se place donc au-dessus de l'eau après repos.

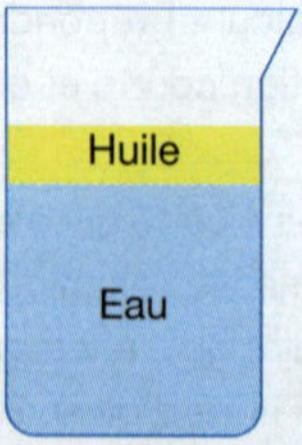

Schéma du mélange eau + huile après repos

CONSEIL
Utilise les informations données dans le texte d'introduction de la question.

▶ **3.** D'après le graphique, l'âne effectuait 4,0 tours en 60 secondes. Sa vitesse était donc $V_{\text{âne}} = 4$ tr/min. Le moteur a une vitesse de rotation de $V_{\text{moteur}} = 6$ tr/min.

On constate que : $V_{\text{moteur}} > V_{\text{âne}}$.

Le moteur ayant une vitesse plus élevée, il permet donc d'écraser les olives plus rapidement que l'âne.

REMARQUE
Pour comparer deux vitesses, il faut qu'elles soient exprimées dans la même unité.

3. UN LABEL À CONSERVER

Le stagiaire doit d'abord calculer la masse volumique de l'huile d'olive en utilisant le schéma de l'expérience.

La masse de l'huile est donnée par $m = 26{,}7 - 15{,}3 = 11{,}4$ g.

La masse volumique de l'huile est donnée par $\rho = \frac{m}{V} = \frac{11{,}4}{12{,}5} = 0{,}912$ g/mL.

REMARQUE
Les deux schémas te permettent de calculer la masse de l'huile.

Cette valeur nous permet de voir que $0{,}910 \text{ g/mL} < \rho < 0{,}916 \text{ g/mL}$.

Le stagiaire peut donc conclure que l'huile reçue par la savonnerie peut être classée comme huile d'olive car la valeur de sa masse volumique est comprise dans la gamme de valeurs données pour l'huile d'olive, dans le tableau du document 3. Néanmoins un doute subsiste : l'huile en question pourrait être également l'huile de colza d'après le tableau.

SUJET
64

Nouvelle-Calédonie • Décembre 2018

PHYSIQUE-CHIMIE • 25 points

La sécurité routière

La clarté et la qualité de la rédaction scientifique seront prises en compte dans la notation. Toutes les initiatives, même non abouties, seront valorisées lors de la correction.

Au 31 décembre 2017, le bilan annuel définitif est de 42 accidents mortels. 55 personnes ont trouvé la mort sur les routes de Nouvelle-Calédonie. Bien souvent une vitesse excessive et une conduite sous l'emprise de l'alcool (et/ou du cannabis) sont responsables de la majorité des accidents.

Le sujet porte sur l'analyse du mouvement d'une voiture, des énergies mises en jeu et de la combustion dans le moteur.

1. ÉTUDE DU MOUVEMENT D'UNE VOITURE

La chronophotographie est une technique photographique qui consiste à prendre une succession de photographies, puis à les superposer, afin de bien observer les différentes phases du mouvement d'un objet. On s'intéresse ici au cas d'une voiture.

DOCUMENT 1 Chronophotographie du mouvement de la voiture

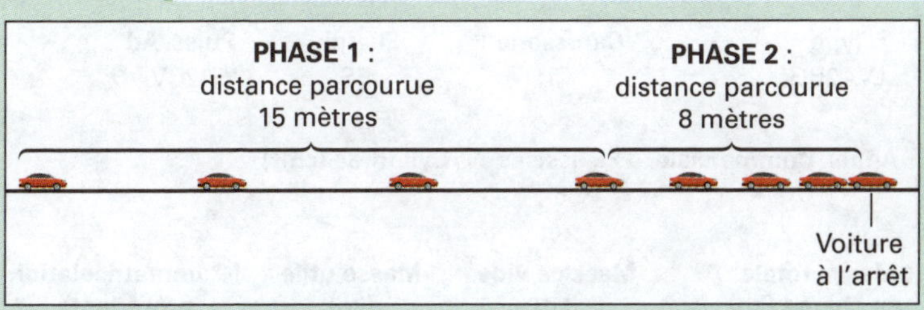

L'intervalle de temps entre deux images de la voiture est égal à 0,25 s.

DOCUMENT 2

$$v = \frac{d}{t}$$

d : distance parcourue en mètres (m) ;
t : durée du parcours en secondes (s) ;
v : vitesse exprimée en mètres par seconde (m/s).

▶ **1.** Cocher la proposition qui caractérise la nature du mouvement de la voiture dans la phase 1 (voir document 1) :

❑ uniforme ❑ accéléré ❑ ralenti

▶ **2.** Indiquer comment évolue la vitesse de la voiture lors de la phase 2 (voir document 1). Justifier votre réponse.

▶ **3.** Montrer, par un calcul, que la valeur de la vitesse de la voiture lors de la phase 1 est égale à 20 m/s.

2. ÉTUDE DES ÉNERGIES

Tout objet en mouvement possède une énergie qui dépend de sa vitesse (l'énergie cinétique) et une énergie qui dépend de sa hauteur (l'énergie potentielle). L'énergie cinétique est à l'origine des déformations lors d'un choc entre deux voitures. Plus l'énergie cinétique est élevée, plus le choc sera violent.

DOCUMENT 3 **Carte grise de la voiture**

Certificat d'immatriculation			
Marque XXX	**Genre** VP	**N° dans la série du type** SALVA2BG7CH696184	
Type LVA2BG	**Carosserie** CI	**Énergie** ES	**Puiss. Ad** 12CV
Appel. Commerciale XXX	**Pl. assises** 5	**Cylindrée (cm^3)**	
Masse totale en charge (kg) 2 300	**Masse à vide (kg)** 1 780	**Masse utile (kg)** 520	**N° Immatriculation précédente**
Bruit (dBA) 99	**Rég. Mot. (tr/min)** 9999	**Date d'immatriculation précédente**	

DOCUMENT 4 **Relation permettant de calculer l'énergie cinétique**

$$E_c = \frac{1}{2} \times m \times v^2$$

E_c : énergie cinétique (en J) ;
m : masse (en kg) ;
v : vitesse (en m/s).

DOCUMENT 5 **Graphique représentant la hauteur de chute d'un objet de masse 2 300 kilogrammes en fonction de son énergie cinétique acquise au moment du contact**

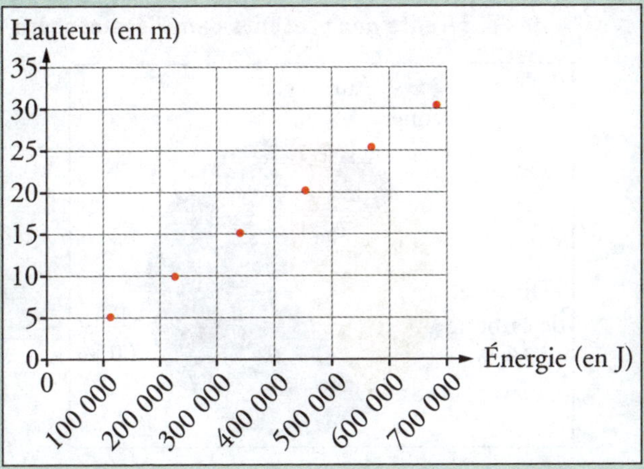

▶ **4.** Montrer que l'énergie cinétique de la voiture vaut 460 000 J, sachant qu'elle roule à 72 km/h (soit 20 m/s) et que la masse du véhicule est égale à la masse totale autorisée inscrite sur la carte grise.

▶ **5.** Pour bien comprendre la violence d'un choc lors d'un accident, on peut le comparer à celui d'une voiture chutant de plusieurs étages. Déterminer, à l'aide du graphique du document 5, de quelle hauteur doit chuter la voiture afin d'avoir un choc identique à celui de cette voiture percutant un obstacle à 72 km/h.

3. ÉTUDE DE LA COMBUSTION DANS LE MOTEUR

Le carburant utilisé est principalement composé d'heptane dont la formule chimique est C_7H_{16}. L'équation modélisant la combustion de l'heptane en présence de dioxygène est :

$$C_7H_{16} + 11\ O_2 \rightarrow 7\ CO_2 + 8\ H_2O$$

La combustion de l'heptane contribue à l'augmentation de l'effet de serre qui est un phénomène naturel d'autorégulation de la température à la surface de la Terre.

DOCUMENT 6 **Répartition de la contribution à l'effet de serre des différents gaz présents dans l'atmosphère**

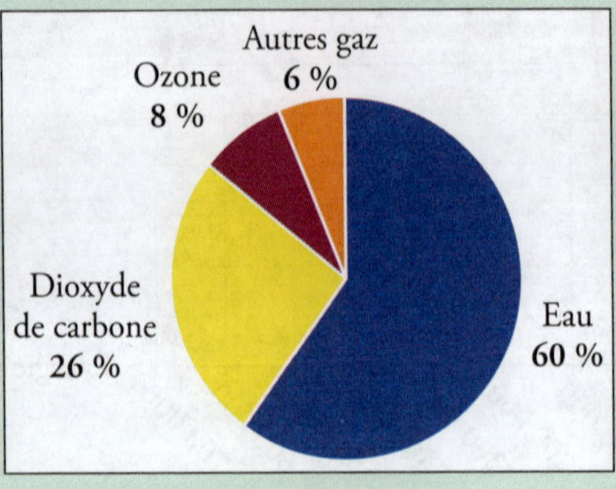

▶ **6.** Donner les noms des quatre molécules présentes dans l'équation modélisant la combustion de l'heptane.

▶ **7.** Expliquer en quoi le fonctionnement d'une voiture contribue à l'augmentation de l'effet de serre.

LES CLÉS DU SUJET

Comprendre les documents

• Le document 1 est une chronophotographie : des images ont été prises toutes les 0,25 s. Ce document permet de décomposer le mouvement du véhicule.

• Le document 2 et le document 4 rappellent les formules données en classe. Les unités sont précisées, ce qui aide à convertir en cas de besoin.

• Le document 3 présente une carte grise, comme une carte d'identité de la voiture. Attention ce document donne beaucoup d'informations qui ne sont pas toutes utiles pour cet exercice.

• Le document 5 est un graphique simple. Il permet de repérer les hauteurs de chute en fonction des énergies cinétiques acquises par l'objet qui tombe.

• Le document 6 est un diagramme qui nous rappelle les noms des gaz qui contribuent le plus à l'effet de serre.

Répondre aux questions

▶ **2.** Utilise la chronophotographie et ses propriétés.

▶ **5.** L'énergie est donnée, il s'agit de lire le graphique.

▶ **6.** Relis les informations données dans le diagramme à l'équation-bilan de la combustion de l'heptane pour répondre à cette question.

CORRIGÉ 64

1. ÉTUDE DU MOUVEMENT D'UNE VOITURE

▶ **1.** Le mouvement de la voiture est uniforme.

> REMARQUE
> Les points sont alignés et équidistants.

▶ **2.** On constate sur la chronophotographie que la distance entre les points diminue de plus en plus pendant les intervalles du temps identiques. On conclut alors que la vitesse diminue lors de la phase 2 du mouvement.

▶ **3.** La distance parcourue lors de la phase 1 est $d = 15$ m et la durée du parcours est :

$t = 3 \times 0{,}25 = 0{,}75$ s.

La vitesse est donnée par :

$$v = \frac{d}{t} = \frac{15}{0{,}75} = 20 \text{ m/s.}$$

ATTENTION !
Il y a 3 intervalles de temps entre 4 photos d'une chronophotographie.

2. ÉTUDE DES ÉNERGIES

▶ **4.** La masse totale de la voiture est donnée dans sa carte grise : $m = 2\,300$ kg et sa vitesse est $v = 20$ m/s. L'énergie cinétique de la voiture est donnée par :

$$E_c = \frac{1}{2} \times m \times v^2 = \frac{1}{2} \times 2\,300 \times (20)^2 = 460\,000 \text{ J.}$$

▶ **5.** On cherche sur le graphique la hauteur H correspondant à $E_c = 460\,000$ J. On peut voir que :

$H = 21$ m.

Une voiture qui percute un obstacle à 72 km/h reçoit donc un choc identique à celui de la même voiture qui tombe de 21 m de hauteur.

3. ÉTUDE DE LA COMBUSTION DANS LE MOTEUR

▶ **6.** Les molécules présentes dans la combustion de l'heptane sont : l'heptane, le dioxygène, l'eau et le dioxyde de carbone.

▶ **7.** Lorsqu'une voiture fonctionne, elle consomme du carburant de type heptane. La consommation des hydrocarbures de ce type libère du dioxyde de carbone et de la vapeur d'eau, espèces chimiques contribuant à 26 % pour la première et à 60 % pour la seconde à l'effet de serre. Cet effet augmente donc avec l'utilisation des voitures.

SUJET 65

Centres étrangers • Juin 2019
SVT • 25 points

Le défi des biocarburants

Le mercredi 6 septembre 2017, le ministre de la transition écologique et solidaire a présenté en Conseil des ministres le projet de loi mettant fin à la recherche ainsi qu'à l'exploitation des hydrocarbures. La production de carburants à partir de végétaux (appelés biocarburants) est donc désormais l'un des enjeux du XXIe siècle. On se propose d'étudier quelques aspects de cette production d'avenir.

▶ **1.** À l'aide du document 1, identifier la substance qui est exploitée par l'être humain pour fabriquer des biocarburants à partir d'*Haematococcus pluvialis*. *(4 points)*

DOCUMENT 1A **Observation microscopique de l'algue**

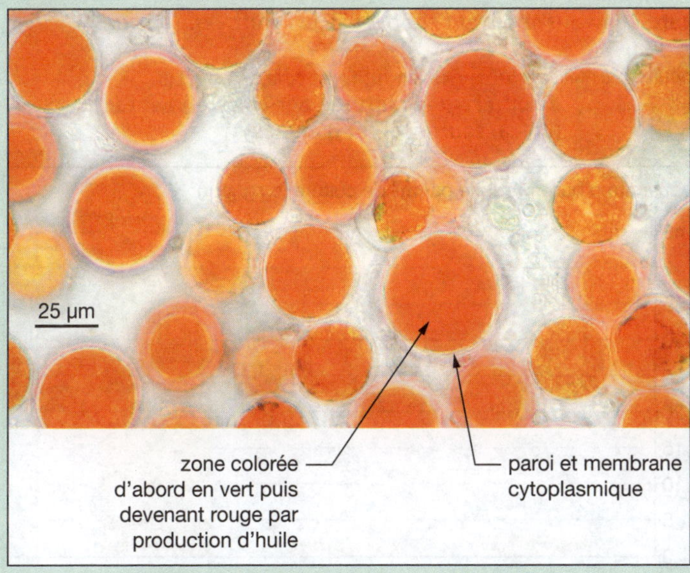

Source : site internet du Muséum national d'histoire naturelle

SVT

DOCUMENT 1B Système de culture de l'algue *Haematococcus pluvialis*

Pour pouvoir cultiver *Haematococcus pluvialis*, il faut utiliser un dispositif comme celui qui est photographié ci-contre afin d'obtenir une production d'huile nécessaire à la synthèse de biocarburants.

Ce dispositif permet de contrôler les différents facteurs permettant la croissance rapide d'*Haematococcus pluvialis* :
- la lumière ;
- le CO_2 dissous dans l'eau de mer ;
- la température ;
- l'agitation du milieu.

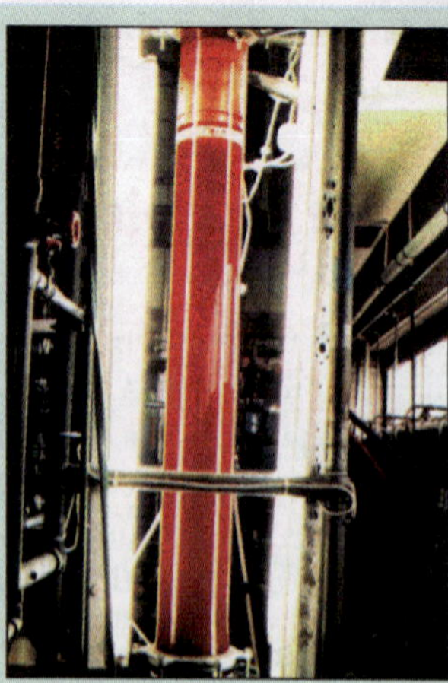

Journal de la Société de biologie, 202(3)

Source : *Journal de la Société de Biologie*, 202 (3), 201-211 (2008). La production de biocarburant lipidique avec des microalgues : promesses et défis.

▶ **2.** À partir du document 2 comparer la productivité des différentes cultures, en vous appuyant sur des valeurs chiffrées. *(8 points)*

DOCUMENT 2 Productivité en huile obtenue à partir de différentes cultures agricoles alimentaires (colza, tournesol) et d'algues

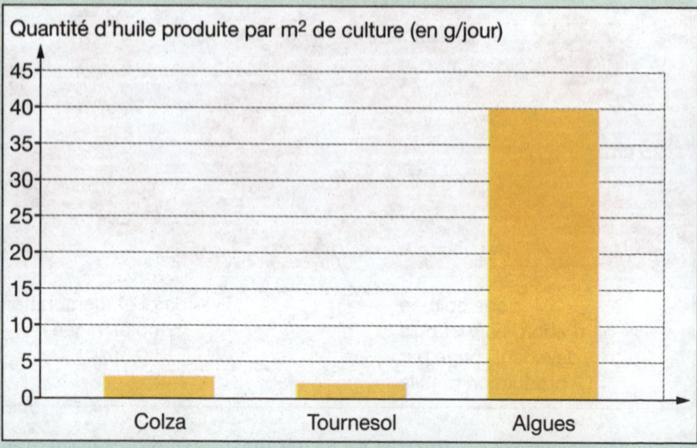

Source : *Journal de la Société de Biologie*, 202 (3), 201-211 (2008). La production de biocarburant lipidique avec des microalgues : promesses et défis.

▶ **3.** À partir des documents 3 et 4, expliquer l'intérêt de la dernière génération de biocarburants. Justifier avec des valeurs chiffrées. *(13 points)*

DOCUMENT 3 **Différentes générations de biocarburants**

Au cours des dernières années, on a successivement obtenu plusieurs générations de biocarburants, en utilisant de la matière d'origine variée.

Type de biocarburant	1re génération	Dernière génération
Origine de la matière	Production agricole alimentaire (blé, maïs, colza, tournesol…)	Algues
Partie du végétal utilisée	Essentiellement les graines	Toute l'algue

D'après : Rapport du Sénat : « Le défi alimentaire à l'horizon 2050 », 2011-2012.

DOCUMENT 4 **Tableau comparant les pourcentages de surfaces nécessaires pour produire les deux types de biocarburants**

Génération de biocarburant	Pourcentage de la surface agricole nécessaire à la production de 10 % des besoins en carburant
1re génération	72
Dernière génération	4,2

LES CLÉS DU SUJET

■ Comprendre les documents

- Le premier document présente l'algue *Haematococcus pluvialis* et son système de culture afin d'obtenir des biocarburants.
- Le second document est un graphique représentant la productivité en huile de cultures de colza, tournesol et d'algues.
- Le tableau du troisième document compare les végétaux utilisés pour obtenir les biocarburants de première et de dernière génération.
- Le tableau du quatrième document compare les pourcentages de surfaces nécessaires à la culture des biocarburants de première et dernière génération.

SVT

Répondre aux questions

▶ **1.** Lis attentivement le texte afin de relever la substance utilisée pour la fabrication des biocarburants.

▶ **2.** Compare les valeurs de productivité en huile pour les trois types de culture.

▶ **3.** Tu dois faire ressortir les avantages des biocarburants dernière génération. Compare les caractéristiques des deux types de culture données par les tableaux des documents 3 et 4.

CORRIGÉ 65

▶ **1.** Il est noté dans le texte expliquant le système de culture : « production d'huile nécessaire à la synthèse de biocarburants », cette huile est présente dans les cellules de l'algue d'après l'observation microscopique. L'huile produite par l'algue est la substance exploitée par l'Homme pour fabriquer des biocarburants.

> REMARQUE
> Synthèse est synonyme de production ou fabrication.

▶ **2.** La productivité des différentes cultures est donnée en ordonnée sur le graphique, en quantité d'huile produite en grammes par jour et par mètre carré de culture ($g/j/m^2$).

La productivité de la culture de colza est de 3 $g/j/m^2$, celle du tournesol de 2 $g/j/m^2$ et celle de l'algue de 40 $g/j/m^2$.

La productivité de la culture d'algue est 10 à 20 fois supérieure à celle des cultures agricoles alimentaires.

> CONSEIL
> N'oublie pas les données chiffrées.

▶ **3.** L'étude des documents comparant les biocarburants de première et dernière génération nous permet de démontrer l'intérêt de la dernière génération.

D'après le document 3, les biocarburants de première génération sont produits à partir de cultures agricoles alimentaires comme le blé, le colza, le maïs ou le tournesol qui ne peuvent alors plus être utilisés pour l'alimentation humaine ou d'élevage. Les biocarburants de dernière génération sont produits à partir d'algues qui ne sont pas des sources alimentaires.

> GAGNE DES POINTS
> Il faut d'abord énoncer la problématique, puis argumenter en montrant les intérêts des biocarburants dernière génération grâce aux documents et conclure en répondant à la problématique.

De plus, seules les graines sont utilisées pour les cultures agricoles alimentaires, alors que c'est l'algue toute entière qui est utilisée pour les biocarburants de dernière génération. Il y a alors un meilleur rendement.

D'après le document 4, les biocarburants de première génération utiliseraient 72 % des surfaces agricoles, ceux de dernière génération seulement 4,2 % pour produire 10 % des besoins en carburant. La culture d'algue utilise 17 fois moins de surface agricole que les cultures des biocarburants de première génération.

D'après les documents 3 et 4, les intérêts de la dernière génération de carburant sont :

– un meilleur rendement que la première génération ;

– cette culture ne se fait pas aux dépens des productions alimentaires humaines, car la surface de culture est moindre et la production n'est pas alimentaire.

REMARQUE

Le second document montre un intérêt supplémentaire qui est une productivité d'huile très supérieure.

SVT

SUJET

66

Amérique du Nord • Juin 2019

SVT • 25 points

L'angine de Léa

Léa a 14 ans. Elle souffre de maux de gorge, a du mal à avaler et a de la fièvre.
Sa mère décide de consulter un médecin pour obtenir des antibiotiques. Le médecin diagnostique une angine provoquée par un microorganisme responsable des douleurs de Léa. Il lui indique qu'il doit effectuer des examens complémentaires car les antibiotiques ne sont pas donnés automatiquement.

DOCUMENT 1 La détermination de l'origine de l'angine

a. Angine virale ou angine bactérienne

Les symptômes de Léa ont pour origine soit un virus, soit une bactérie. Un test de diagnostic rapide de l'angine permet de déterminer si l'origine de l'angine est virale ou bactérienne. Il est indolore et ne prend que quelques minutes. Pour réaliser ce test, le médecin fait un prélèvement au niveau de la gorge de Léa avec un écouvillon (sorte de grand coton-tige).

b. Test de diagnostic rapide de l'angine

L'écouvillon est placé dans un tube qui contient quelques gouttes de réactif (substance mettant en évidence la présence d'un élément chimique). Une bandelette de papier sensible à ce réactif est ensuite placée dans ce tube.
L'apparition de traits sur la bandelette permet de déterminer l'origine d'une angine.

- Si le test est positif, il s'agira bien d'une angine bactérienne.
- Si le test est négatif, l'angine sera d'origine virale.

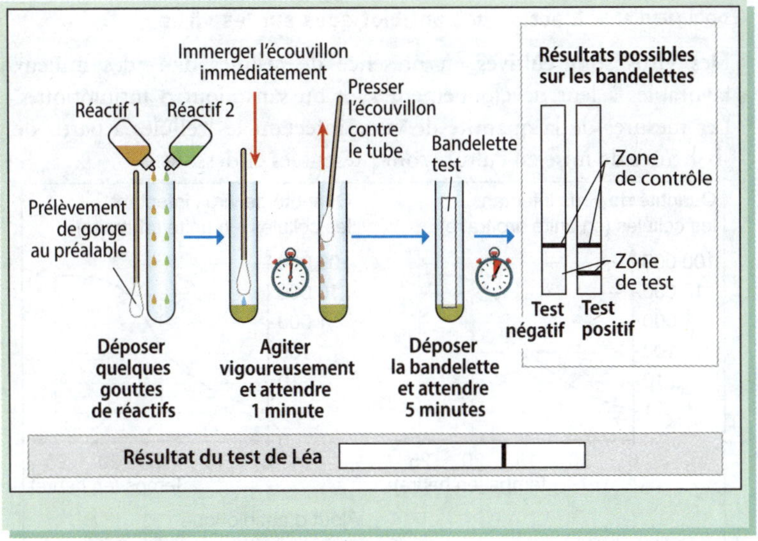

▶ **1.** D'après vos connaissances, cocher la bonne réponse pour chaque proposition. (*4 points*)

a) Les bactéries sont :

❑ des êtres vivants observables au microscope.
❑ des êtres vivants visibles à l'œil nu.
❑ des êtres vivants observables à la loupe.

b) Les bactéries :

❑ sont toutes pathogènes.
❑ ne rendent pas forcément malades.
❑ entraînent toujours la mort.

c) On rencontre des microorganismes :

❑ dans tous les milieux.
❑ seulement dans l'air et dans l'eau.
❑ seulement à l'intérieur des organismes vivants.

d) La contamination est :

❑ la défense de l'organisme contre les microorganismes.
❑ la multiplication des microorganismes dans l'organisme.
❑ la pénétration des microorganismes dans l'organisme.

▶ **2.** À l'aide du document 1, déterminer l'origine de l'angine de Léa en justifiant. (*6 points*)

DOCUMENT 2 **L'action des antibiotiques sur les virus**

Des virus sont cultivés en présence de cellules dans des milieux favorables à leur développement avec ou sans ajout d'antibiotiques. Les mesures de la quantité de virus infectant les cellules à partir de six heures de mise en culture sont présentées ci-dessous.

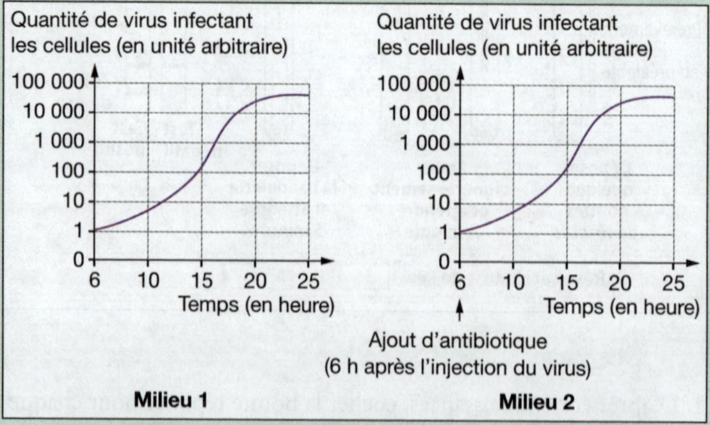

▶ **3.** La mère de Léa s'étonne du choix du médecin de ne pas donner d'antibiotique.
En utilisant des données extraites uniquement du document 2, justifier le choix du médecin. (*6 points*)

DOCUMENT 3 **L'efficacité des antibiotiques**

Les médecins expliquent que les antibiotiques ne sont efficaces que sur les bactéries en bloquant leur croissance.
Des études scientifiques ont montré qu'une prescription inutile et abusive des antibiotiques a des conséquences sur leur efficacité. En voici un exemple :

Évolution de l'efficacité d'un antibiotique (céphalosporines de 3e génération)

Cet antibiotique a été utilisé sur deux types de bactéries (*Escherichia coli* et *Klebsiella pneumoniae*) à l'origine respectivement de maladies intestinales et pulmonaires.

Années / Bactéries	2002	2004	2006	2008	2010	2012
Escherichia coli	> 99 %	> 99 %	98 %	96,2 %	92,8 %	90 %
Klebsiella pneumoniae	100 %	100 %	93,9 %	84,8 %	82,2 %	77,4 %

Les pourcentages indiquent la quantité de bactéries tuées par le traitement antibiotique.

D'après la source : invs.santepubliquefrance.fr

▶ **4.** À l'aide de l'ensemble des documents, reconstituer le raisonnement suivi par le médecin permettant d'expliquer pourquoi, dans le cas de l'angine de Léa, il a choisi de ne pas prescrire d'antibiotique.

LES CLÉS DU SUJET

Comprendre les documents

• Le document 1 est un schéma expliquant le test de diagnostic permettant de savoir si une angine est bactérienne ou virale, ainsi que le résultat du test de Léa.

• Le document 2 est le résultat d'expériences permettant d'illustrer l'action des antibiotiques sur les virus. La quantité de virus dans une culture de cellules infectées est suivie en présence d'antibiotique (milieu 2) ou sans (milieu 1).

• Le tableau du document 3 présente l'évolution de l'efficacité d'un antibiotique de 2002 à 2012.

Répondre aux questions

▶ **1.** Ce sont des questions de connaissances.

▶ **2.** Dans un premier temps, repère sur les bandelettes témoins la position des bandes dans le cas de la présence de virus ou de bactérie, ensuite compare-les avec le résultat de Léa.

▶ **3.** Compare les résultats des deux expériences de culture de cellules infectées par des virus avec et sans antibiotiques afin de connaître leur action.

▶ **4.** Reprends les informations des trois documents afin d'expliquer le choix du médecin de ne pas prescrire d'antibiotique à Léa pour soigner son angine. Les informations du document 3 ne doivent pas être oubliées.

SVT

CORRIGÉ 66

▶ **1. a)** Les bactéries sont des êtres vivants observables au microscope.

b) Les bactéries ne rendent pas forcément malades.

c) On rencontre des microorganismes dans tous les milieux.

d) La contamination est la pénétration des microorganismes dans l'organisme.

▶ **2.** D'après le texte, un test négatif révèle une origine virale de l'angine et dans le schéma on voit dans ce cas une seule bande dans la zone de contrôle sur la bandelette test.

Un test positif révèle une origine bactérienne de l'angine : il y a alors deux bandes sur la bandelette test, une dans la zone de contrôle et une autre dans la zone de test.

> **CONSEIL**
> Les informations sont à la fois dans le texte et dans les schémas des résultats, il faut les mettre en relation.

Sur la bandelette test de Léa, il n'y a qu'une seule bande, c'est donc un résultat négatif qui montre l'origine virale de son angine.

▶ **3.** Le médecin décide, après avoir diagnostiqué une angine virale, de ne pas donner d'antibiotiques à Léa. Pour comprendre son choix, il faut connaître l'action des antibiotiques sur les virus, étudiée dans le document 2.

Des cellules infectées par un virus sont cultivées dans deux milieux différant uniquement par la présence d'antibiotique six heures après l'injection du virus dans le milieu 2. On observe que la quantité de virus augmente exactement de la même manière dans les deux milieux (elle est multipliée par presque 100 000 en vingt heures), la présence d'antibiotique ne change rien à la multiplication des virus. Les antibiotiques n'ont donc aucune action sur les virus, ils ne permettent pas leur destruction.

Il est inutile de prendre des antibiotiques pour soigner une angine virale, ce qui justifie le choix du médecin de Léa.

▶ **4.** On cherche à savoir, à l'aide de l'ensemble des documents, quel est le raisonnement suivi par le médecin dans le cas de l'angine de Léa, pour choisir de ne pas lui prescrire d'antibiotique.

Dans un premier temps, au vu des symptômes de Léa : maux de gorge, mal à avaler et fièvre, le médecin diagnostique une angine (introduction).

> **CONSEIL**
> Pour répondre, il faut tout d'abord énoncer la problématique, puis argumenter le choix du médecin grâce aux documents et conclure en répondant à la problématique.

Cependant cette maladie peut avoir pour origine un virus ou une bactérie et le traitement n'est alors pas le même.

Le médecin effectue donc un test rapide (document 1), afin de connaître l'origine virale ou bactérienne de l'angine de Léa. Après prélèvement au niveau de la gorge de Léa, le test s'avère négatif, ce qui indique que l'origine de la maladie est virale.

Les antibiotiques n'agissent pas contre les virus, comme on le voit dans le document 2, mais seulement contre les bactéries (document 3). Comme l'angine de Léa est virale, il n'y a pas besoin d'un traitement antibiotique.

De plus, ce traitement pourrait avoir un effet négatif. Le tableau du document 3 montre que l'efficacité d'un antibiotique ; la céphalosporine de 3e génération, diminue entre 2002 et 2012.

En effet, pendant cette période, le nombre de bactéries tuées par le traitement antibiotique passe de plus de 99 % à 90 % pour la bactérie *Escherichia coli* et de 100 % à 77,4 % pour la bactérie *Klebsielle pneumoniae*. L'antibiotique au bout de 10 ans d'utilisation voit son efficacité diminuer de 10 % à presque 25 %.

C'est l'utilisation massive des antibiotiques qui est à l'origine de la baisse de leur efficacité. Des bactéries résistantes survivent, car le traitement n'a pas d'effet sur elles. Comme elles sont de plus en plus nombreuses, l'efficacité globale de l'antibiotique diminue. Une prescription inutile et abusive des antibiotiques diminue donc leur efficacité.

Le médecin de Léa ne lui prescrit pas d'antibiotique, car il ne servirait à rien pour lutter contre le virus à l'origine de son angine et il pourrait participer à la diminution de son efficacité.

SUJET

67

Nouvelle-Calédonie • Décembre 2018

SVT • 25 points

UV et mutations

Deux amies s'installent sur la plage de la baie des Citrons à Nouméa. Léa sort son tube de crème solaire alors qu'Élodie n'en met pas en affirmant que : « Le soleil, c'est bon pour la santé ! ».

DOCUMENT 1 **Deux causes possibles de l'apparition d'un mutant**

Lors de la mitose (multiplication cellulaire), le génotype est copié. Cette copie peut comporter des erreurs appelées mutations. Une mutation peut aussi avoir lieu par l'action de facteurs de l'environnement sur l'ADN, ce sont les agents mutagènes comme les rayons ultra-violets (UV) du soleil par exemple.

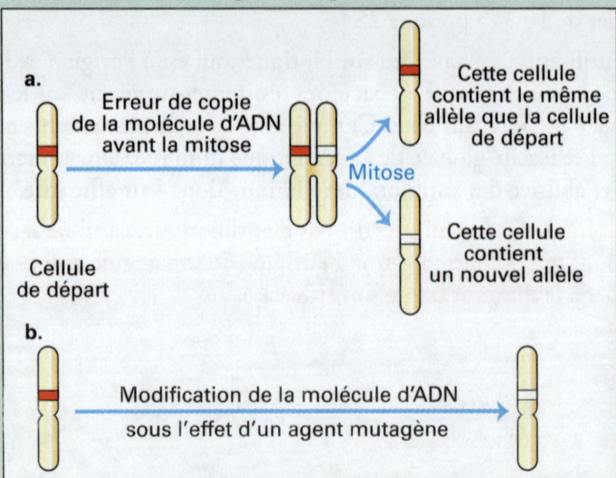

Source : d'après Hachette, SVT, édition 2017

▶ **1.** Pour chacune des définitions suivantes, cocher la bonne réponse.

a) L'ensemble des gènes donc des allèles d'un individu correspond :

❑ au génotype ❑ au caryotype ❑ au phénotype

b) Un fragment d'ADN responsable de la réalisation d'un caractère est :

❑ un antigène ❑ un gène ❑ un chromosome

c) La modification de l'information génétique portée par un gène est :
❑ une fécondation ❑ une mitose ❑ une mutation

▶ **2.** D'après le document 1, indiquer les deux causes possibles de l'apparition d'une mutation.

DOCUMENT 2 **Une expérience à l'origine de nouveaux caractères chez la levure**

Les levures sont des champignons unicellulaires formant des colonies. Le phénotype « couleur » de la levure est déterminé par un gène qui existe sous deux allèles « rouge » et « blanc ».

- On met en culture, sur un milieu nutritif, des cellules d'une souche de levure de phénotype « couleur rouge ».
- Les cellules sont soumises à une irradiation (comme les rayons UV du soleil) de durée croissante : 0 ; 30 et 90 secondes.
- On compte le nombre de colonies « rouges » et « blanches » apparues suite à l'irradiation.

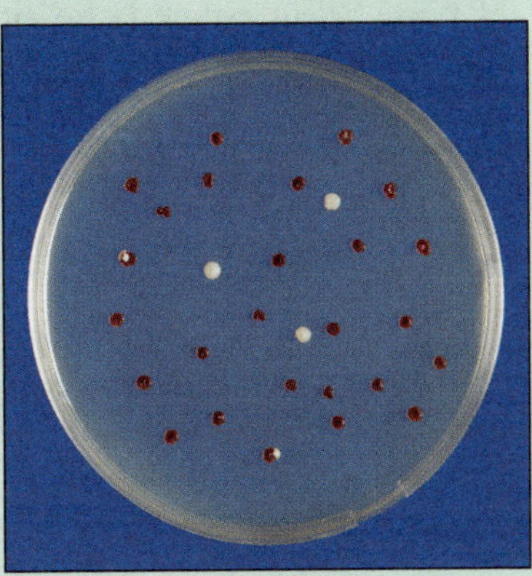
ph© Frédéric Hanoteau/Archives Hatier

Fréquence des mutations dans une population de levures

Durée d'irradiation (en secondes)	Pourcentage de colonies blanches apparues
0	1,02 %
30	19,07 %
90	46,44 %

Source : d'après Nathan, SVT, édition 2017

▶ **3.** À partir des informations du document 2, indiquer comment évolue le pourcentage de colonies « blanches » en fonction de l'irradiation. Proposer une explication à cette évolution.

DOCUMENT 3 **Le soleil, une source d'UV**

Nouvelle-Calédonie : ultraviolets ultratoxiques

C'est un sujet peu abordé en Calédonie : les dégâts du soleil. Une insouciance qui peut rapidement conduire à un mélanome*. C'est surtout vrai ici. Par sa position géographique, le Caillou est particulièrement exposé au rayonnement UV. « Il faut se mettre de la crème solaire dès le matin et tous les jours ! martèle le Dr Guillaume, dermatologue. C'est presque une obligation en Calédonie », que l'on s'expose à la plage ou pas.

– Index UV

[…] Cette valeur estime la toxicité du soleil sur une échelle de 0 (risque minimal) à 11+ (risque très élevé). Même en hiver on franchit ce seuil. Alors qu'en métropole il oscille de 1 à 9, en Calédonie, il crève le plafond et peut atteindre 18 en été. Au vu de ces indices, on comprend mieux pourquoi il faut se protéger.

Source : extrait de *La Dépêche de Tahiti* du 09/01/2015

* Mélanome : cancer de la peau qui se développe suite à plusieurs mutations de différents gènes des cellules de l'épiderme (couche superficielle de la peau).

DOCUMENT 4 **Carte des index UV du 22 juillet 2018**

Source : www.meteo.nc

DOCUMENT 5 **La protection contre les coups de soleil**

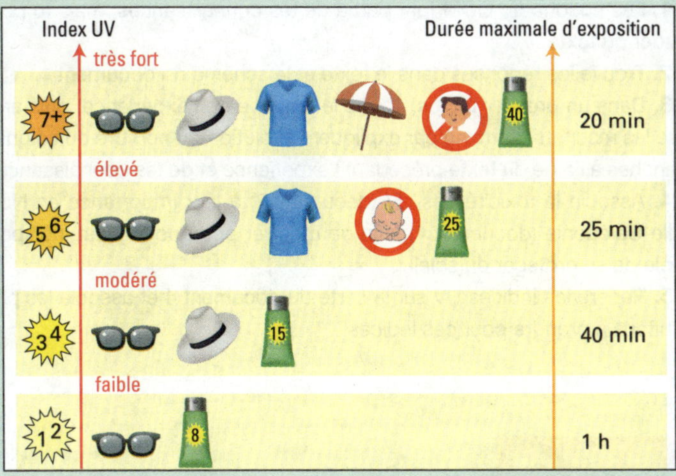

Source : d'après Bordas, SVT 3e, 2012

▶ **4.** À l'aide des documents 3 et 4, expliquer pourquoi en Nouvelle-Calédonie il est indispensable de se protéger du soleil et quel est le risque pour la santé.

▶ **5.** À l'aide des documents 4 et 5, donner au moins deux conseils à ces deux amies de Nouméa pour éviter le cancer de la peau.

LES CLÉS DU SUJET

Comprendre les documents

- Le schéma du document 1 illustre les causes d'apparition de mutations.
- Le document 2 présente une expérience d'irradiation de levures et ses résultats.
- Le texte du document 3 est un extrait d'un journal de Tahiti visant à sensibiliser la population aux risques de l'exposition au soleil.
- La carte du document 4 donne les index UV en Nouvelle-Calédonie un jour de juillet.
- Le document 5 présente les conseils de protection contre les coups de soleil en fonction de l'indice UV.

SVT

■ Répondre aux questions

▶ **1.** Les notions du QCM font partie de tes connaissances, mais tu peux t'aider du texte.

▶ **2.** Trouve les réponses dans le texte et le schéma du document 1.

▶ **3.** Dans un premier temps, étudie le principe de l'expérience, puis analyse les résultats. Termine par expliquer l'évolution du nombre de colonies blanches à l'aide du texte précédant l'expérience et de tes connaissances.

▶ **4.** Associe la toxicité des UV (document 3) à leur importance en Nouvelle-Calédonie (document 4), afin de montrer pourquoi il y est indispensable de se protéger du soleil.

▶ **5.** Repère les indices UV sur la carte du document 4 et associe les précautions à prendre pour ces indices.

CORRIGÉ 67

▶ **1. a)** L'ensemble des gènes donc des allèles d'un individu correspond au génotype.

b) Un fragment d'ADN responsable de la réalisation d'un caractère est un gène.

c) La modification de l'information génétique portée par un gène est une mutation.

▶ **2.** La première cause d'apparition d'une mutation est une erreur de copie de l'ADN avant la mitose, l'allèle est alors différent et transmis à une des cellules filles.

La seconde cause est une modification de l'ADN sous l'action de facteurs de l'environnement dits facteurs mutagènes, comme les ultraviolets, il y a aussi création d'un nouvel allèle.

▶ **3.** • L'expérience consiste à irradier avec des UV des colonies de levures de phénotype « couleur rouge » pendant une durée variable. On évalue alors le pourcentage de colonies « blanches » apparues dans la population.

> CONSEIL
> Il faut d'abord décrire les résultats, puis proposer une explication liée aux mutations.

• D'après les résultats, plus l'irradiation est longue, plus le pourcentage de levures blanches augmente. Cependant un petit nombre de levures (1,02 %) peuvent devenir blanches même sans UV.

• D'après le texte, la couleur des levures est due à l'expression d'un gène qui existe sous la forme de deux allèles : l'allèle « rouge » qui donne la couleur rouge et l'allèle « blanc » qui donne la couleur blanche. On sait qu'un nouvel allèle peut être créé par mutation, l'allèle « rouge » donne alors l'allèle « blanc ».

• L'exposition aux UV augmente la présence d'allèle « blanc » en favorisant les mutations. Les UV sont donc un agent mutagène.

▶ **4.** L'index UV entre 0 et 11+ estime la toxicité du soleil ; plus l'index est élevé, plus il y a d'UV et plus l'exposition au soleil est dangereuse.

D'après la carte du document 4, les index UV en juillet en Nouvelle-Calédonie sont entre 6 et 8, qui sont des valeurs élevées.

Dans le texte du document 3, il est ajouté que cet index peut monter jusqu'à 18 en été, ce qui est une valeur extrême. À titre de comparaison, en métropole on ne dépasse pas l'index 9 en été.

> INFO +
> Il faut noter que la Nouvelle-Calédonie est située dans l'hémisphère sud, donc qu'en juillet c'est l'hiver.

L'exposition au soleil peut entraîner des cancers de la peau (mélanomes) dus à une accumulation de mutations dans les cellules de la peau. Ce sont les UV du soleil qui causent ces mutations et provoquent donc les cancers, surtout s'ils sont très présents.

Comme en Nouvelle-Calédonie les UV sont très présents même en hiver, le risque de cancer est très élevé et il est impératif de se protéger du soleil.

▶ **5.** D'après le tableau du document 5, pour se protéger d'un rayonnement UV très fort (index UV égal ou supérieur à 7) et donc du cancer de la peau, il faut :

– mettre des lunettes de soleil, un chapeau, de la crème solaire protection 40 et des vêtements ;

– se mettre sous un parasol ;

– ne pas être au soleil plus de 20 minutes ;

– au mieux ne pas s'exposer, si on est un enfant.

SUJET

68

Centres étrangers • Juin 2018

TECHNOLOGIE • 25 points

Gestion du barrage de Chatou

Les phénomènes de fortes précipitations ainsi que les périodes de sécheresse ont un impact important sur le niveau d'eau des fleuves et des rivières.
Les barrages de navigation servent à réguler le niveau d'eau des fleuves et des rivières permettant ainsi le transport fluvial tout en tenant compte des risques de crues.
Ils contribuent également à fiabiliser l'alimentation en eau potable des populations ainsi que les besoins des industries et de l'agriculture.

ph © HAMILTON/REA

Barrage de Chatou – VNF

DOCUMENT 1 **Fonctionnement du barrage à clapet**

Le système est composé d'un volet métallique appelé clapet ③ qui pivote sur une semelle en béton.
La position du clapet varie selon la mesure du niveau d'eau amont.
Lors des crues, le clapet est complètement couché afin de ne pas créer d'obstacle à l'écoulement de l'eau.
Dans la salle de commande du barrage, un voyant de couleur s'affiche sur l'écran de visualisation pour indiquer la position du clapet.

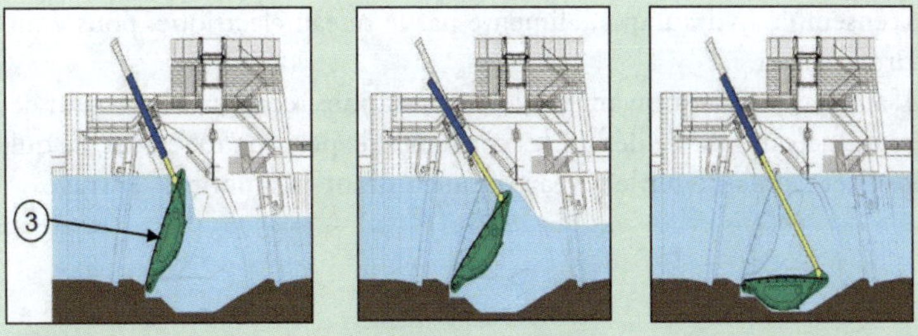

Position 1 du clapet	Position 2 du clapet	Position 3 du clapet
niveau d'eau bas voyant orange	niveau d'eau normal voyant vert	niveau d'eau haut (crue) voyant rouge

DOCUMENT 2 **Principe de fonctionnement d'un barrage à clapet**

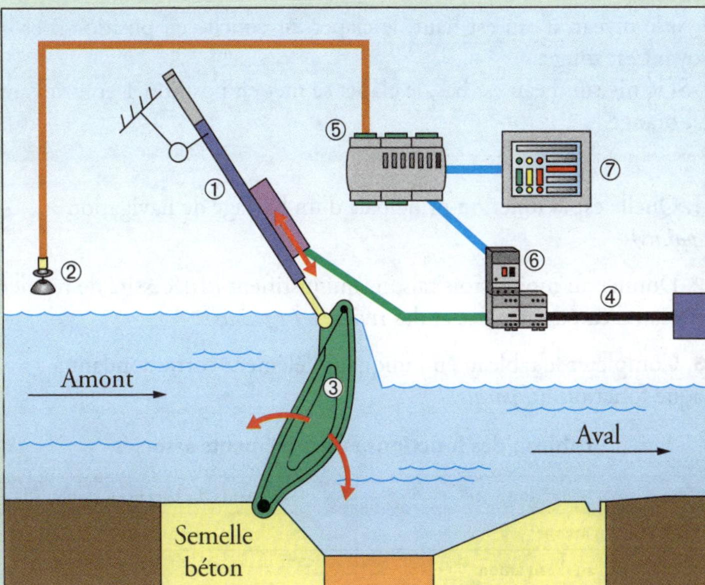

① Ensemble hydraulique (moteur et pompe électriques + vérin)
② Capteur de niveau d'eau amont
③ Clapet
④ Réseau électrique 230 V
⑤ Automate de gestion
⑥ Relais électrique de distribution
⑦ Écran de visualisation

L'ensemble hydraulique, alimenté par le réseau électrique, pousse ou tire le clapet.
L'automate de gestion analyse les informations reçues par le capteur de niveau d'eau afin de définir les consignes de position du clapet, ce qui permet de maintenir le niveau d'eau constant en amont du barrage.

DOCUMENT 3 **Le fonctionnement automatique d'un barrage à clapet**

Le niveau d'eau est maintenu automatiquement en fonction des paramètres de gestion du barrage.
Le programme est écrit en boucle, il se répète indéfiniment suivant la logique ci-après.
- Si le niveau d'eau est normal, le clapet est en position 2 et le voyant est vert.
- Si le niveau d'eau est haut, le clapet est couché en position 3 et le voyant est rouge.
- Si le niveau d'eau est bas, le clapet se met en position 1 et le voyant est orange.

▶ **1.** Quelle est la fonction principale d'un barrage de navigation ? *(2 points)*

▶ **2.** Donner au moins trois raisons qui justifient la nécessité de réguler le niveau d'eau des fleuves et des rivières. *(4 points)*

▶ **3.** Compléter le tableau en indiquant l'élément correspondant à chaque fonction. *(6 points)*

Tableau des fonctions et des éléments associés

Fonctions	Éléments du barrage à clapet
Retenir l'eau en amont	
Détecter le niveau d'eau amont	
Gérer la position du clapet	
Alimenter le barrage en électricité	
Afficher des informations	

▶ **4.** À l'aide du document 2, compléter les chaînes d'information et d'énergie du barrage à clapet. *(7 points)*

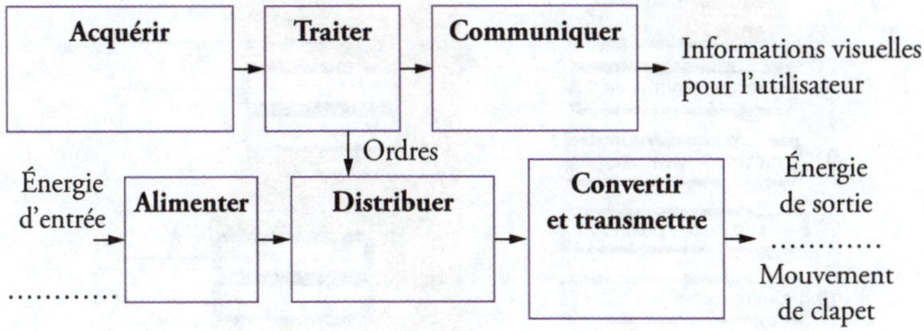

Chaînes d'information et d'énergie du barrage à clapet

▶ **5.** À l'aide des documents 1 et 3, compléter le logigramme et l'extrait du programme par blocs du barrage. *(6 points)*

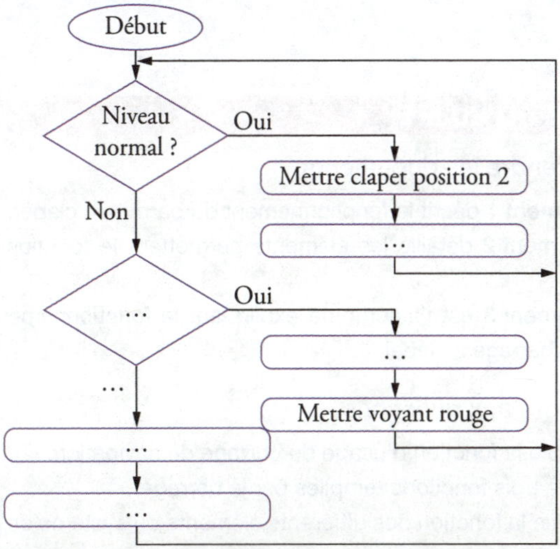

Programmation de la régulation du niveau de l'eau du barrage

Logigramme

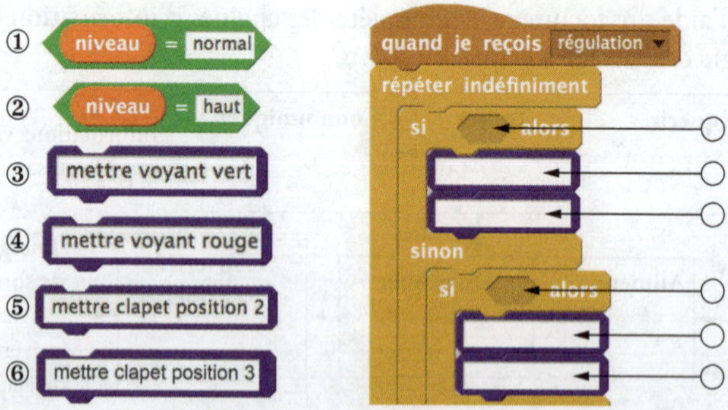

Extrait du programme par blocs décrivant le même fonctionnement

LES CLÉS DU SUJET

Comprendre les documents

- Le **document 1** décrit le fonctionnement du barrage à clapet.
- Le **document 2** détaille les éléments permettant le fonctionnement du barrage.
- Le **document 3** est l'algorithme expliquant le fonctionnement automatique d'un barrage à clapet.

Répondre aux questions

▶ **1.** Formule la fonction d'usage du barrage de navigation.

▶ **2.** Donne trois fonctions remplies par le barrage.

▶ **3.** Identifie la fonction des différents éléments du système de gestion du barrage à clapet.

▶ **4.** Identifie sur le document 2 les éléments de la chaîne d'énergie, et ceux de la chaîne d'information

▶ **5.** Traduis l'algorithme en programme.

CORRIGÉ 68

▶ **1.** La fonction principale d'un barrage de navigation est de contrôler le niveau de l'eau sur un cours d'eau (rivière, fleuve).

▶ **2.** La régulation du niveau d'eau des cours d'eau permet aux bateaux de naviguer sur le cours d'eau, même par temps de sécheresse.
Elle permet d'assurer l'alimentation en eau potable de la population, ainsi que de gérer les ressources en eau pour l'agriculture et l'industrie.

En cas d'inondation, cela permet de faciliter l'écoulement de l'eau pour limiter la durée de l'inondation.

▶ **3.**

Fonctions	Éléments du barrage à clapet
Retenir l'eau en amont	clapet
Détecter le niveau d'eau amont	capteur de niveau d'eau amont
Gérer la position du clapet	automate de gestion
Alimenter le barrage en électricité	réseau électrique 230V
Afficher des informations	écran de visualisation

▶ **4.**

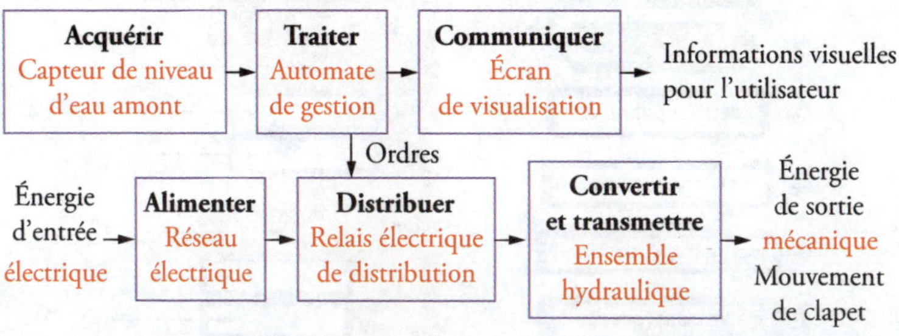

TECHNOLOGIE

▶ **5.**

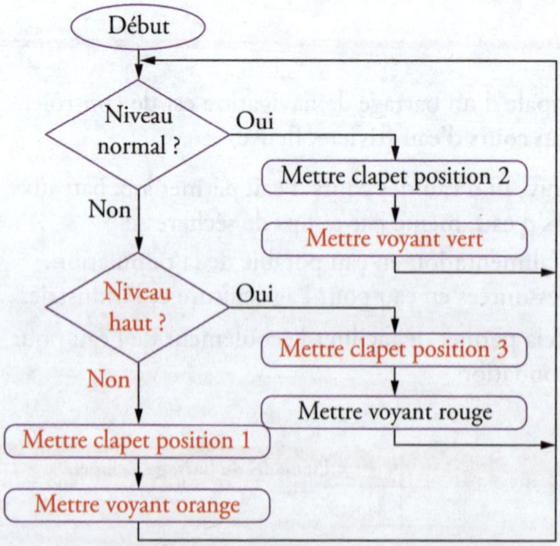

CONSEIL
Lis bien l'algorithme donné dans le document 3 et compare les deux programmes.

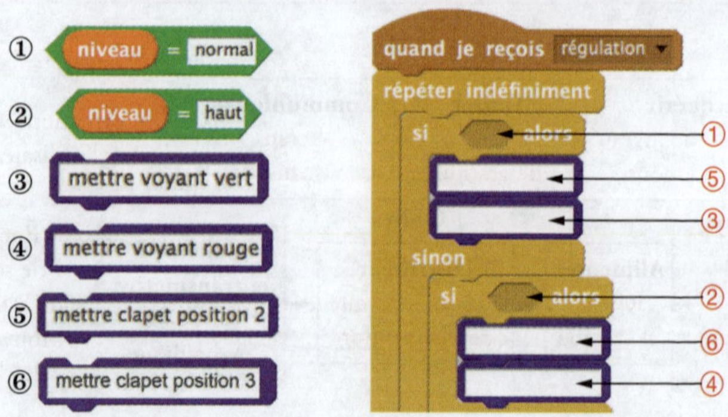

SUJET 69

France métropolitaine • Juin 2018

TECHNOLOGIE • 25 points

Échographie

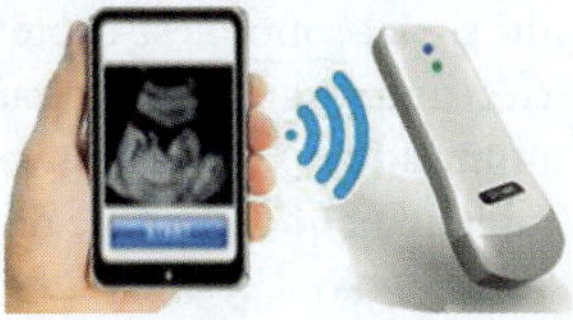

L'échographie est une technologie d'imagerie 2D qui permet de visualiser certaines parties du corps humain, non visibles à l'œil nu.

Un constructeur d'échographes souhaite intégrer une transmission des résultats d'une vidéo de l'échographie en haute définition (HD). Afin de garantir une bonne disponibilité de cet appareil, il est nécessaire d'améliorer l'autonomie de la batterie et d'indiquer l'état de sa charge électrique.

DOCUMENT 1 **Principe de fonctionnement d'un échographe portable**

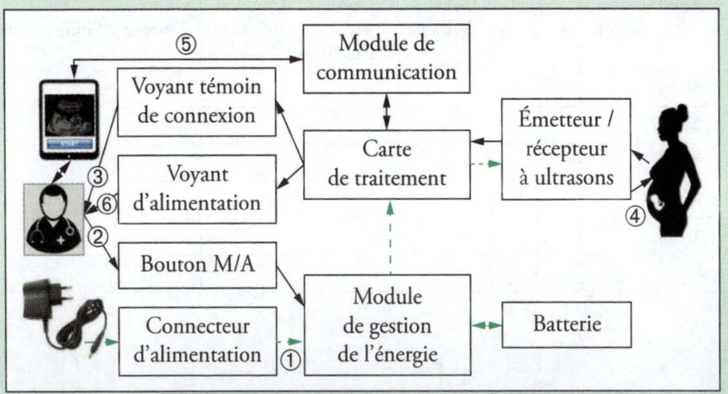

Diagramme simplifié des blocs internes

Lorsque le médecin appuie sur le bouton marche/arrêt (flèche ②), la carte de traitement est alimentée. Un voyant témoin de connexion avec la tablette est allumé (flèche ③).

TECHNOLOGIE

La consigne de début et de fin d'acquisition des images, ainsi que sa visualisation, se font sur la tablette tactile. La tablette transmet les consignes (flèche ⑤) au module de communication qui les transmet à la carte de traitement.
La carte de traitement alimente l'émetteur à ultrasons en énergie électrique. L'émetteur à ultrasons convertit l'énergie électrique en signal sonore (flèche ④) qui se propage au sein du corps du patient. L'écho du signal sonore est capté par le récepteur qui le convertit en signal électrique transmis à la carte de traitement puis au module de communication. Celui-ci renvoie les résultats du traitement (flèche ⑤) à la tablette pour l'affichage des images.

▶ **1.** À l'aide du document 1 qui décrit le principe de fonctionnement d'un échographe ainsi que les flux (information et énergie) représentés par les flèches, compléter le tableau ci-dessous en mettant, pour chaque flèche numérotée, une croix pour identifier la nature et le type de flux de chaque liaison. *(6 points)*

Lien	**Nature de l'interaction**					**Type de flux**	
Flèche	Signal sonore	Signal lumineux	Courant électrique	Ondes radio (sans fil)	Consigne utilisateur	Flux d'énergie	Flux d'information
①							
②							
③							
④							
⑤							
⑥		X					X

▶ **2.** Pour une transmission de vidéo en HD, il est nécessaire d'adapter la solution technique pour le module de communication.

DOCUMENT 2 **Caractéristiques des technologies de transmission sans fil**

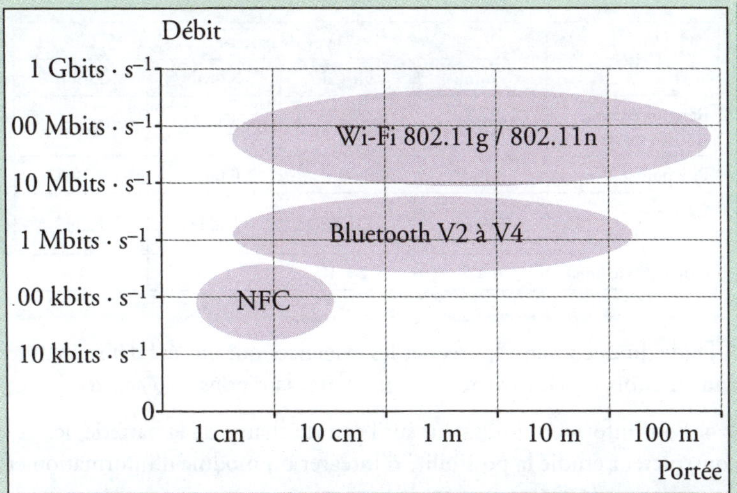

Comparaison de la portée et du débit de trois normes de connectivité sans fil

Débits nécessaires pour une transmission :

- d'une image d'échographie en 1 s → 128 kbits · s^{-1} (kilobits par seconde) ;
- d'une vidéo d'échographie haute définition → 10 Mbits · s^{-1} (mégabits par seconde).

À l'aide des données du document 2, choisir la solution technique que le constructeur doit intégrer au nouvel appareil et argumenter la réponse en précisant le ou les critères de choix. *(5 points)*

TECHNOLOGIE

▶ **3.** Afin de répondre aux exigences du cahier des charges, le constructeur remplace la batterie utilisée de type Ni-Cd par une batterie de type Li-ion.

DOCUMENT 3 **Caractéristiques des batteries**

Critère	Type de batterie			
	Plomb	**Ni-Cd**	**Ni-Mh**	**Li-ion**
Rapport énergie stockée/masse	40 $Wh \cdot kg^{-1}$	60 $Wh \cdot kg^{-1}$	85 $Wh \cdot kg^{-1}$	170 $Wh \cdot kg^{-1}$
Prix pour 1 Wh	0,15 €	0,60 €	0,65 €	0,70 €
Source de pollution	Élevée	Élevée	Faible	Faible
Durée de vie (ans)	4 à 5	2 à 3	2 à 4	2 à 3

À l'aide du document 3, préciser les exigences qui ont été déterminantes dans le choix du constructeur. Argumenter la réponse. *(6 points)*

▶ **4.** Pour informer l'utilisateur sur l'état de charge de la batterie, le constructeur étudie la possibilité d'intégrer un module d'information et de gestion de la charge au sein de l'appareil.

DOCUMENT 4 **Gestion de la charge de la batterie**

Un module de gestion gère la charge de la batterie et communique les informations suivantes à la carte de traitement :
- charge en cours – état vrai ou faux ;
- batterie déchargée – état vrai ou faux ;
- batterie chargée – état vrai ou faux.

L'information de l'utilisateur est réalisée à l'aide d'une LED tricolore respectant le principe de fonctionnement suivant.
En permanence :
- lorsque la batterie est en charge, la LED clignote en orange (1 s allumée, 1 s éteinte) ;
- lorsque la batterie est en charge et qu'elle a atteint son niveau chargé, la LED s'allume en vert ;
- si la batterie est déchargée, la LED s'éclaire en rouge.

À l'aide du document 4, compléter ci-après la modélisation du programme de gestion du voyant d'alimentation de l'appareil d'échographie.

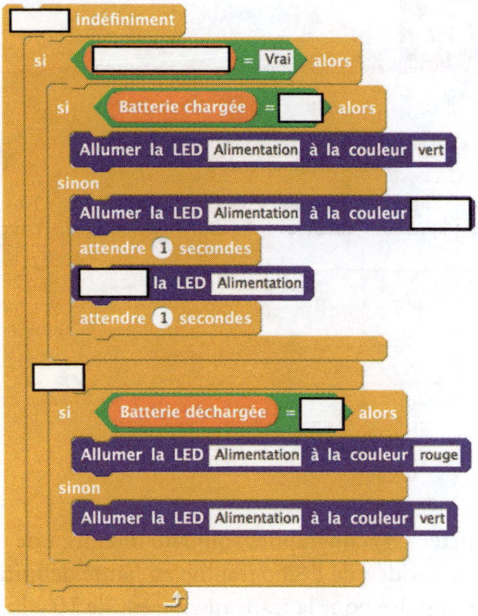

LES CLÉS DU SUJET

■ Comprendre les documents

- Le document 1 décrit le fonctionnement de l'échographe.
- Le document 2 compare, sous forme de graphique, trois technologies de transmission de l'information.
- Le document 3 compare quatre types de batterie.
- Le document 4 présente la charge d'une batterie sous la forme d'un algorithme.

■ Répondre aux questions

▶ **1.** Coche une case par ligne dans la partie « nature de l'interaction » et une case dans la partie « type de flux ». Observe bien les flèches dans le document 1 : les flèches vertes sont utilisées pour illustrer les flux d'énergie et les flèches noires pour le flux d'information.

▶ **2.** Indique quelle technologie de transmission utiliser et donne ses avantages par rapport aux deux autres.

▶ **3.** Identifie tous les avantages des batteries Li-ion par rapport aux autres batteries.

▶ **4.** Traduis l'algorithme en programme.

CORRIGÉ 69

▶ **1.**

Lien	Nature de l'interaction					Type de flux	
Flèche	Signal sonore	Signal lumineux	Courant électrique	Ondes radio (sans fil)	Consigne utilisateur	Flux d'énergie	Flux d'information
①			X			X	
②					X		X
③		X					X
④	X						X
⑤				X			X
⑥		X					X

▶ **2.** Le constructeur d'échographes souhaite intégrer une transmission des résultats d'une vidéo de l'échographie en haute définition. Pour cela, le débit nécessaire pour la transmission est de 10 $\text{Mbits} \cdot \text{s}^{-1}$.

Le Wi-Fi est la seule technologie de transmission sans fil, présent sur le document 2, à répondre à cette attente, le débit des technologies Bluetooth et NFC est insuffisant.

De plus, le Wi-Fi a une portée plus importante.

▶ **3.** Afin de garantir une bonne disponibilité de l'échographe, le constructeur veut améliorer l'autonomie de la batterie.

Parmi les quatre types de batterie proposés dans le document 3, la batterie Li-ion est celle qui a le rapport énergie stockée/masse le plus élevé. Donc, à poids égal, elle permettra à l'échographe de fonctionner environ trois fois plus longtemps.

De plus, ce type de batterie est moins polluant que les batteries Ni-Cd précédemment utilisées.

Ces avantages sont obtenus pour un coût à peine plus élevé, celui-ci est donc négligeable quant à l'avantage d'autonomie.

Enfin, la durée de vie des batteries Li-ion est identique à celle des batteries Ni-Cd.

▶ **4.**

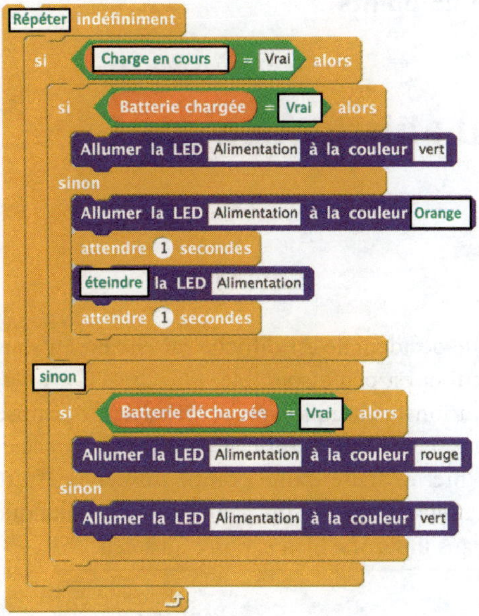

CONSEIL
Lis bien l'algorithme donné en document 3.

SUJET
70

France métropolitaine • Septembre 2017
TECHNOLOGIE • 25 points

Relevage d'eau et irrigation en zone aride

DOCUMENT 1

L'accès à l'eau en Afrique occidentale est difficile car elle est en sous-sol et l'énergie pour la puiser est peu disponible.
L'étude porte sur les solutions techniques qui permettent d'optimiser un système de captage d'eau et sa distribution. L'eau est acheminée du puits à la surface par l'intermédiaire d'une pompe immergée. Cette dernière est alimentée en électricité par un panneau photovoltaïque. Celui-ci est fixé au sol dans une zone bien exposée au soleil.

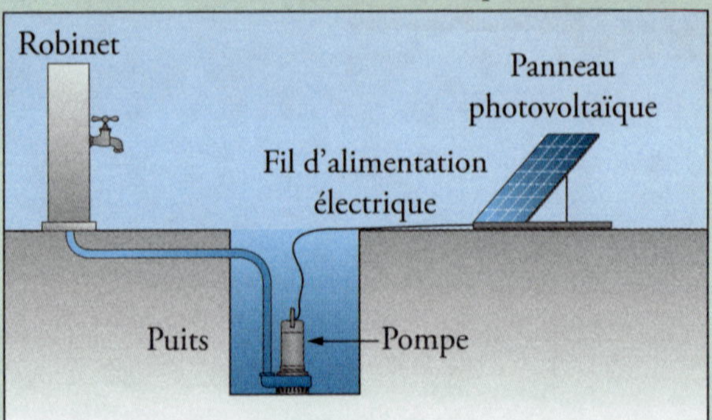

DOCUMENT 2

La quantité d'énergie électrique produite par un panneau photovoltaïque varie essentiellement en fonction de deux paramètres :
– la luminosité ambiante au cours de la journée ;
– l'orientation du panneau par rapport au sol, qui se traduit par l'angle d'inclinaison (figure 2).
Des relevés de production électrique d'une installation de panneaux photovoltaïques située à Abidjan en Côte-d'Ivoire montrent

l'influence de ces deux paramètres (figure 1). Cette installation a une surface de panneaux de 15 m^2 orientés plein sud.

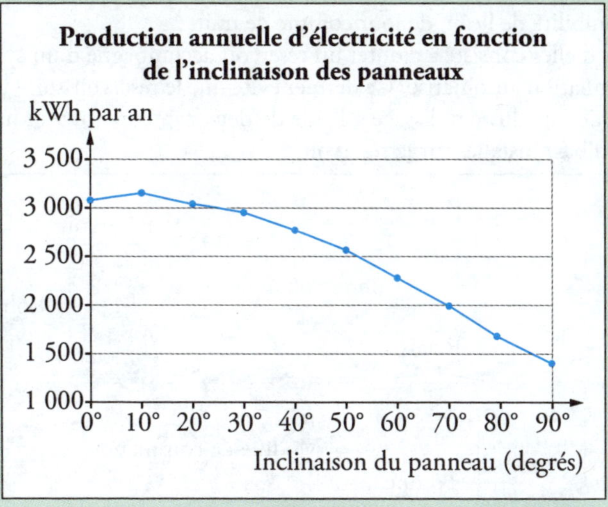

Figure 1

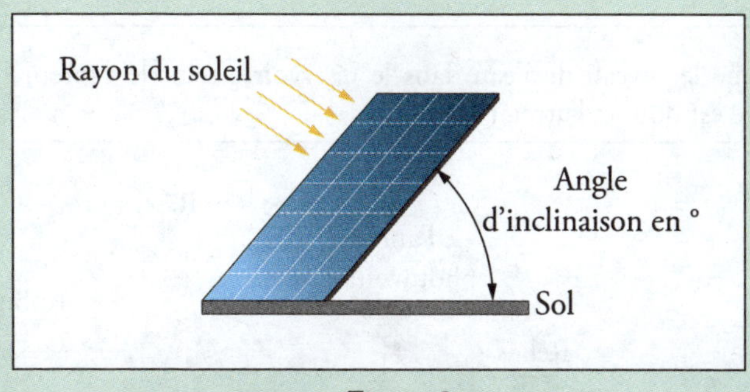

Figure 2

▶ **1.** Afin d'optimiser la production d'énergie électrique du panneau photovoltaïque, déterminer à l'aide du document 2 l'angle d'inclinaison du panneau photovoltaïque permettant de produire une énergie électrique maximale.

▶ **2.** Les ingénieurs agronomes recommandent d'irriguer les cultures lorsque le soleil est couché afin d'éviter une évaporation trop importante de l'eau. Proposer une solution technique à ajouter au système (document 1) qui permet de stocker l'énergie électrique produite pendant la journée afin de faire fonctionner la pompe pendant la nuit.

DOCUMENT 3

Plusieurs solutions techniques permettent de garantir une meilleure disponibilité de l'eau, de jour comme de nuit.
L'une d'elles consiste à ajouter un réservoir accompagné d'un système de régulation automatisé. Ce dernier évite que le réservoir soit vide ou déborde lors du remplissage à l'aide de deux capteurs (niveau haut et niveau bas) installés sur le réservoir.

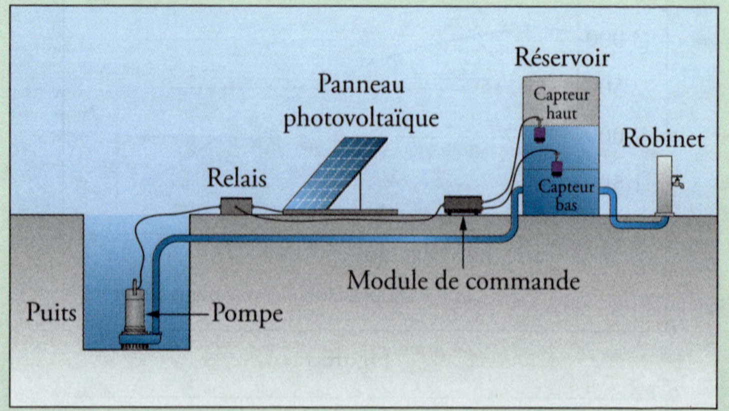

Lorsque le niveau de l'eau dans le réservoir atteint le capteur haut, l'ordre est donné d'arrêter la pompe.

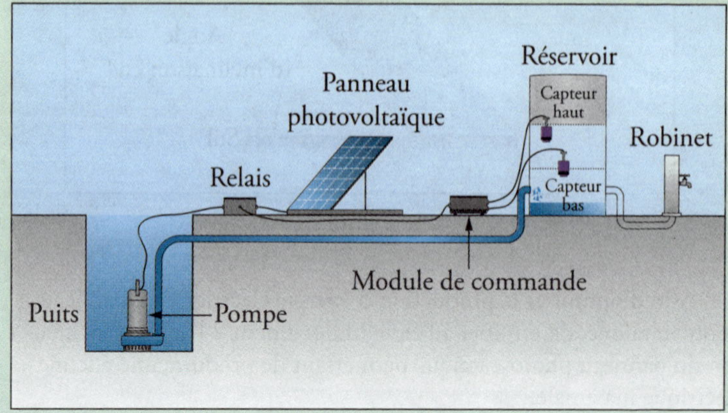

Lorsque le niveau de l'eau atteint le capteur bas, l'ordre est donné de démarrer la pompe pour remplir le réservoir.

▶ **3.** À l'aide des informations (document 3), compléter l'algorithme de régulation du niveau du réservoir avec les indications suivantes :

- capteur haut atteint ;
- capteur bas atteint ;
- désactiver la pompe.

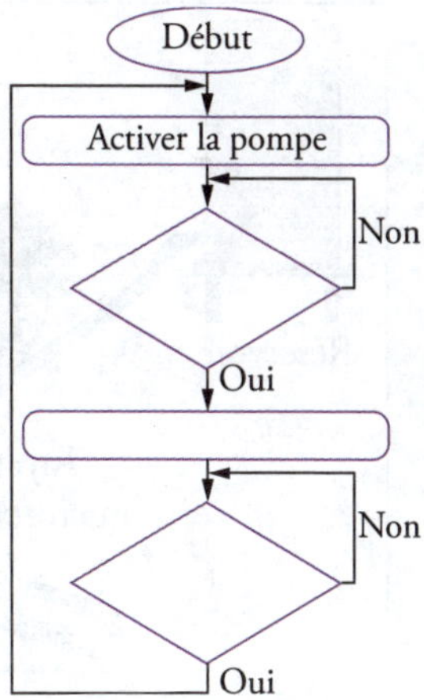

▶ **4.** Pour optimiser la gestion de l'eau d'irrigation, les ingénieurs agronomes préconisent également d'irriguer au plus près des racines des plantes. Une irrigation de nuit en goutte à goutte, fractionnée en petites périodes de temps d'arrosage permet d'économiser l'eau.

À l'aide de la description du fonctionnement (document 4), compléter la modélisation du pilotage de cette installation :

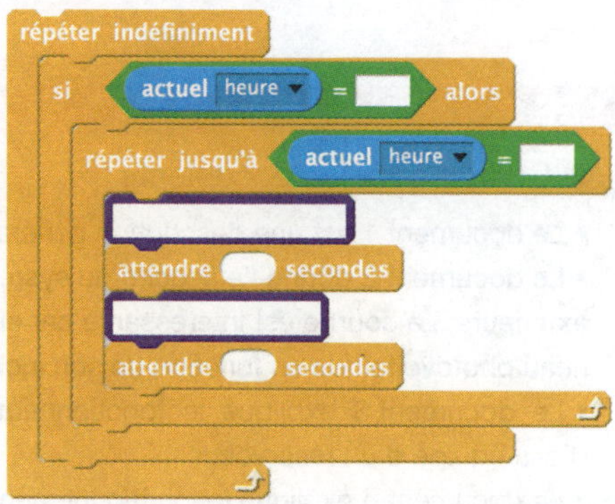

DOCUMENT 4

Un système d'irrigation goutte à goutte est constitué de tuyaux microperçés disposés au pied des plantes.

L'eau est distribuée par gouttelettes pendant des périodes courtes et répétitives afin de permettre sa meilleure infiltration dans le sol.

Un programme horaire d'irrigation peut être décrit selon le principe suivant :

– le cycle démarre à 21 heures et s'arrête à 23 heures ;
– irrigation des plantes pendant 10 minutes ;
– puis interruption durant 15 minutes.

TECHNOLOGIE

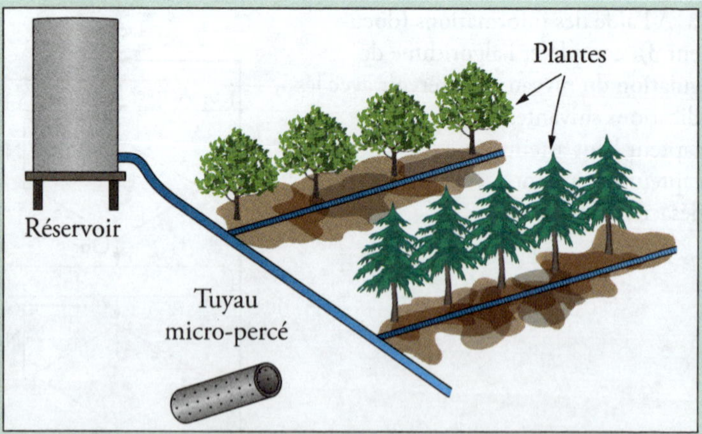

LES CLÉS DU SUJET

Comprendre les documents

• Le document 1 est une description générale du système.

• Le document 2 donne l'efficacité du système en fonction de paramètres extérieurs. La courbe est intéressante car elle présente l'efficacité du panneau photovoltaïque en fonction de son inclinaison.

• Le document 3 explique le fonctionnement du système de relevage d'eau équipé d'un réservoir.

• Le document 4 explique le fonctionnement du système d'irrigation.

Répondre aux questions

▶ **1.** Sur la courbe du document 2, repère le pic de production d'électricité.

▶ **2.** Propose une solution pour stocker de l'énergie électrique.

▶ **3.** Lis bien le document 3, il te donnera le fonctionnement du relevage d'eau.

▶ **4.** Lis bien le document 4, il explique le fonctionnement du système d'irrigation.

CORRIGÉ 70

▶ **1.** Le panneau photovoltaïque produit une énergie électrique maximale quand son inclinaison est de 10°.

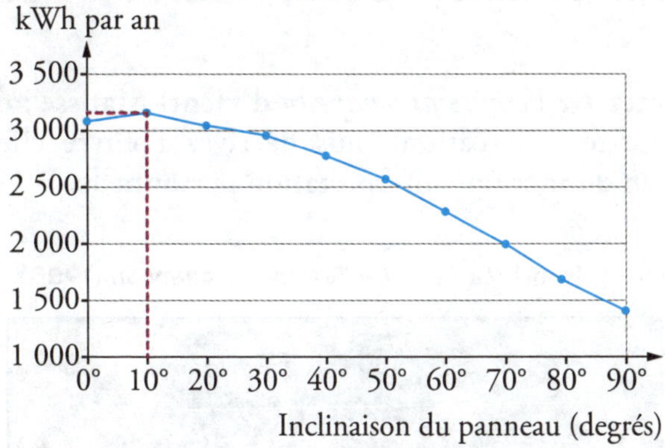

▶ **2.** Il faudrait avoir de l'énergie électrique la nuit. Mais le panneau photovoltaïque ne produira pas d'électricité. On pourrait ajouter une batterie afin de stocker l'énergie électrique pendant la journée. La nuit, on utiliserait l'énergie stockée afin d'alimenter la pompe.

▶ **3.**

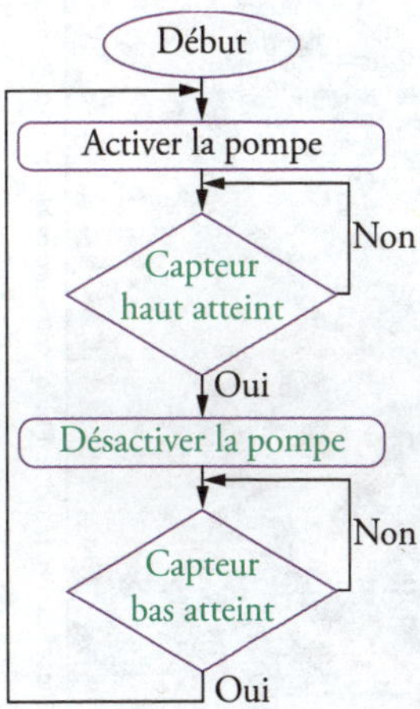

▶ **4.**

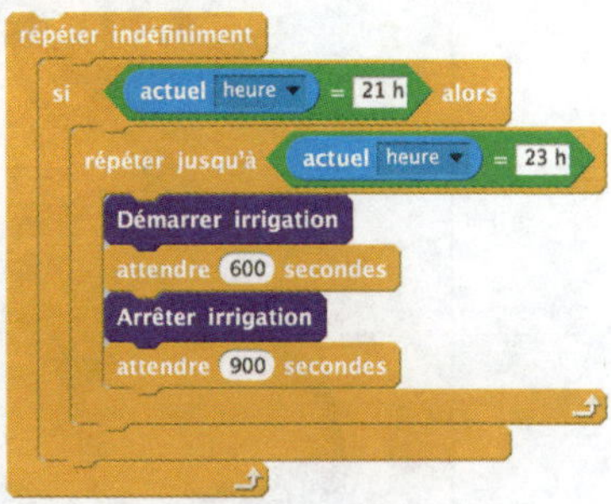

SUJET

71

Sujet inédit • Histoire des arts

ÉPREUVE ORALE DU BREVET • 100 points

La Femme au chapeau, Henri Matisse

▸ Présentez *La Femme au chapeau* d'Henri Matisse : évoquez son contexte de création, puis décrivez l'œuvre elle-même avant d'en donner une interprétation personnelle.

DOCUMENT **Henri Matisse, *La Femme au chapeau* (1905)**

Museum of Modern Art, San Francisco, États-Unis.

PISTES POUR L'ORAL

I. Situer l'œuvre

• La *Femme au chapeau* est un portrait peint par Henri Matisse. Il est exposé au salon d'Automne à Paris en 1905 et provoque un scandale à cause de ses couleurs très vives.

• Un critique d'art, choqué par la violence de cette peinture, invente alors pour Matisse et ses amis le terme de « fauvisme ».

II. Analyser l'œuvre

• Le tableau est le portrait d'Amélie Matisse, la femme du peintre. Elle a tous les attributs de la femme bourgeoise : riche chapeau à plumes, gant, éventail. Par ailleurs, son maintien et son regard posé trahissent son origine sociale.

• Le visage est traversé par une longue trace verte qui représente l'ombre du nez. Les reliefs du visage sont rendus par des taches de couleurs différentes. Le peintre a utilisé de larges aplats qui ne permettent pas de distinguer les détails : les taches sur l'éventail, par exemple, sont peut-être les fleurs d'un bouquet. Le fond du tableau est un simple jeu de correspondances colorées.

III. Interpréter l'œuvre

• Avec ce portrait, Matisse crée une rupture avec les codes classiques de la représentation. Il ne cherche plus la ressemblance parfaite avec le modèle et préfère l'interprétation personnelle. C'est, en 1905, une démarche extrêmement novatrice, et choquante pour nombre de ses contemporains.

• L'emploi de la couleur sans lien avec la réalité (transposition chromatique) est l'autre grande innovation de ce portrait et la principale caractéristique du fauvisme. Les couleurs, vives et contrastées, éclatent littéralement sous l'œil du spectateur. Elles reflètent les sentiments du peintre, servent à rendre l'ombre et la lumière et remplacent la perspective.

POUR OUVRIR ET CONCLURE

Au salon d'Automne de 1905, d'autres toiles « fauves » sont exposées :

• ***Le portrait de Matisse*** par Derain (1905), conservé à la Tate Gallery à Londres : www.tate.org.uk (en anglais).

• ***Le portrait de Derain*** par Vlaminck (1906), conservé au Metropolitan Museum of Art à New York : www.metmuseum.org (en anglais).

SUJET

72

Sujet inédit • Histoire des arts

ÉPREUVE ORALE DU BREVET • 100 points

Le Cheval majeur, Raymond Duchamp-Villon

▸ Présentez *Le Cheval majeur* de Raymond Duchamp-Villon : évoquez son contexte de création, puis décrivez l'œuvre elle-même avant d'en donner une interprétation personnelle.

DOCUMENT Raymond Duchamp-Villon, *Le Cheval majeur* (1914)

Collection privée et Centre Georges Pompidou, Paris

PISTES POUR L'ORAL

I. Situer l'œuvre

• *Le Cheval majeur* est une sculpture de Raymond Duchamp-Villon, réalisée en plâtre en 1914 puis coulée en bronze en 1976.

• Duchamp-Villon est un artiste qui a voulu faire évoluer le mouvement cubiste avec la Section d'or.

II. Analyser l'œuvre

• *Le Cheval majeur* a été réalisé en plusieurs versions, de dimensions et de matériaux divers : il est d'abord conçu en plâtre, en petites dimensions, par l'artiste en 1914. Ce sont ses frères qui réaliseront de manière posthume la sculpture aux dimensions monumentales dont l'artiste rêvait.

• Les formes, réalisées après de nombreuses esquisses, sont épurées. Des formes géométriques arrondies se mêlent à d'autres plus rectilignes.

III. Interpréter l'œuvre

• Cette œuvre est au croisement des esthétiques cubiste et futuriste.

• Elle exprime la synthèse entre la force animale et la robustesse de la machine. Elle est ainsi le reflet de l'époque de la deuxième révolution industrielle. L'industrialisation inspire d'autres sculpteurs de l'époque, comme Boccioni, ou le frère de l'artiste, Marcel Duchamp.

POUR OUVRIR ET CONCLURE

Au début du XXe siècle, d'autres jeunes sculpteurs innovent et s'éloignent de la sculpture du maître Rodin :

• **Constantin Brâncuşi** (1816-1956) : il utilise le marbre et le bronze, estompe les traits, élimine les détails. *La Muse endormie* (1909) est la parfaite illustration de sa conception de la sculpture (www.centrepompidou.fr).

• **Umberto Boccioni** (1882-1916) : son œuvre *Formes uniques de continuité dans l'espace* (1912) rappelle *Le Cheval majeur* par la force et la vitesse du mouvement (www.histoire-image.org).

• **Marcel Duchamp** (1887-1968) et le *ready-made* : influencé par la modernisation de la société, il pense que le seul choix de l'artiste suffit à faire d'un objet une œuvre d'art (dossier pédagogique du centre Pompidou : www.centrepompidou.fr).

SUJET

73

Sujet inédit • Histoire des arts

ÉPREUVE ORALE DU BREVET • 100 points

Chrysler Building, William Van Alen

▸ Présentez le *Chrysler Building* de William Van Alen : évoquez son contexte de création, puis décrivez l'œuvre elle-même avant d'en donner une interprétation personnelle.

DOCUMENT **William Van Alen, *Chrysler Building* (1928-1930)**

ph © Shutterstock

PISTES POUR L'ORAL

I. Situer l'œuvre

• Le *Chrysler Building* est un gratte-ciel conçu par William Van Alen dans le style Art déco, style dominant dans les années 1920.

• Il est construit à New York et inauguré en 1930 après deux ans de travaux.

II. Analyser l'œuvre

• Dans cette époque de prospérité économique qui précède la crise des années 1930, les États-Unis affichent leur puissance par la construction de gratte-ciel de plus en plus hauts.

• Le *Chrysler Building* sera le plus haut monument du monde jusqu'à la construction de l'*Empire State Building*, un an plus tard, en 1931.

III. Interpréter l'œuvre

• Sa décoration exalte la puissance de l'économie américaine et de l'industrie automobile, particulièrement de la marque Chrysler, son commanditaire.

• Les années 1920 sont une période d'avant-garde artistique. En architecture, on recherche également de nouvelles esthétiques et techniques, de nouveaux matériaux, comme en témoigne le style Art déco.

POUR OUVRIR ET CONCLURE

Les années 1920 sont celles du renouvellement et de l'avant-garde dans tous les domaines artistiques. L'architecture ne fait pas exception.

• Le **Bauhaus** : ce mouvement allemand fondé en 1919 cherche à lier les arts plastiques avec l'architecture, l'artisanat et l'industrie (pour en savoir plus : www.grandpalais.fr/fr/article/le-bauhaus).

• **Antonio Gaudí**, architecte visionnaire : à sa mort en 1927, l'architecte catalan travaille depuis 43 ans (1884) sur un projet fou, la *Sagrada Família*, à Barcelone (pour en savoir plus sur cette œuvre inachevée : www.sagradafamilia.org).

SUJET
74

Sujet inédit • Histoire des arts

ÉPREUVE ORALE DU BREVET • 100 points

Les Temps modernes, Charlie Chaplin

▸ Présentez *Les Temps modernes* de Charlie Chaplin : évoquez son contexte de création, puis décrivez l'œuvre elle-même avant d'en donner une interprétation personnelle.

DOCUMENT **Charlie Chaplin, *Les Temps modernes* (1936)**

Extrait de la séquence d'ouverture, « À l'usine ».

PISTES POUR L'ORAL

I. Situer l'œuvre

• Charlie Chaplin est un cinéaste qui joue dans ses films comiques, qui les écrit et les produit. Après une enfance difficile, il s'installe aux États-Unis. Il est sensible aux idées communistes.

• *Les Temps modernes* est le dernier film muet dans lequel Charlot apparaît. La séquence d'ouverture, à l'usine, dénonce les conditions de travail des ouvriers.

II. Observer et analyser l'œuvre

• La séquence d'ouverture du film se déroule dans une usine minutieusement décrite. Tous les personnages sont associés à ce lieu et l'action est limitée à une journée.

• La pause déjeuner est un grand moment de burlesque, où la machine devenue folle martyrise Charlot, impuissant. L'ouvrier est pris de folie à cause de son travail.

III. Interpréter l'œuvre

• Ce film témoigne de la volonté de Chaplin de conserver le caractère burlesque présent dans ses films antérieurs.

• Le cinéaste se méfie du cinéma parlant et donne les rares paroles aux personnages antipathiques adeptes des technologies faisant produire plus.

• Chaplin dénonce, par la satire, les conditions très dures des travailleurs à la chaîne, traités comme des bêtes par un patron tout-puissant.

POUR OUVRIR ET CONCLURE

Comme *Les Temps modernes*, de nombreux films ont **dénoncé la violence** subie par les ouvriers dans le monde, parmi lesquels :

• ***Metropolis*** de Fritz Lang (Autriche, 1927) : une femme-robot déclenche la révolution dans une mégapole où la population ouvrière est exploitée.

• ***À nous la liberté*** de René Clair (France, 1931) : film dont Chaplin s'est inspiré et qui dénonce le travail à l'usine où les ouvriers sont habillés comme des détenus.

• ***Les Raisins de la colère*** de John Ford (États-Unis, 1940) : adaptation du roman de J. Steinbeck, il dénonce la confiscation des terres des paysans américains endettés.

SUJET

75

Sujet inédit • Histoire des arts

ÉPREUVE ORALE DU BREVET • 100 points

Complainte du progrès, Boris Vian

▸ Présentez la *Complainte du progrès* de Boris Vian : évoquez son contexte de création, puis décrivez l'œuvre elle-même avant d'en donner une interprétation personnelle.

DOCUMENT Boris Vian, *Complainte du progrès* (1956)

Autrefois pour faire sa cour
On parlait d'amour
Pour mieux prouver son ardeur
On offrait son cœur

Maintenant c'est plus pareil
Ça change, ça change
Pour séduire le cher ange
On lui glisse à l'oreille
Ah Gudule

Viens m'embrasser
Et je te donnerai
Un frigidaire
Un joli scooter
Un atomixer
Et du Dunlopillo
Une cuisinière
Avec un four en verre
Des tas de couverts
Et des pelles à gâteau

Une tourniquette
Pour faire la vinaigrette
Un bel aspirateur
Pour bouffer les odeurs
Des draps qui chauffent
Un pistolet à gaufres
Un avion pour deux
Et nous serons heureux

Autrefois, s'il arrivait
Que l'on se querelle
L'air lugubre on s'en allait
En laissant la vaisselle

Maintenant, que voulez-vous
La vie est si chère
On dit rentre chez ta mère
Et on se garde tout
Ah Gudule,

Excuse-toi
Ou je reprends tout ça
Mon frigidaire
Mon armoire à cuillères
Mon évier en fer
Et mon poêle à mazout
Mon cire-godasses
Mon repasse-limaces
Mon tabouret à glace
Et mon chasse-filous

La tourniquette
À faire la vinaigrette
Le ratatine-ordures
Et le coupe friture

Et si la belle
Se montre encor cruelle
On la fiche dehors
Pour confier son sort
Au frigidaire
À l'efface-poussière
À la cuisinière
Au lit qu'est toujours fait
Au chauffe-savates
Au canon à patates
À l'éventre-tomates
À l'écorche-poulet

Mais très très vite
On reçoit la visite
D'une tendre petite
Qui vous offre son cœur
Alors on cède
Car il faut qu'on s'entraide
Et l'on vit comme ça
Jusqu'à la prochaine fois
Et l'on vit comme ça
Jusqu'à la prochaine fois

Boris Vian (paroles), Alain Goraguer (musique), *Complainte du progrès*, 1956, © Warner Chappell Music France.

PISTES POUR L'ORAL

I. Situer l'œuvre

• Boris Vian est un artiste aux talents multiples et à la santé fragile. Trompettiste, il joue dans un orchestre de jazz et écrit les paroles de ses chansons.

• Alain Goraguer est un compositeur et arrangeur musical français. Il rencontre Boris Vian et met en musique ses paroles.

• *La Complainte du progrès* est écrite au début des Trente Glorieuses, au moment où naît la société de consommation, portée par les arts ménagers.

II. Observer et analyser l'œuvre

• Les paroles dressent un parallèle entre le passé et le présent, décrivant les conséquences de l'évolution de la société sur la vie amoureuse.

• Les refrains sont composés d'une longue énumération amusante : une série de noms d'objets dédiés à la cuisine ou au ménage, réels ou inventés.

• L'orchestre de jazz est divisé en deux sections, rythmique et mélodique. La trompette ponctue les fins de phrase quand le piano accompagne la voix.

III. Interpréter l'œuvre

• Vian rédige des paroles pleines d'humour. La musique jazz composée par Alain Goraguer est inspirée des musiques des Caraïbes et souligne la malice des mots.

• Les paroles critiquent la soif de progrès technique de la population, l'entraînant à acheter des objets répondant à des besoins le plus souvent ridicules.

• Malgré l'humour et la musique entraînante, la description est en fait pessimiste. Tout romantisme est impossible dans la société de consommation.

POUR OUVRIR ET CONCLURE

La critique de la société de consommation est un thème fréquemment abordé dans les arts depuis la seconde moitié du XXe siècle. En voici quelques exemples :

• ***Mon oncle*** (1958) : film de Jacques Tati qui décrit avec humour le quotidien d'une famille dans une maison aux nombreuses innovations…

• ***Supermarket Lady*** (1969) : sculpture hyperréaliste de Duane Hanson qui représente une Américaine avec des bigoudis dans les cheveux poussant un chariot de courses débordant de nourriture.

SUJET 76

Sujet inédit • Histoire des arts

ÉPREUVE ORALE DU BREVET • 100 points

Electronic Superhighway, Nam June Paik

▸ Présentez *Electronic Superhighway: Continental U.S., Alaska, Hawaï* de Nam June Paik : évoquez son contexte de création, puis décrivez l'œuvre elle-même avant d'en donner une interprétation personnelle.

DOCUMENT **Nam June Paik, *Electronic Superhighway: Continental U.S., Alaska, Hawaï* (1995)**

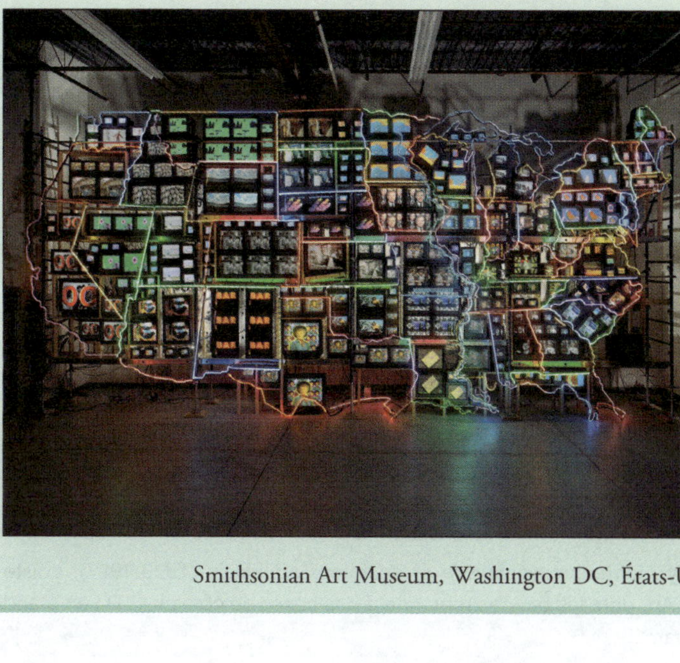

Smithsonian Art Museum, Washington DC, États-Unis

PISTES POUR L'ORAL

I. Situer l'œuvre

• Nam June Paik, artiste coréen installé aux États-Unis, est le créateur de l'art vidéo qui considère les téléviseurs comme des outils artistiques.

• *Electronic Superhighway* est une installation vidéo composée de néons et de téléviseurs. Elle a été réalisée en 1995. L'œuvre se trouve à la National Portrait Gallery de Washington.

II. Décrire l'œuvre

• Cette installation de très grand format forme une carte des États-Unis. Les néons de couleur vive délimitent les frontières des États américains.

• Des extraits vidéo ayant pour sujet les États américains passent en boucle. Les couleurs et les sons sont travaillés par l'artiste : le rendu visuel et sonore est confus en vue d'ensemble, mais plus clair quand on observe chaque État.

III. Interpréter l'œuvre

• L'œuvre s'inspire de l'univers des autoroutes (couleurs criardes et vitesse) qui ont fasciné l'artiste lors de son installation dans ce pays.

• *Electronic Superhighway* est un autoportrait des États-Unis à travers sa représentation par les médias.

• L'installation questionne le spectateur et sa relation aux médias qui donnent une vision déformée, remplie de clichés, de la réalité.

POUR OUVRIR ET CONCLURE

Depuis la seconde partie du xxe siècle, de nombreux artistes utilisent des **éléments de la culture populaire** ou des objets manufacturés pour créer leurs œuvres. C'est le cas des artistes du Pop Art et des Nouveaux Réalistes européens :

• **Andy Warhol** : artiste américain (1928-1987), chef de file du Pop Art.

• **Roy Lichtenstein** : peintre et sculpteur américain (1923-1997), artiste Pop Art, dont les œuvres reprennent des cases de comics (B.D.) en grand format.

• **César** (César Baldaccini, dit) : sculpteur français (1921-1998), nouveau-réaliste, il utilise pour ses « compressions » des voitures écrasées.

SUJET 77

Sujet inédit • Histoire des arts

ÉPREUVE ORALE DU BREVET • 100 points

Affiche antibolchevique, Adrien Barrère

▶ Présentez l'affiche antibolchevique d'Adrien Barrère : évoquez son contexte de création, puis décrivez l'œuvre elle-même avant d'en donner une interprétation personnelle.

DOCUMENT **Adrien Barrère, *L'Homme au couteau entre les dents* (1919)**

Coll. Dixmier / Kharbine-Tapabor

ORAL

PISTES POUR L'ORAL

I. Situer l'œuvre

• Cette affiche a été réalisée par Adrien Barrère en 1919, sur commande d'un groupe d'industriels de la banlieue parisienne.

• Adrien Barrère est habitué à réaliser des affiches très expressives et frappantes grâce à ses nombreuses réalisations d'affiches de cinéma et de théâtre. Dans un contexte d'élections législatives, le patronat, effrayé par les révolutions bolcheviques et par la propagation de ses idées dans des pays traumatisés par la Grande Guerre, fait réaliser cette affiche.

II. Analyser l'œuvre

• Le dessin représente un visage terrifiant, hirsute, les cheveux en bataille, les yeux exorbités. Ses traits sont exagérés : c'est une caricature.

• Le couteau que le personnage tient entre les dents dégouline de sang, la couleur rouge-sang domine.

• Le slogan est écrit d'une main tremblante. La signature précise que l'affiche est commanditée par les patrons des usines de Sceaux et Saint-Denis.

III. Interpréter l'œuvre

• Tout est mis en œuvre pour effrayer le concitoyen : l'omniprésence du rouge, le couteau acéré… Ce sont les procédés des affiches du théâtre d'épouvante.

• Cette affiche de propagande a pour but de convaincre les électeurs de voter contre le bolchevisme et donc de voter pour les partis conservateurs.

POUR OUVRIR ET CONCLURE

L'affiche *L'Homme au couteau entre les dents* a été détournée par le Parti communiste lui-même : Raoul Cabrol dessine l'affiche « Contre ça, votez communiste », où Hitler est représenté de manière grotesque, tenant un couteau entre ses dents. Le mot « communiste » n'est plus présenté comme le danger, mais comme l'alternative à « ça » (Hitler, désigné sans être nommé) : www.histoire-image.org.

SUJET

78

Sujet inédit • Histoire des arts

ÉPREUVE ORALE DU BREVET • 100 points

Dracula, Francis Ford Coppola

▸ Présentez *Dracula* de Francis Ford Coppola : évoquez son contexte de création, puis décrivez l'œuvre elle-même avant d'en donner une interprétation personnelle.

DOCUMENT **Francis Ford Coppola, *Dracula* (1992)**

Film adapté du roman de Bram Stoker (1897).

ORAL

PISTES POUR L'ORAL

I. Situer l'œuvre

• *Dracula* est un film fantastique réalisé par Francis Ford Coppola en 1992.

• C'est une adaptation du roman néogothique de Bram Stoker, écrit en 1897.

• Le film raconte l'histoire du vampire Dracula, être brisé et maudit, qui renoue avec l'amour alors qu'il est en quête de nouvelles proies à Londres.

II. Analyser l'œuvre

• Le réalisateur crée un contraste entre romantisme et horreur.

• Les points de vue multiples des personnages traduisent leur psychologie.

• Le foisonnement des décors et des costumes donne une tonalité particulière aux lieux de l'action et symbolise l'âme des personnages.

III. Interpréter l'œuvre

• Dans le film, Dracula est un être brisé par l'amour, qui renie sa foi, la morale et les interdits à la mort de sa fiancée. Il pense renouer avec l'amour grâce à Mina.

• Amour et sensualité vont de pair, faisant de l'acte vampirique un acte charnel que l'on désire autant qu'on le craint.

• Au contact des vampires, les sens prennent le dessus sur la raison, à l'image d'un animal guidé par ses instincts.

POUR OUVRIR ET CONCLURE

• **Autres films sur Dracula :**
– *Nosferatu* de Murnau (1922), film expressionniste allemand dont Coppola s'est inspiré pour les effets spéciaux, telle l'ombre de Dracula sur le mur ;
– *Dracula* interprété par Bela Lugosi (1931) ;
– *Le Cauchemar de Dracula*, avec Christopher Lee (1958) ;
– *Du Sang pour Dracula* (1974) ;
– *Dracula Untold* (2014) de Gary Shore.

• **Autres films et romans de vampires :**
– *Le Bal des Vampires*, de Roman Polanski (1967), sur le mode parodique ;
– *Entretien avec un vampire* de Neil Jordan (1994), adapté du roman d'Anne Rice (1976) ;
– *Twilight*, série de films fantastiques et sentimentaux adaptés des romans de Stephenie Meyer (2005).

SUJET

79

Sujet inédit • EPI

ÉPREUVE ORALE DU BREVET • 100 points

L'image au service de la propagande

▸ **Vous devez présenter un panneau d'exposition dans le cadre d'un projet EPI (Histoire, EMC, Français) sur le thème de l'embrigadement de la jeunesse par la propagande hitlérienne et stalinienne.**

Voici le panneau réalisé :

L'embrigadement de la jeunesse par la propagande hitlérienne et stalinienne

ph © www.bridgemanimages.com

« Enfant, que sais-tu de notre leader ? », affiche allemande (1935).

ph © Fine Art Images/Heritage Images/Getty Images

« Merci à notre cher Staline pour notre enfance heureuse », affiche soviétique (1950).

I. Des affiches similaires

• Les deux affiches sont **composées de la même manière** : Hitler et Staline sont à droite, tandis que les enfants occupent la partie gauche et la moitié inférieure de l'image.

• Les deux chefs sont présentés **en contre-plongée**, du point de vue des enfants, ce qui les fait paraître d'autant plus grands et imposants.

→ Ces affiches de propagande traduisent le **culte de la personnalité** caractéristique des régimes totalitaires.

II. Un message différent

Hitler, un leader fort et conquérant

• Le **drapeau nazi** est très présent.

• « Kinder » et « Führer » sont écrits de la même taille, pour établir **un lien entre les enfants et le leader**.

• L'enfant au second plan a les yeux tournés vers la droite, donc vers l'Est et vers l'avenir : son regard symbolise **l'espoir** et évoque **les ambitions conquérantes** du régime.

→ L'objectif est de **rallier les enfants au régime** pour en faire de futurs soldats.

Staline, une figure paternelle et rassurante

• Les enfants offrent des fleurs à Staline et le garçon lui adresse **un regard admiratif**.

• Le texte de l'affiche traduit **la gratitude des enfants** à l'égard de leur chef.

• Le garçon est vêtu du costume des **jeunesses communistes** mais le drapeau de l'URSS est absent.

→ L'objectif est de **donner une image rassurante de Staline,** « le petit père des peuples ».

PISTES POUR L'ORAL

Voici les diapositives qui peuvent servir de support à la présentation orale :

L'embrigadement de la jeunesse par la propagande hitlérienne et stalinienne

Alice, Michaël et Ryan (3e C),
le 15 avril 2018

• **Projet :** Réaliser un panneau en vue d'une exposition
• **Thème de l'EPI :** Information, communication et citoyenneté
Parcours citoyen
• **Intitulé :** L'image au service de la propagande
• **Disciplines :** Histoire, EMC et Arts plastiques

• **Sur la diapositive** : commencez par une diapositive d'ouverture indiquant toutes les caractéristiques de votre projet.

• **À l'oral** : vous pouvez passer rapidement sur cette 1re diapositive, mais elle vous permet de prendre confiance.

Introduction

Introduction

• **Comment les régimes totalitaires utilisent-ils la propagande pour servir leur idéologie ?**

• **Thème choisi :** L'embrigadement de la jeunesse par la propagande hitlérienne et stalinienne

• **Plan de l'exposé :**
I. Les recherches préparatoires
II. L'analyse des affiches
III. L'élaboration du panneau

• **Sur la diapositive** : faites apparaître la problématique et le plan de votre exposé. Ici, il suit les grandes étapes du projet.

• **À l'oral** : ne lisez pas le plan, énoncez-le en faisant des phrases complètes.

Partie 1

I. Les recherches préparatoires

Objectif : comprendre le fonctionnement des régimes totalitaires et trouver des affiches de propagande.

- **Propagande :** ensemble des moyens utilisés pour propager une idée ou une idéologie.
- **Quelques dates clés :**

1922, Italie	**1928, URSS**	**1933, Allemagne**
Mussolini marche sur Rome	Staline, seul au pouvoir	Hitler est nommé chancelier

- **Sur la diapositive** : synthétisez vos recherches : ne mentionnez que les informations essentielles, si possible de manière visuelle.
- **À l'oral** : complétez la définition de la propagande et commentez la frise en justifiant le choix des dates.

Partie 2

II. L'analyse des affiches

Objectif : sélectionner des affiches et les analyser pour comprendre les techniques de propagande utilisées

Méthode :
1. Présentation
2. Description
3. Analyse

Affiche allemande, 1933.

Affiche soviétique, 1950.

- **Sur la diapositive** : limitez le texte à l'essentiel ; privilégiez les visuels.
- **À l'oral** : détaillez la méthode et appliquez-la aux deux affiches présentées.

Partie 3

III. L'élaboration du panneau

Objectif : concevoir et réaliser un panneau pour présenter notre analyse des deux affiches.

Notre conclusion : les deux affiches contribuent au culte de la personnalité des dictateurs, mais leur intention est différente.

→ *Comment organiser le panneau de manière à communiquer efficacement cette conclusion ?*

L'embrigadement de la jeunesse par la propagande hitlérienne et stalinienne		I. Des affiches similaires *[points communs]*
Affiche 1 + légende	Affiche 2 + légende	II. Un message différent Hitler, un leader fort *[analyse de l'affiche 1]* Staline, une figure paternelle et rassurante *[analyse de l'affiche 2]*

• **Sur la diapositive** : gardez une trace des différentes étapes, surtout si vous ne pouvez pas apporter le résultat final le jour de l'oral.

• **À l'oral** : comparez les affiches et commentez la disposition choisie.

Conclusion

Conclusion

• **Ce que nous avons appris :**
– reconnaître un régime totalitaire
– analyser une affiche de propagande
– concevoir un panneau explicatif

• **Ce qui a été difficile :**
– passer de la description des affiches à leur analyse
– rédiger les textes du panneau

→ **Aboutissement du projet :** Présentation de notre travail au public lors d'une exposition au CDI.

• **Sur la diapositive** : faites le bilan du projet et terminez par une bibliographie.

• **À l'oral** : précisez ou complétez chacun le bilan de manière plus personnelle.

ORAL

Le mémo du brevet

L'essentiel du programme en fiches

Le mémo

Sommaire détaillé

Français

Mathématiques

Les méthodes de l'oral

1 Reconnaître un récit

Un récit est un texte narratif, c'est-à-dire un texte où un narrateur raconte une histoire. Il peut revêtir de multiples formes : récit d'aventures, d'apprentissage, de guerre…

A Identifier les composantes du récit

● Les récits sont souvent aux temps du passé. Ceux-ci ont différentes valeurs :
- l'**imparfait** est utilisé pour décrire le décor, les circonstances ;
- le **passé simple** est utilisé pour une action ponctuelle ou limitée dans le temps ;
- le **passé antérieur** et le **plus-que-parfait** sont utilisés pour les actions antérieures à celles exprimées par les verbes au passé simple et à l'imparfait.

● Un récit s'enrichit de passages qui ne sont pas purement narratifs :
- la **description** sert à peindre des lieux ou à faire le portrait des personnages ;
- le **dialogue** permet d'animer le récit et de créer un effet de réel puisque les personnages semblent s'exprimer directement ;
- les **commentaires** du narrateur, généralement au présent, interrompent parfois le récit.

B Analyser la structure d'un récit

Dans les récits courts, le conte, par exemple, l'intrigue du récit suit souvent un **schéma narratif** qui compte cinq étapes successives.

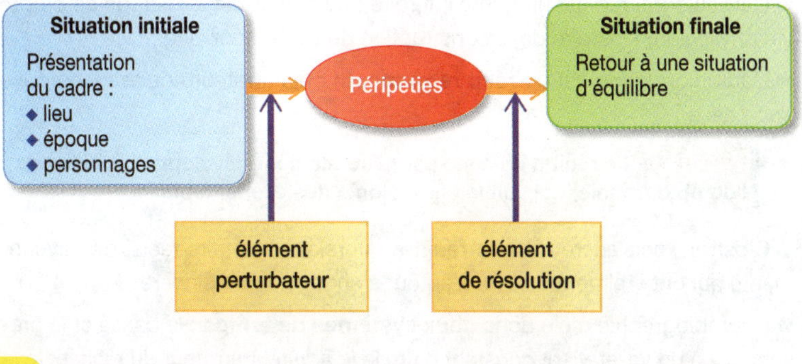

C Comprendre la fonction des personnages

● Chaque personnage remplit un **rôle** dans l'intrigue. Le héros ou personnage principal fait évoluer l'action en fonction de sa **quête**.

● Au cours de celle-ci, il rencontre soit des personnages qui l'aident à obtenir ce qu'il souhaite, soit des personnages qui lui font obstacle.

FRANÇAIS

2 Reconnaître les formes de l'écriture de soi

L'écriture de soi peut prendre des formes variées selon qu'elle est personnelle ou destinée à la publication. On parle de genre autobiographique lorsque l'auteur fait le récit de sa propre vie.

A Repérer les caractéristiques de l'écriture de soi

1. La situation d'énonciation

- Le texte est rédigé à la **1re personne** du singulier. L'auteur, l'énonciateur et le protagoniste sont une seule et même personne. L'énonciation est subjective : le *je* ne donne que son propre point de vue.

2. Le destinataire

- Certains écrits ne sont destinés qu'à un usage privé : **lettre** adressée à un proche, **journal** destiné à faire le point sur soi-même au jour le jour…
- D'autres écrits sont destinés à la publication et deviennent une pratique littéraire. On parle généralement d'écrits ou de romans autobiographiques. Les **Mémoires** (avec une majuscule), par exemple, mettent l'accent sur l'Histoire et les grands événements plutôt que sur la vie individuelle.

B Identifier les spécificités de l'autobiographie

- L'autobiographie est un genre littéraire où l'auteur fait le récit de sa propre vie privilégiant l'histoire de la construction de sa personnalité.
- L'autobiographie est un **récit rétrospectif** : le narrateur adulte recompose son passé.

> REMARQUE **Le récit d'enfance est généralement développé au début de l'autobiographie, qui suit la chronologie des événements.**

- C'est un récit ancré dans la **réalité**, qui relate des faits réels, des événements qui ont vraiment eu lieu. L'auteur s'engage à être sincère.
- L'autobiographie mêle donc **deux systèmes de temps** : le passé et le présent. Il y a un va-et-vient constant entre le *je* adulte, narrateur du récit, et le *je* enfant, personnage.
- Écrire sur soi repose sur l'**introspection**. L'auteur prend la plume pour se présenter, mais aussi exposer ses pensées ou peindre ses sentiments.

3 Reconnaître un texte théâtral

Lorsque tu penses au théâtre, tu imagines des acteurs, un décor, des costumes, la scène... Mais peux-tu définir exactement ce qu'est le genre théâtral ?

FRANÇAIS

A Connaître les particularités du genre théâtral

- Une pièce de théâtre se différencie du genre romanesque en ce qu'elle n'est constituée que de dialogues et de didascalies. Elle est généralement divisée en actes, eux-mêmes divisés en plusieurs scènes.

> DÉFINITION **Les didascalies sont les indications de lieu, de costumes, de jeu et de mise en scène. Elles sont généralement mises en italique ou entre parenthèses pour les différencier des dialogues.**

- Le **dialogue** doit apporter les informations, faire progresser l'action, préciser les relations qui unissent les personnages et les sentiments qu'ils éprouvent.
- Le dialogue est constitué d'un échange de **répliques**. Chaque réplique est précédée du nom du personnage qui parle. Les paroles ne sont ni introduites par un verbe de parole ni placées entre guillemets.

B Connaître les conventions théâtrales

- La représentation théâtrale doit créer l'**illusion du réel** à partir d'éléments factices (décor, costumes).
- Le théâtre repose sur la règle de la **double énonciation** : les paroles prononcées par un personnage ont pour destinataires les autres personnages présents sur scène mais aussi les spectateurs. Prenons deux exemples :

– l'**aparté** est une réplique qu'un personnage s'adresse à lui-même et que les autres personnages présents sur scène ne sont pas censés entendre. Le public est ainsi mis dans la confidence.
– le **monologue** est une scène où un personnage, seul, s'adresse à lui-même mais aussi aux spectateurs auxquels il fait partager ses pensées.

4 Étudier un poème

La poésie peut prendre des formes très différentes, mais tous les poèmes ont en commun un usage particulier du langage.

A Reconnaître un poème

- Dans la poésie classique, un poème se reconnaît par sa disposition : les phrases sont découpées en **vers**, eux-mêmes regroupés en **strophes**.
- Les vers comptent un **nombre précis** de syllabes. Ils se caractérisent par la **rime** qui est la répétition du même son à la fin de deux ou plusieurs vers.
- S'affranchissant de ces règles, la poésie moderne se rapproche de la prose, un poème écrit sans vers. Cependant, la **musicalité** du langage et les **images** suscitent une émotion particulière, propre à chaque poème.

B Repérer les images

Les images poétiques se doivent d'être **originales et expressives**. Pour les faire naître, le poète utilise des figures de style.

> REMARQUE **Une figure de style est un procédé qui crée des effets susceptibles d'agir sur la sensibilité ou l'imagination du lecteur.**

- La **comparaison** établit une ressemblance entre le comparé et le comparant à l'aide d'un outil de comparaison *(comme, tel, pareil à…)*.
- La **métaphore** est une comparaison sans outil pour l'introduire. Par exemple, l'arbre généalogique est une métaphore de la famille.
- La **personnification** consiste à attribuer des propriétés humaines à un animal, à une idée, à une chose. Exemple : *L'arbre dansait dans le vent*.
- L'**allégorie** est une représentation concrète d'une idée. Par exemple, la justice est souvent représentée par une balance.

C Percevoir la musique des vers

La poésie naît d'un travail sur les sonorités et le rythme.

- Les rimes peuvent se combiner entre elles de différentes façons : rimes **suivies** (AA, BB), rimes **croisées** (ABAB) et rimes **embrassées** (ABBA).
- L'**allitération** est la répétition d'un même son consonne dans un ou plusieurs vers, qui vise à créer un effet d'imitation sonore. L'**assonance** est la répétition d'un même son voyelle.
- Le rythme est marqué par des **coupes** qui sont des pauses dans le vers situées après chaque syllabe accentuée. Elles marquent la cadence des vers.

5 Identifier la satire

Le texte et le dessin satirique visent à faire rire, mais surtout à dénoncer les défauts des hommes ou de la société.

A Qu'est-ce qu'un texte satirique ?

- C'est un texte qui attaque les vices et les ridicules d'une personne ou d'une société dans un but argumentatif. On le retrouve dans **tous les genres littéraires** : dans la fable (XVIIe siècle), la comédie (XVIIe siècle), le conte philosophique (XVIIIe siècle), le roman (XIXe siècle).
- Au XXe siècle, le registre satirique se retrouve dans les **chroniques télévisuelles** ou **radiophoniques**.

B Qu'est-ce qu'un dessin satirique ?

- Le dessin satirique se donne à voir immédiatement, souvent à la une des journaux ou sur les murs.
- Il peut prendre la forme de la **caricature** (représentation grotesque d'un personnage obtenue par la déformation de ses traits et de ses proportions). Comme un texte, il cherche à se moquer et à ridiculiser, à accuser une personne ou à critiquer une situation, à affirmer ou à dénoncer une opinion politique, sociale ou religieuse.
- Le dessin satirique s'appuie sur un certain nombre de procédés : **exagération** de particularités physiques, animalisation, végétalisation, **comparaison** dévalorisante ou encore diabolisation.

C Comment faire ?

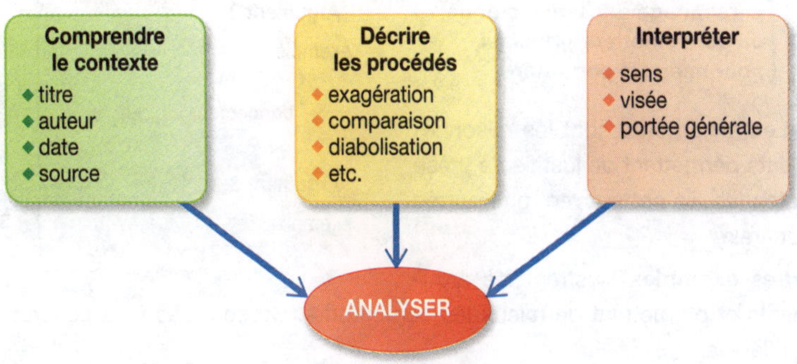

6 Reconnaître et construire une argumentation

Dans un texte argumentatif, l'émetteur cherche à convaincre le lecteur de quelque chose. L'argumentation peut se rencontrer dans des textes variés : articles de journaux, récits, pièces de théâtre, romans...

A Reconnaître un texte argumentatif

- Pour convaincre, l'émetteur s'implique dans son discours : les marques de la 1re personne sont nombreuses. Il s'adresse à un **destinataire** en recourant aux marques de 2e personne.
- Le **présent** de l'indicatif est le temps de référence.
- Dans un texte argumentatif, l'émetteur exprime une **opinion**. Ainsi, les marques de subjectivité sont variées (verbes d'opinion, modalisateurs, vocabulaire mélioratif ou péjoratif).
- Le locuteur peut chercher à faire partager une opinion ou pousser le destinataire à agir.

B Organiser une argumentation

Un texte argumentatif est construit autour d'une thèse argumentée et illustrée par des exemples.

- La **thèse** est l'opinion défendue par le locuteur à propos d'un sujet donné.

> REMARQUE **La thèse s'oppose à une thèse adverse, qui peut être mentionnée par un autre personnage dans un dialogue, ou par l'émetteur principal, pour mieux la contredire.**

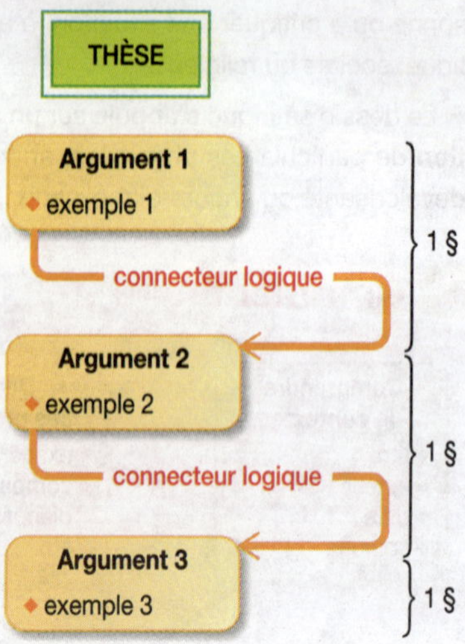

- Les **arguments** sont les raisonnements permettant de justifier la thèse défendue. Ils ont souvent une portée générale.
- Les **exemples** illustrent les arguments et permettent de mieux les comprendre. Ce sont des faits concrets, vérifiables.
- Les **connecteurs logiques** structurent le discours et explicitent les liens entre les différentes idées : *pourtant, mais, de plus...*

7 Écrire un dialogue argumentatif

Il s'agit d'imaginer un dialogue dans lequel deux locuteurs défendent des thèses opposées sur un sujet donné. Chacun défend son point de vue, en argumentant et en donnant des exemples dans le but de convaincre ou de persuader l'autre.

FRANÇAIS

A Repérer la situation de communication

- Commence par définir le **thème** : de quoi est-il question ?
- Repère à quelle **époque** se déroule le dialogue : le vocabulaire et les idées ne seront pas les mêmes selon les époques.
- Tu dois définir qui sont les interlocuteurs et quelles thèses ils défendent.

B Prévoir la progression de l'échange

Pour éviter qu'un dialogue ne tourne en rond, il faut penser à la progression de l'échange.

- La **thèse** de chaque interlocuteur doit être soutenue par des **arguments** illustrés par des **exemples**.
- Les arguments doivent être présentés du moins convaincant (qui recevra donc des objections) au plus convaincant.

C Rédiger le dialogue

- Le dialogue ne doit pas se résumer à une énumération d'idées. Il faut le rendre vivant par des **adresses directes** à l'interlocuteur, par la mention de sentiments ressentis, ou par des **types de phrases variés** donnant de l'épaisseur aux interlocuteurs.
- Pense à varier les connecteurs pour lier arguments, objections et exemples.

Objectif	Connecteur
énumérer, ajouter des idées	d'abord, ensuite, enfin, et, de plus, par ailleurs, d'une part, d'autre part, non seulement… mais aussi…
exprimer l'opposition	mais, or, cependant, néanmoins, pourtant, malgré, alors que, au contraire…
exprimer la cause	car, parce que, puisque, comme, en raison de…
exprimer la conséquence	donc, par conséquent, c'est pourquoi, si bien que, pour…

- À la fin du dialogue, le lecteur doit savoir si l'argumentation a été efficace, et doit comprendre clairement quelle est la thèse victorieuse.

8 Raconter une expérience personnelle en exprimant ses sentiments

Relater une expérience personnelle en suivant certaines consignes est un exercice fréquent au brevet. L'expression des sentiments devra occuper une place importante dans ton récit.

A Relater une expérience

- L'expérience à raconter n'a pas à être vraie, mais seulement **vraisemblable**, c'est-à-dire crédible. Tu peux t'inspirer d'événements qui te sont réellement arrivés, ou bien en imaginer sans nécessairement qu'ils soient extraordinaires.
- On te demande d'écrire un récit à la **1re personne**, inscrit la plupart du temps dans le passé. On doit pouvoir supposer que c'est réellement de toi qu'il s'agit. Tu dois donc prêter ton caractère au *je* fictif de ton récit : le narrateur est un collégien, qui vit à notre époque.

B Exprimer des sentiments

Pour exprimer des sentiments, il est nécessaire d'employer le **champ lexical** qui convient.

Sentiment	Noms	Adjectifs
peur	malaise, horreur, terreur, panique, épouvante	horrifié, terrifié, livide, pâle
joie	bonheur, contentement, plaisir, allégresse, enthousiasme	émerveillé, heureux, satisfait, enchanté, ravi, transporté
tristesse	chagrin, désespoir, détresse, amertume, souffrance, douleur	désespéré, amer, déçu, accablé, morne, maussade
surprise	stupéfaction, incrédulité, ébahissement, ahurissement	inattendu, stupéfait, ébahi

- Tandis que les phrases courtes marquent la vivacité du sentiment, les phrases plus longues décrivent des sentiments mêlés ou opposés.
- La phrase se terminant par un **point d'exclamation** traduit des sentiments ou des émotions fortes (la colère, l'impatience, la joie…).
- Les **points de suspension** rendent un énoncé plus expressif (marque du doute, du regret…).

9 Écrire une suite de récit

Écrire la suite d'un récit, c'est poursuivre à ta manière le travail d'un écrivain : il faut donc que tu utilises ton imagination, tout en respectant les éléments présents dans le texte de référence.

FRANÇAIS

A Respecter les données du texte initial

Rédiger une suite de texte demande une analyse minutieuse du texte de référence.

● Identifie d'abord le **genre** du récit : récit d'enfance, policier, réaliste... Puis, note tous les éléments narratifs qui te permettent de définir :
- le **cadre** (en répondant aux questions : où ? quand ?) ;
- le **narrateur** et les **thèmes** (qui ? quoi ?) ;
- le caractère et le comportement des **personnages**.

> ATTENTION ! **Ne mentionne pas des inventions du XXe siècle pour écrire la suite d'un texte du XIXe siècle, comme la voiture motorisée, le téléphone, etc.**

● Analyse ensuite les **procédés** d'écriture : à quelle personne le récit est-il mené ? À quel temps ? Quel est le registre employé (pathétique, fantastique...) ? Quel est le ton d'ensemble (comique, tragique...) ?

● Le système de temps (soit du passé, soit du présent) de la narration doit être respecté. Si le texte est au passé, tu ne peux pas écrire une suite au présent.

B Imaginer une suite

● Détermine d'abord la **fin** de ton texte : quelles réponses vas-tu apporter aux questions soulevées par l'extrait ? Comment vas-tu satisfaire les attentes du lecteur ?

● Imagine ensuite un enchaînement de **péripéties** conduisant au dénouement que tu veux écrire.

● Vérifie que tes péripéties sont **cohérentes** avec le texte initial. Fais attention notamment au cadre spatio-temporel et au caractère des personnages.

10 Écrire un dialogue théâtral

Au théâtre, l'action ne progresse que par les paroles qu'échangent les personnages : tu dois donc écrire un dialogue vivant et efficace.

A Respecter les caractéristiques du dialogue théâtral

- Commence par indiquer le nom du personnage qui prend la parole devant sa réplique.

> ATTENTION ! **Tu ne dois pas employer de guillemets ni de verbes de parole.**

- Tu peux introduire des **didascalies**, c'est-à-dire des indications scéniques, en italique ou entre parenthèses pour indiquer :
– le ton employé par l'émetteur ;
– à qui la réplique est adressée s'il y a confusion possible ;
– la posture ou les mouvements des personnages susceptibles de souligner ce qui est dit dans le dialogue.

B Construire le dialogue

Pour écrire un dialogue vivant et efficace, tu peux avoir recours à différents procédés. Pour commencer, évite les répliques qui ne servent pas à faire progresser l'action ou à créer un effet.

- Choisis le **niveau de langue** qui correspond au personnage qui parle et au genre théâtral : le niveau de langue est soutenu dans les tragédies classiques et les personnages s'expriment en alexandrins, alors que dans les comédies, les personnages peuvent s'exprimer dans un registre populaire (courant ou familier).
- Pense à alterner les **types de phrases** : tu peux faire se succéder les phrases déclaratives, interrogatives, exclamatives et injonctives.
- Tu peux varier le **rythme du dialogue** en faisant se succéder longues tirades et répliques courtes pour rendre ton dialogue vif et rapide.
- Fais avancer le dialogue au moyen de **reprises de mots**, ce qui, d'une réplique à l'autre, crée un effet d'écho.

11 Différents nombres et leurs représentations

Notion	Définition
Nombre entier naturel	Nombre entier (c'est-à-dire qui s'écrit sans chiffre après la virgule) positif ou nul.
Nombre entier relatif	Nombre entier positif, négatif ou nul.
Nombre décimal	Nombre qui s'écrit avec un nombre fini de chiffres après la virgule. *Exemple* : 0,64.
Nombre rationnel (ou fraction)	Nombre qui peut s'écrire sous la forme d'une fraction, c'est-à-dire sous la forme $\frac{a}{b}$, où a et b sont des nombres entiers relatifs et $b \neq 0$. *Exemple* : $\frac{16}{25}$.
Fraction décimale	Fraction dont le dénominateur est une puissance de 10. *Exemple* : $\frac{64}{10^2} = \frac{64}{100}$.
Notation scientifique d'un nombre	Notation de la forme $x = a \times 10^n$ où $1 \leqslant a < 10$ et n est un entier relatif. On peut utiliser cette notation pour tout nombre positif x. *Exemple* : $6{,}4 \times 10^{-1}$.
Nombre irrationnel	Nombre qui ne peut pas s'écrire sous la forme d'une fraction. *Exemples* : $\sqrt{2}$, π...

REMARQUES

1. Un même nombre peut s'écrire de différentes façons.
Ainsi 0,64, $\frac{16}{25}$, $\frac{64}{100}$ et $6{,}4 \times 10^{-1}$ représentent le même nombre.

2. Un nombre rationnel a une infinité d'écritures sous forme de fraction. Une **fraction irréductible** est une fraction qui ne peut pas être simplifiée.

3. Attention ! Ne pas confondre l'opposé et l'inverse d'un nombre.

- Deux nombres sont **opposés** si leur somme est nulle.

Exemples : -5 est l'opposé de 5, $-\frac{1}{3}$ est l'opposé de $\frac{1}{3}$.

- Deux nombres sont **inverses** si leur produit est 1.

Exemples : $\frac{1}{5}$ est l'inverse de 5, $-\frac{1}{3}$ est l'inverse de -3.

MATHS

12 Puissance et racine carrée

A Définitions

Notion	Définition
Puissance d'un nombre	Produit de n facteurs égaux à a (a étant un nombre non nul et n un nombre entier naturel positif). On le note a^n : $a^n = \underbrace{a \times a \times ... \times a}_{n \text{ facteurs}}$. a^{-n} est l'inverse de a^n. Donc $a^{-n} = \frac{1}{a^n}$. *Exemples* : $5^3 = 5 \times 5 \times 5 = 125$; $10^{-2} = \frac{1}{10^2} = \frac{1}{100} = 0{,}01$.
Racine carrée d'un nombre	Nombre positif dont le carré est égal à a (où a est un nombre positif donné). On le note $\sqrt{a}$. *Exemples* : $\sqrt{25} = 5$; $\sqrt{56{,}25} = 7{,}5$.

B Préfixes scientifiques

Préfixe	Symbole	Puissance de 10	Valeur	Exemples
giga	G	10^9	1 000 000 000	1 gigawatt = 1 000 000 000 watts
méga	M	10^6	1 000 000	1 mégahertz = 1 000 000 hertz
kilo	k	10^3	1 000	1 kilocalorie = 1 000 calories
hecto	h	10^2	100	1 hectopascal = 100 pascals
déca	da	10^1	10	1 décalitre = 10 litres
déci	d	10^{-1}	0,1	1 décimètre = 0,1 mètre
centi	c	10^{-2}	0,01	1 centigramme = 0,01 gramme
milli	m	10^{-3}	0,001	1 milliseconde = 0,001 seconde
micro	µ	10^{-6}	0,000 001	1 microampère = 0,000 001 ampère
nano	n	10^{-9}	0,000 000 001	1 nanomètre = 0,000 000 001 m

13 Calcul numérique

A Multiples, diviseurs – Nombres premiers

Notion	Définition
Multiple	On appelle multiple d'un entier naturel le produit de ce nombre entier naturel par un autre nombre entier naturel. *Exemples* : 45, 135 et 225 sont des multiples de 15, car $45 = 3 \times 15$ et $135 = 9 \times 15$ et $225 = 15 \times 15$.
Diviseur	Soient deux entiers naturels a et b. a est un diviseur de b lorsque la division de b par a se fait exactement, c'est-à-dire ne donne pas de reste. *Exemple* : 13 est un diviseur de 91 car $91 = 13 \times 7 + 0$.
Critères de divisibilité	Un nombre est divisible : • par 2 si son chiffre des unités est 0, 2, 4, 6 ou 8 ; • par 3 si la somme de ses chiffres est divisible par 3 ; • par 5 si son chiffre des unités est 0 ou 5 ; • par 9 si la somme de ses chiffres est divisible par 9 ; • par 10 si son chiffre des unités est 0.
Nombre premier	Nombre entier naturel divisible seulement par lui-même et par 1. *Exemple* : 17 est un nombre premier. 55 n'est pas un nombre premier car il est divisible par 5.
Décomposition d'un nombre entier en un produit de facteurs premiers	Opération qui consiste à transformer un nombre entier en un produit de nombres premiers. *Exemple* : $600 = 2^3 \times 3 \times 5^2$.

B Les fractions : comparer et calculer

Objectif	Règle
Comparer	Si deux fractions ont le même dénominateur, la fraction la plus grande est celle qui a le plus grand numérateur. Si deux fractions ont le même numérateur, la fraction la plus grande est celle qui a le plus petit dénominateur.
Additionner ou soustraire	Pour additionner (ou soustraire) deux fractions, on les réduit au même dénominateur puis on additionne (ou on soustrait) les numérateurs et on conserve le dénominateur commun.
Multiplier	Pour multiplier deux fractions, on multiplie les numérateurs entre eux et les dénominateurs entre eux.
Diviser	Pour diviser deux fractions, on multiplie la fraction numérateur par l'inverse de la fraction dénominateur.

14 Calcul littéral

A Développer

● À l'aide de la **propriété de distributivité** : on utilise les règles de la distributivité de la multiplication par rapport à l'addition.

Quels que soient les nombres a, b, c, d :

$a \times (b + c) = a \times b + a \times c$

Exemple : $2x \times (x + 3) = 2x^2 + 6x$

$(a + b) \times (c + d) = a \times c + a \times d + b \times c + b \times d$

Exemple : $(6 - x) \times (2 - 3x) = 12 - 18x - 2x + 3x^2 = 3x^2 - 20x + 12$

● À l'aide des **identités remarquables** : on distingue trois identités remarquables, a et b étant deux réels quelconques :

$(a + b)^2 = a^2 + 2ab + b^2$ Exemple : $(2x + 5)^2 = 4x^2 + 20x + 25$

$(a - b)^2 = a^2 - 2ab + b^2$ Exemple : $(2x - 4)^2 = 4x^2 - 16x + 16$

$(a + b) \times (a - b) = a^2 - b^2$ Exemple : $(3x + 1) \times (3x - 1) = 9x^2 - 1$

B Factoriser

● À l'aide de la **propriété de distributivité**.

Quels que soient les nombres a, b, c, d :

$a \times b + a \times c = a \times (b + c)$ Exemple : $2x \times (3x + 1) + 2x \times (2x + 5) = 2x \times (5x + 6)$

● À l'aide des **identités remarquables** :

$a^2 + 2ab + b^2 = (a + b)^2$ Exemple : $x^2 + 6x + 9 = (x + 3)^2 = (x + 3) \times (x + 3)$

$a^2 - 2ab + b^2 = (a - b)^2$ Exemple : $x^2 - 4x + 4 = (x - 2)^2 = (x - 2) \times (x - 2)$

$a^2 - b^2 = (a + b) \times (a - b)$ Exemple : $x^2 - 4 = x^2 - 2^2 = (x + 2) \times (x - 2)$

C Équation produit

On utilise la propriété : lorsqu'un produit de facteurs est nul, alors l'un au moins des facteurs est nul.

Exemple : résoudre l'équation $(2x - 1) \times (-x + 3) = 0$.

La propriété ci-dessus permet d'affirmer que :

$2x - 1 = 0$, soit $x = \frac{1}{2}$ ou $-x + 3 = 0$, soit $x = 3$.

Conclusion : $\frac{1}{2}$ et 3 sont les solutions de l'équation.

15 Statistiques - Probabilités

A Statistiques

1. Caractéristiques de position

Notion	Définition
Fréquence d'une valeur	On appelle fréquence d'une valeur le quotient de l'effectif de cette valeur par l'effectif total. On l'exprime souvent en pourcentage.
Moyenne d'une série statistique	C'est le nombre m réel égal au quotient de la somme de toutes les valeurs de la série statistique par l'effectif total.
Médiane d'une série statistique	C'est la valeur qui partage la série statistique, **rangée par ordre croissant** (ou décroissant), en deux parties de même effectif. Si l'effectif total de la série est un nombre impair, la médiane est une valeur de la série. Sinon, c'est un nombre compris entre deux valeurs de la série. On prend souvent pour médiane la moyenne de ces deux valeurs.

2. Caractéristiques de dispersion

Notion	Définition
Étendue d'une série statistique	C'est la différence entre la plus grande et la plus petite valeur de la série statistique.
Écart moyen d'une série statistique	C'est la moyenne de la série obtenue en prenant les valeurs positives des différences entre chaque valeur de la série statistique et la valeur moyenne de la série.

B Probabilités

Soit E un événement.

- La probabilité de réalisation de E est un nombre $p(\mathrm{E})$ compris entre 0 et 1.
- Si $p(\mathrm{E}) = 0$ alors l'événement E est impossible.
- Si $p(\mathrm{E}) = 1$ alors l'événement E est certain.
- Quand les résultats d'une expérience ont tous la même probabilité, alors $p(\mathrm{E}) = \dfrac{\text{nombre de résultats favorables}}{\text{nombre de résultats possibles}} = \dfrac{n}{N}$.
- Notons $\bar{\mathrm{E}}$ l'événement contraire de E (c'est-à-dire l'événement « non E »), alors $p(\mathrm{E}) + p(\bar{\mathrm{E}}) = 1$.

MATHS

16 Fonctions - Pourcentages

A La notion de fonction

- Une fonction est une « machine » qui permet d'associer à un nombre, appelé **antécédent**, un autre nombre unique appelé **image**.
- On note souvent f cette « machine », x l'antécédent et $f(x)$ l'image du nombre x par la fonction f. On écrit alors $f : x \mapsto f(x)$.

Exemple : Si l'on a $f : x \mapsto f(x) = 3x + 1$, alors f est la machine à multiplier par 3 puis à ajouter 1. Si on choisit le nombre -4, alors la fonction f lui associe le nombre -11 car $f(-4) = 3 \times (-4) + 1 = -11$. Le nombre -4 est l'antécédent de -11 et -11 est l'image du nombre -4 par la fonction f.

B Fonction linéaire, fonction affine

- La fonction f qui associe au nombre x le nombre ax, où a est un nombre réel donné, est appelée **fonction linéaire**. On a $f : x \mapsto ax$ ou encore $f(x) = ax$.
Sa représentation graphique est une droite passant par l'origine du repère.
Le nombre a est le **coefficient directeur** de cette droite.
- La fonction f qui associe au nombre x le nombre $ax + b$, où a et b sont des réels donnés, est appelée **fonction affine**. On a $f : x \mapsto ax + b$ ou encore $f(x) = ax + b$.
Sa représentation graphique est une droite. a est le coefficient directeur de la droite et b est l'**ordonnée à l'origine** de la droite.

C Proportionnalité

Soient quatre nombres non nuls a, b, c, d. Les nombres a et b sont respectivement proportionnels aux nombres c et d, si $\frac{a}{c} = \frac{b}{d}$.

D Pourcentages

- Appliquer une **augmentation** de n % à une quantité Q :
on obtient alors la quantité Q' telle que $Q' = Q\left(1 + \frac{n}{100}\right)$.
- Appliquer une **diminution** de n % à une quantité Q :
on obtient alors la quantité Q'' telle que $Q'' = Q\left(1 - \frac{n}{100}\right)$.
- Calculer le **pourcentage *n* d'augmentation** d'une quantité Q devenue Q_1 :
on a $n = \frac{Q_1 - Q}{Q} \times 100$.

17 Grandeurs et mesures

A Grandeurs composées

- Une **grandeur composée produit** est une grandeur obtenue en multipliant d'autres grandeurs. Voici quelques grandeurs composées produit :

Grandeur composée	Grandeurs simples	Formule	Unités
Aire $\mathcal{A}$ d'un rectangle	Longueur L, largeur ℓ	$\mathcal{A} = L \times \ell$	Si L et ℓ en m, alors $\mathcal{A}$ en m^2
Volume $\mathcal{V}$ d'un cube	Arête c	$\mathcal{V} = c \times c \times c$	Si c en cm, alors $\mathcal{V}$ en cm^3
Puissance électrique consommée P	Tension U, intensité du courant I	$P = U \times I$	Si U en volts (V) et I en ampères (A), alors P en watts (W)
Énergie électrique E	Puissance P, temps t	$E = P \times t$	Si P en watts (W) et t en h, alors E en wattheures (Wh)

- Une **grandeur composée quotient** est une grandeur obtenue en divisant deux autres grandeurs. Voici quelques grandeurs composées quotient :

Grandeur composée	Grandeurs simples	Formule	Unités
Vitesse moyenne v	Distance d, temps t	$v = \frac{d}{t}$	Si d en m et t en s, alors v en m/s ou $m \times s^{-1}$
Débit D	Volume $\mathcal{V}$, durée t	$D = \frac{\mathcal{V}}{t}$	Si $\mathcal{V}$ en m^3 et t en h, alors D en m^3/h ou $m^3 \times h^{-1}$
Masse volumique ρ	Masse M, volume $\mathcal{V}$	$\rho = \frac{M}{\mathcal{V}}$	Si M en kg et $\mathcal{V}$ en m^3, alors ρ en kg/m^3 ou $kg \times m^{-3}$
Consommation de carburant C	Volume de carburant consommé $\mathcal{V}$, distance parcourue d	$C = \frac{\mathcal{V}}{d}$	Si $\mathcal{V}$ en litres (L) et d en km, alors C en L/km ou $L \times km^{-1}$

B Formules donnant des volumes

- Volume d'une pyramide ou d'un cône dont l'aire de la base est $\mathcal{B}$ et la hauteur h : $\mathcal{V} = \frac{1}{3} \times \mathcal{B} \times h$.
- Volume d'un cylindre dont le rayon de la base est r et la hauteur h : $\mathcal{V} = \pi \times r^2 \times h$.
- Volume d'une boule de rayon r : $\mathcal{V} = \frac{4}{3} \times \pi \times r^3$.

18 Transformations sur une figure

A Effet d'une translation sur un triangle

● Le triangle A′B′C′ est l'image du triangle ABC par la translation qui transforme le point I en le point J. Ces deux triangles sont superposables.

● La translation est un **déplacement**. Elle conserve les distances, les alignements, les angles et les aires.

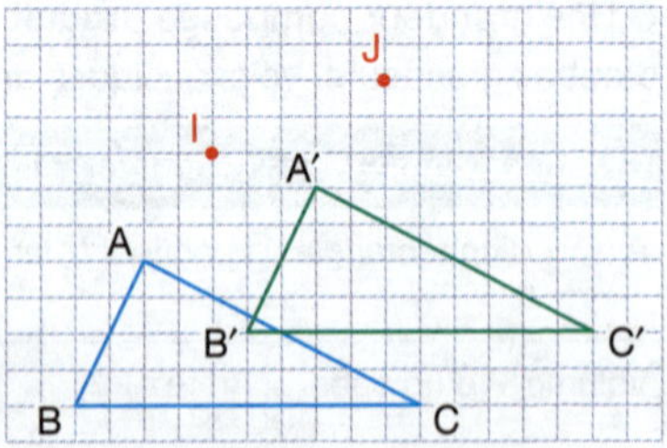

B Effet d'une rotation sur un triangle

● Le triangle A′B′C′ est l'image du triangle ABC par la rotation de centre O et d'angle 100°. On a : OA = OA′, OB = OB′, OC = OC′ et $\widehat{AOA'} = \widehat{BOB'} = \widehat{COC'} = 100°$.

● La rotation est un **déplacement**. Elle conserve les distances, les alignements, les angles et les aires.

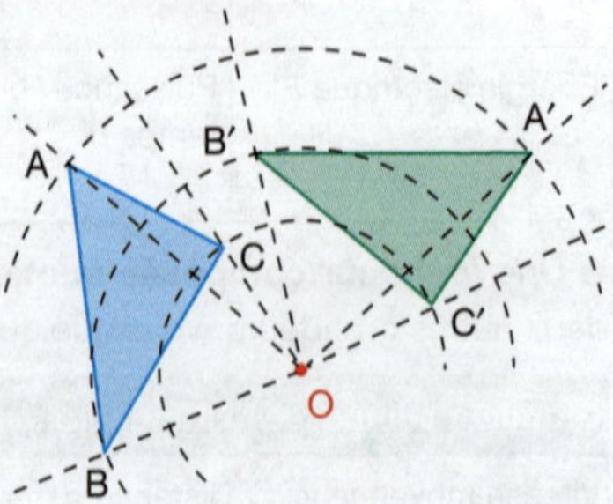

C Effet d'une homothétie sur un triangle

● Le triangle A′B′C′ est l'image du triangle ABC par l'homothétie de centre O et de rapport 2 : on a un **agrandissement**.

Le triangle ABC est l'image du triangle A′B′C′ par l'homothétie de centre O et de rapport $\frac{1}{2}$: on a une **réduction**.

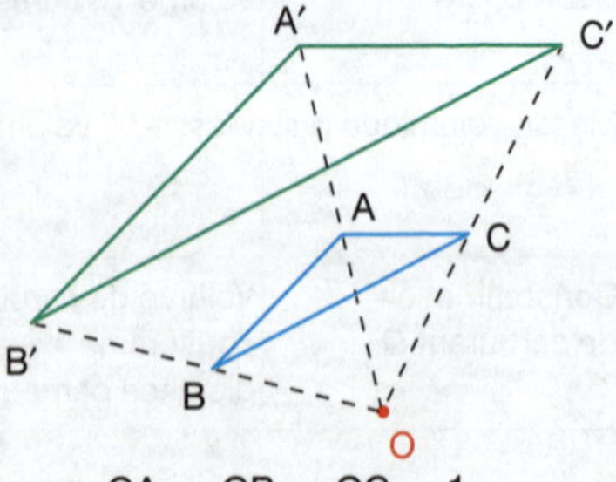

Nous avons donc : $\frac{OA'}{OA} = \frac{OB'}{OB} = \frac{OC'}{OC} = 2$ et $\frac{OA}{OA'} = \frac{OB}{OB'} = \frac{OC}{OC'} = \frac{1}{2}$.

● Lorsque toutes les dimensions d'une figure $\mathscr{F}$ sont multipliées par un même nombre k, on obtient une figure $\mathscr{F}'$. Si $k > 1$, $\mathscr{F}'$ est un agrandissement de $\mathscr{F}$. Si $0 < k < 1$, $\mathscr{F}'$ est une réduction de $\mathscr{F}$.

Les mesures des **côtés** de $\mathscr{F}'$ se déduisent des mesures des côtés de $\mathscr{F}$ en multipliant ces derniers par k.

L'**aire** de $\mathscr{F}'$ se déduit de l'aire de $\mathscr{F}$ en multipliant cette dernière par k^2.

Le **volume** de $\mathscr{F}'$ se déduit du volume de $\mathscr{F}$ en multipliant ce dernier par k^3.

19 Repérage

A Se repérer dans un plan

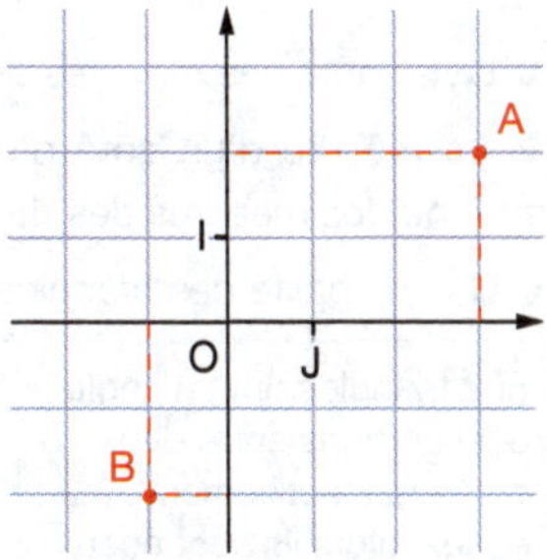

- Un **repère orthogonal** est constitué de deux axes perpendiculaires, les unités étant différentes sur chacun des axes (OI ≠ OJ). Si les unités sont les mêmes sur chaque axe (OI = OJ = 1 unité), alors le repère est **orthonormal**.
- Un point A du plan est repéré par deux nombres relatifs x_A et y_A.

x_A est l'abscisse du point A. L'**abscisse** se lit sur l'axe horizontal.
y_A est l'ordonnée du point A. L'**ordonnée** se lit sur l'axe vertical.
Les **coordonnées** du point A s'écrivent $A(x_A\,;y_A)$.
Exemple sur le schéma ci-dessus : A(3 ; 2) et B (–1 ; –2).

B Se repérer dans l'espace

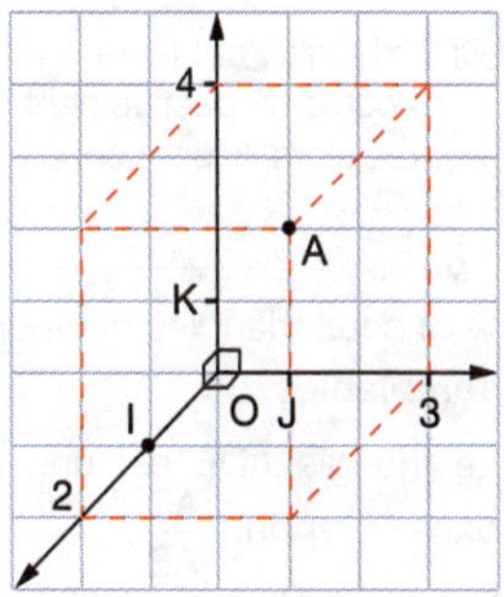

- Un repère orthonormal de l'espace est constitué de trois axes perpendiculaires 2 à 2.
- Un point A de l'espace est repéré par trois nombres relatifs : son **abscisse** x_A, son **ordonnée** y_A et son **altitude** z_A.

Les coordonnées de A s'écrivent $A(x_A\,;y_A\,;z_A)$.
Exemple sur le schéma ci-contre : A(2 ; 3 ; 4).

C Se repérer sur une sphère

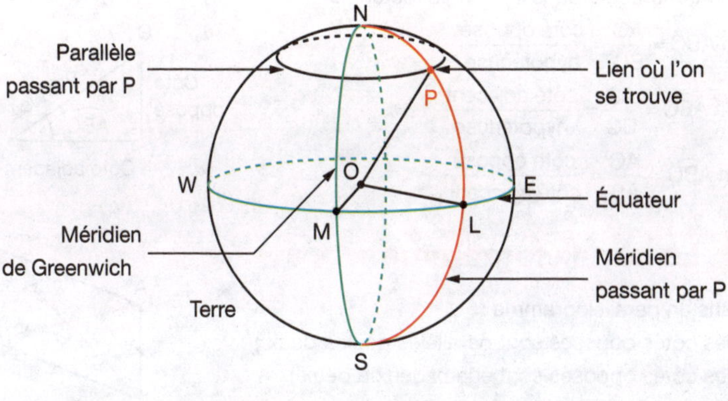

L'angle $\widehat{LOP}$ représente la latitude de P et $\widehat{MOL}$ représente la longitude de P.

20 Triangle et parallélogramme

A Le triangle

- La somme des mesures des trois angles d'un triangle est égale à 180°.
- La mesure d'un côté d'un triangle est toujours inférieure ou égale à la somme des mesures des deux autres côtés.
- Cas d'égalité des triangles :

Si 2 triangles ont un angle égal compris entre deux côtés respectivement égaux, alors ils sont égaux.	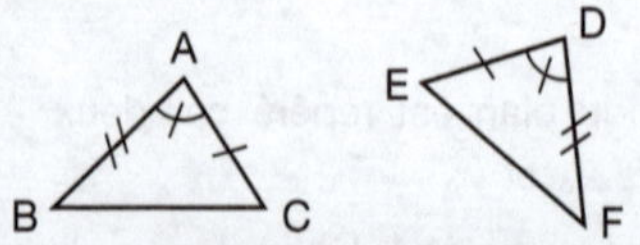	AB = DF AC = DE $\widehat{BAC} = \widehat{EDF}$
Si 2 triangles ont un côté égal compris entre deux angles respectivement égaux, alors ils sont égaux.	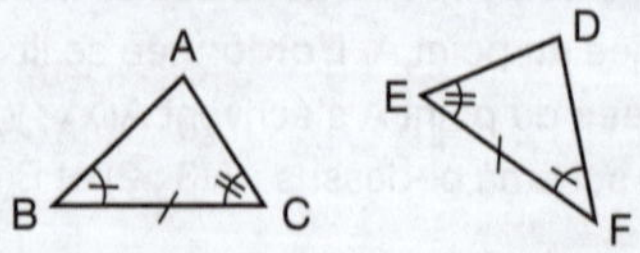	BC = EF $\widehat{ABC} = \widehat{DFE}$ $\widehat{ACB} = \widehat{DEF}$
Si 2 triangles ont leurs trois côtés respectivement égaux, alors ils sont égaux.	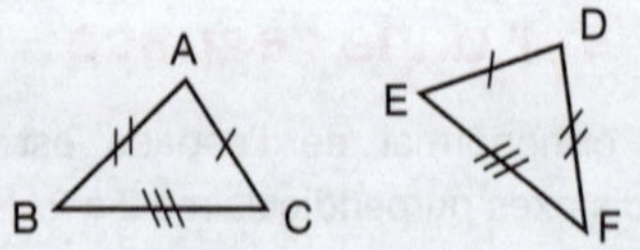	AB = DF AC = DE BC = EF

- Si deux triangles ont leurs trois angles respectivement égaux, alors ils sont **semblables.**

Le triangle ADE est une réduction du triangle ABC dans le rapport $\frac{AD}{AB}$.

Le triangle ABC est un agrandissement du triangle ADE dans le rapport $\frac{AB}{AD}$.

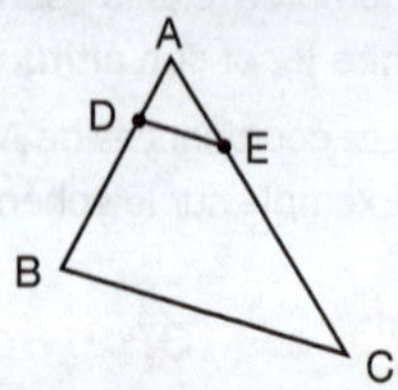

- Trigonométrie dans le triangle rectangle

$$\sin \widehat{ABC} = \frac{AC}{BC} = \frac{\text{côté opposé}}{\text{hypoténuse}}$$

$$\cos \widehat{ABC} = \frac{AB}{BC} = \frac{\text{côté adjacent}}{\text{hypoténuse}}$$

$$\tan \widehat{ABC} = \frac{AC}{AB} = \frac{\text{côté opposé}}{\text{côté adjacent}}$$

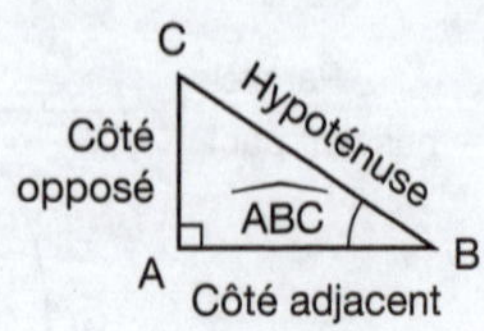

B Le parallélogramme

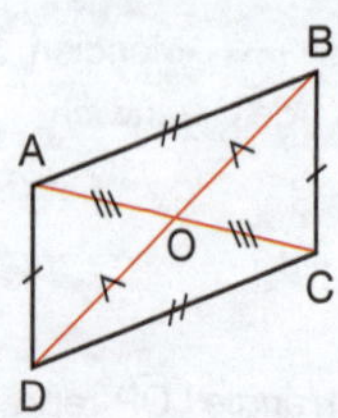

Dans un parallélogramme :
- les côtés opposés sont parallèles deux à deux ;
- les côtés opposés sont égaux deux à deux ;
- les diagonales se coupent en leur milieu.

21 Pythagore et Thalès

A Théorème de Pythagore

- Théorème direct : si un triangle ABC est rectangle en A, alors $BC^2 = AB^2 + AC^2$.
- Réciproque : si un triangle ABC est tel que $BC^2 = AB^2 + AC^2$, alors ce triangle est rectangle en A.

B Théorème de Thalès

Théorème direct

- Soient deux droites $(\mathscr{D})$ et $(\mathscr{D}')$ sécantes en A.
- Soient B et M deux points de $(\mathscr{D})$, distincts de A.
- Soient C et N deux points de $(\mathscr{D}')$ distincts de A.
- Les points A, B et M sont dans le même ordre que les points A, C et N.

Si les droites (BC) et (MN) sont parallèles, alors : $\dfrac{AM}{AB} = \dfrac{AN}{AC} = \dfrac{MN}{BC}$

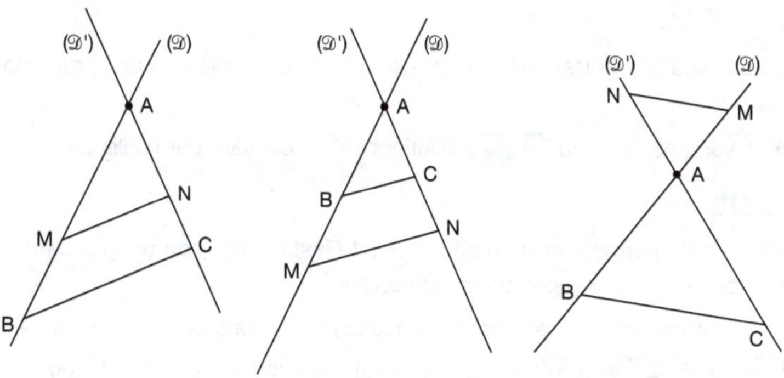

Réciproque

- Soient deux droites $(\mathscr{D})$ et $(\mathscr{D}')$ sécantes en A.
- Soient B et M deux points de $(\mathscr{D})$, distincts de A.
- Soient C et N deux points de $(\mathscr{D}')$ distincts de A.

Si les points A, B, et M d'une part et les points A, C, et N d'autre part sont dans le même ordre et si $\dfrac{AM}{AB} = \dfrac{AN}{AC}$, alors les droites (BC) et (MN) sont parallèles.

MATHS

22 Algorithmique et programmation

A Algorithme

- Le mot algorithme vient du nom du mathématicien Al-Khawarizmi (VIIIe-IXe siècle après J.-C.).
- Un algorithme est une suite ordonnée d'instructions à exécuter pour résoudre un problème donné.

Exemples : appliquer une recette de cuisine ; suivre un itinéraire donné par un GPS ; construire une figure géométrique.

B Programme

- Un programme est une suite ordonnée d'instructions, un algorithme, qu'un ordinateur comprend et peut donc réaliser.
- Comme un algorithme, un programme peut être décomposé en trois parties : l'entrée des données, le traitement des données, la sortie des résultats.

Variables

- Les variables portent un nom et peuvent stocker des nombres, des mots, des phrases…
- La variable spéciale `réponse` contient ce qui est saisi par l'utilisateur.

Tests

- Les tests permettent de n'effectuer une instruction – ou un groupe d'instructions – que si une condition est remplie.
- Les conditions sont par exemple des comparaisons de variables du type : `[ ] < [ ]` `[ ] = [ ]` `[ ] > [ ]` que l'on peut regrouper avec « et » et « ou ».
- On peut ajouter une instruction à effectuer si la condition n'est pas vérifiée.

Boucles

- Une boucle permet de faire répéter un groupe d'instructions. Il en existe plusieurs types :

```
répéter 4 fois
    avancer de 200
    tourner ↻ de 90 degrés
```

– boucle avec compteur : pour *i* allant de 1 à *n* faire *instructions*.
– boucle « tant que » : tant que *condition* est vraie faire *instructions*.
– boucle « jusqu'à » : faire *instructions* jusqu'à ce que *condition* soit vraie.

23 Effectuer une recherche documentaire pour l'oral

Pour préparer ta présentation orale, tu dois faire des recherches en bibliothèque ou sur Internet.

A Utiliser des mots-clés

● Saisis d'abord des **termes précis**. De nouveaux **mots-clés** vont émerger au fil de ta recherche.

● Pour passer **du langage courant au langage documentaire**, supprime les articles et les termes trop vagues, et utilise seulement les **notions essentielles** de ton sujet.

B Consulter différentes sources

● Commence par consulter des **sources publiées** (manuels, livres, revues). Après avoir trouvé des informations dans les **documents de référence**, tu peux aller sur **Internet**.

● N'hésite pas à t'inspirer de ton environnement et de l'**expérience vécue** de personnes proches en les interrogeant.

C Constituer une bibliographie ou une sitographie

● Une bibliographie doit toujours être classée par ordre alphabétique du nom d'auteur.

● Tu dois indiquer toutes les informations nécessaires pour permettre de **retrouver facilement la source**, en respectant des codes de présentation spécifiques.

> EXEMPLE **Pour un livre : Panafieu, Jean-Baptiste de, *Sur les traces de Darwin*, Gallimard Jeunesse, 2011, 127 p.**
>
> **Pour un article : Sharomov, Dmitri, « L'odyssée sauvage », *Phosphore*, décembre 2013, n° 390, p. 18-23.**

● Pour un site Internet, copie-colle l'adresse et précise la date à laquelle tu l'as consultée : Région Île-de-France, *L'agriculture urbaine et la biodiversité : agriculture urbaine et fonctions écologiques* (consulté le 24 juillet 2016), http://agricultureurbaine-idf.fr/agriculture-urbaine-fonctions-ecologiques-1).

> CONSEIL **Crée des favoris pour retrouver facilement les sites utilisés. Pense à consulter ton historique de recherche si tu as oublié de noter une référence.**

24 Présenter un projet (EPI)

Tu dois exposer le cheminement de ton projet en 5 minutes, avant de t'entretenir avec le jury pendant 10 minutes.

A Que faut-il présenter ?

1. Le projet et la démarche

- Présente d'abord le **thème général** de l'EPI ainsi que le parcours (citoyen, culture ou avenir) dans lequel le projet s'inscrit.
- Présente ensuite ton **projet** : quel était l'objectif ? que devais-tu faire ?
- Expose ta **démarche** : comment es-tu parvenu(e) au résultat final ? Explique les difficultés rencontrées mais surtout comment tu as pu les surmonter.

2. Ce qu'il t'a apporté

- Explique ton intérêt pour cet EPI : pourquoi as-tu choisi ce projet ?
- **Qu'as-tu appris ?** Détermine ce qui t'a le plus intéressé(e) pendant la phase de recherche, et pense aussi aux compétences pratiques que tu as acquises (travail en équipe, gestion d'un planning, recherche documentaire…).
- Efforce-toi d'avoir un **regard critique** sur le travail effectué : es-tu satisfait(e) du résultat final ? Qu'est-ce qui pourrait être amélioré ?

B Comment t'y prendre concrètement ?

1. Construis un plan efficace

- **Introduction :**

– présente le thème et le projet, insiste sur son aspect pluridisciplinaire ;
– annonce le plan de ta présentation.

- **Développement :**

I. Présente la démarche de ton équipe et ton rôle dans le projet.
II. Fais un bilan personnel (ce que tu as appris, les compétences que tu as acquises, les difficultés que tu as rencontrées, etc.).

- **Conclusion :**

– reprends l'essentiel de ton exposé en quelques phrases ;
– ouvre le sujet, en parlant de l'autre EPI réalisé dans l'année par exemple.

2. Prépare des outils pour t'aider

- Ne rédige pas intégralement ta présentation orale. Note juste les **idées essentielles** sur des fiches.
- Fais une fiche par partie et **note le titre de chacune en haut de la fiche** pour t'y retrouver facilement.

> ASTUCE **Si cela te rassure, tu peux rédiger la première phrase que tu vas dire au jury sur ta première fiche. De cette façon, tu es sûr(e) de bien commencer !**

- Tu peux utiliser un **support visuel** pour enrichir ta présentation et maintenir l'attention du jury (réalisation concrète de ton projet, diaporama…).

C Les points clés de la présentation

① OBJECTIF → Résumez le projet en une phrase.

② ÉTAPES → Relisez votre journal de bord et identifiez les grandes phases du projet (entre 3 et 5).

③ RÉSULTAT
- votre avis : Êtes-vous satisfait(e) ? déçu(e) ? Pourquoi ?
- l'avis du public : Si vous avez présenté votre projet, comment a-t-il été reçu ? A-t-il été compris ? apprécié ? critiqué ?

④ DIFFICULTÉS → Listez les difficultés rencontrées et les solutions trouvées.

Difficultés		Solutions
• ……………………	→	……………………
• ……………………	→	……………………
• ……………………	→	……………………

⑤ BILAN
- connaissances : Qu'avez-vous appris ?
- compétences : Quels savoir-faire avez-vous acquis ?
- apport personnel : Qu'en avez-vous retiré ?

25 Présenter une œuvre d'art

Tu dois présenter un objet d'étude abordé en histoire des arts : le plus souvent, il s'agit d'une œuvre d'art, mais ce peut être également un mouvement artistique ou une thématique abordée à travers plusieurs œuvres.

A Que faut-il présenter ?

1. Un objet d'étude qui t'intéresse

● Quelques semaines avant l'épreuve, ton professeur principal te transmettra la liste des objets d'étude vus en classe pour te permettre de faire ton choix.

● Pour que ta présentation soit convaincante, il est important que tu ne choisisses pas un sujet par défaut : sélectionne une œuvre qui t'a plu ou qui t'a interpellé(e). Tu dois être capable de **justifier ton choix**.

2. Un objet d'étude que tu connais bien

● Tu disposes de 5 minutes (10 minutes si la présentation se fait en groupe) pour présenter l'objet d'étude : description de l'œuvre, analyse, interprétation.

● **Documente-toi** sur l'œuvre choisie pour mieux en comprendre les enjeux : artiste, contexte historique, mouvement artistique… Tu peux aussi rechercher des œuvres similaires à celle que tu présentes afin d'enrichir ton exposé.

> ATTENTION **Ne te contente pas de copier-coller la page Wikipédia de l'œuvre que tu présentes ! Ton exposé doit être personnel.**

● Prends le temps de t'interroger sur **l'effet que l'œuvre produit sur toi** : tu prouveras ainsi au jury que tu es capable de formuler une analyse personnelle.

B Comment t'y prendre concrètement ?

1. Construis un plan efficace

● **Introduction** :
– présente l'œuvre : titre, auteur, date de création, type d'œuvre, support, lieu de conservation, etc.
– annonce la problématique associée à l'œuvre choisie : en quoi est-elle particulièrement intéressante ?

● **Développement** :

I. Décris l'œuvre et son contexte de création : époque, mouvement artistique, influences de l'artiste…

> CONSEIL **Lorsque tu décris une image, procède méthodiquement : du premier plan à l'arrière-plan, par exemple.**

II. Analyse l'œuvre de manière précise. Par exemple, s'il s'agit d'un tableau, intéresse-toi à sa structure, à la technique utilisée, au choix des couleurs, etc.
III. Propose une interprétation de l'œuvre : quelle est l'intention de l'artiste ? quel est l'effet produit ?

● **Conclusion** :
– résume l'intérêt de l'œuvre et explique pourquoi tu as choisi de la présenter ;
– ouvre en faisant le lien avec d'autres œuvres d'art que tu as pu étudier en cours ou que tu as découvertes par toi-même.

2. Prépare des outils pour t'aider

● Pour chaque objet d'étude, prépare des **fiches** reprenant les **idées principales** de ta présentation, en consacrant une fiche à chaque partie (inscris clairement le titre de chaque partie pour te repérer facilement).

● **Ne rédige surtout pas** tes notes, sinon tu seras tenté(e) de lire plutôt que de t'adresser directement au jury.

> ASTUCE **Entraîne-toi en avance pour repérer ce que tu as tendance à oublier : mets ces éléments en valeur sur tes fiches pour y penser le jour J !**

● Utilise un **support visuel** pour enrichir ta présentation :
– si tu en as la possibilité, prépare un **diaporama** (→ fiche 26) pour illustrer ta présentation et maintenir l'intérêt du jury.

> CONSEIL **Prévois une dizaine de diapositives maximum qui accompagnent le déroulé de ton exposé et profites-en pour compléter ton propos avec des visuels (portrait de l'artiste, autre œuvre similaire, etc.).**

– si tu ne peux pas projeter de diaporama, imprime une reproduction de l'œuvre pour chaque membre du jury.

26 Créer un diaporama pour accompagner sa présentation

Pour ta présentation orale, tu peux réaliser un diaporama. Pour cela, utilise le logiciel gratuit OpenOffice Impress.

A Respecter une charte graphique

L'ensemble des normes visuelles adoptées pour ton diaporama doit être simple et cohérent. On appelle cet ensemble une charte graphique.

1. Adapte l'aspect visuel

- Utilise un seul arrière-plan pour tout le diaporama, privilégie les fonds unis à ceux qui sont dégradés ou composés.
- Ne multiplie pas les transitions animées. **L'ensemble doit rester sobre.**
- Choisis les thèmes, les couleurs et les transitions de façon à ce qu'ils **accompagnent ton propos.**
- En revanche, tu peux varier les mises en page de chaque diapositive.

> ASTUCE **Évite les fonds sombres ; ils diminuent la lisibilité du texte.**

2. Assure-toi de la lisibilité du texte

- Utilise toujours une taille de police supérieure à 24. **On doit pouvoir lire ton texte de loin.**
- Choisis une police simple et lisible (Arial, Cambria, Times New Roman) et garde-la pour toute la présentation. Évite les polices compliquées ou esthétiques, elles sont difficiles à lire.
- Ne mets pas plus de 6 mots par ligne et plus de 6 lignes par diapositive. **Ton auditoire doit avoir le temps de tout lire.**
- Ne mets pas de texte en bas de l'écran, ton auditoire pourrait ne pas arriver à voir ce que tu as écrit.

B Composer des diapositives

1. Agence bien ton diaporama

- Sur la première diapositive, fais apparaître le titre et le thème de ton exposé ainsi que le(s) nom(s) de ceux ou celles qui font la présentation.
- Organise ton diaporama selon le même plan que celui de ton exposé. Prévois une diapositive pour le titre et pour chaque partie.

- Ne rédige pas tes phrases en entier. Tu ne dois faire apparaître que les **mots-clés**, les **noms propres** et les **idées essentielles**.
- Utilise des **puces** pour structurer ton propos.
- Privilégie les **schémas**, les flèches et les graphiques.

2. Illustre ton propos

- N'ajoute des visuels que lorsque c'est nécessaire. Ils ne servent pas à décorer, mais à soutenir un point précis.
- Prévois un titre pour chaque illustration.
- Lorsque tu présentes un schéma, affiche-le progressivement, pour **l'expliquer au fur et à mesure** qu'il apparaît.
- Tu peux ajouter une flèche pour montrer précisément un détail sur une carte ou un tableau.

> CONSEIL PRATIQUE **À la fin de ton exposé, prévois une diapositive qui permet à ton auditoire de comprendre que tu as terminé.**

C S'organiser avant la projection

1. Prépare-toi à l'avance

- **Prends du temps** pour préparer ton diaporama. Tu peux y passer 3 ou 4 heures la première fois. Ensuite, tu devras revenir une ou deux fois dessus et y travailler au moins une heure à chaque fois.
- Quand il te semble terminé, fais-le défiler devant tes amis. **Entraîne-toi à présenter ton projet en même temps.**
- Surtout, ne lis pas ce qui est écrit sur les diapositives, commente-le.

2. Ne te laisse pas surprendre par un problème technique

- **Prévois une clé-USB** avec une copie de ton diaporama au format PDF. Si ton diaporama ne s'ouvre pas en format Impress, essaie en format PDF.
- Envoie-toi également ces deux documents (en format Impress et en format PDF) par e-mail. Tu pourras ainsi les retrouver par internet, si tu ne retrouves pas ta clé.
- Enfin, imprime les feuilles les plus importantes de ton diaporama. Tu pourras ainsi les distribuer au jury en cas de panne électrique.

27 S'exprimer avec aisance à l'oral

La maîtrise de la langue est essentielle lors de l'épreuve orale. La moitié des points est accordée à la qualité de ton expression.

A Bien se préparer

1. Maîtrise ton sujet

- Il est nécessaire de **connaître le sens des mots que tu utilises**, les personnes que tu cites, les dates des événements historiques dont tu parles…
- Annonce ton plan au début et fais-y référence à chaque transition.

2. Appuie-toi sur des fiches efficaces

- Utilise des feuilles dans un petit format (type fiches bristol).
- Écris chaque idée sur **une seule ligne**.
- Ne rédige pas de phrase complexe ou de paragraphe.

> EXEMPLE **3 août 1914 : l'Allemagne déclare la guerre à la France.**

- Espace tes idées et classe-les pour reprendre le fil en cas d'interruption.
- Choisis un **code couleur** identique pour toutes tes fiches (titres en rouge, exemples en vert…).

3. Entraîne-toi à l'oral

- Relis tes fiches et tes diapositives à voix haute pour vérifier que ton exposé **s'enchaîne bien** et que ton texte est clair.
- Entraîne-toi à présenter ton travail à l'oral : cela te permettra de contrôler le **temps de parole** et de repérer ce que tu as du mal à mémoriser.
- Simule un entretien avec un ami ou un membre de ta famille pour **tester tes connaissances**.

B Bien parler

1. Utilise un langage et un vocabulaire corrects

- Exprime-toi dans un **langage courant ou soutenu** et articule bien. Prononce les négations (« je ne sais pas ») et toutes les lettres des mots (« un cheval » et non « un ch'fal »).
- **Évite les mots abrégés** (« photographie » et non « photo ») et préfère les termes précis (« je », « les comédiens ») aux termes généraux (« on », « les personnes »).

● **Bannis les onomatopées** (« euh », « bah ») et remplace-les par des mots de liaison (« alors », « donc »). N'utilise pas de mots familiers ou enfantins (« la femme, l'homme, embrasser » au lieu de « la dame, le monsieur, faire un bisou »...).

● **Utilise un vocabulaire adapté** à ton sujet. Si tu présentes une lecture, dis que tu as lu « un roman » ou « une nouvelle » et pas « un livre ».

2. Soigne ta diction

● Ne lis pas un texte que tu as rédigé au préalable. Au contraire, parle naturellement à partir d'une trame et de notes personnelles.

● Pour maintenir l'attention de ton jury, classe tes idées **des plus évidentes aux plus originales** et n'hésite pas à faire des **rappels** (« comme nous l'avons vu... »).

● **Varie le ton** pour mettre en valeur les idées importantes et les liens entre les différentes parties de ta présentation.

> **ASTUCE** **Entraîne-toi en te filmant ! Visionne d'abord la vidéo seul(e) puis fais-le avec un ami ou un parent. Notez tous les petits défauts et soyez critiques. Recommence jusqu'à ce que le résultat te convienne.**

3. Fais attention à ta posture

● Elle doit être **naturelle** et **dégagée** (épaules ouvertes, bras mobiles), mais pas relâchée.

● Évite les **mouvements parasites** qui font oublier le contenu de ton exposé (balancements d'un pied sur l'autre...).

● Ne sois pas trop statique : ne t'appuie pas contre un mur ou un bureau, ne mets pas tes mains dans tes poches, ne croise pas les bras.

> **ASTUCE** **Regarde chaque membre du jury individuellement. Ainsi, ton public se sentira personnellement impliqué et restera attentif.**

28 Faire sa présentation à plusieurs

Vous pouvez faire la présentation à plusieurs (2 ou 3 candidats). L'exposé dure 10 minutes et l'entretien avec le jury 15 minutes.

A Travailler en groupe

1. Présentez un travail commun

- Pour réussir l'épreuve en groupe, vous devez tous avoir participé à l'**ensemble des étapes** de la réalisation de votre travail.
- Ne présentez pas des œuvres ou des projets différents. Travaillez ensemble sur un seul sujet en donnant une **fonction** à chaque membre de l'équipe.

2. Valorisez votre travail d'équipe

- **Répétez ensemble** plusieurs fois. Changez l'organisation jusqu'à ce que chacun trouve sa place, sans tout changer à la dernière minute.
- Nommez un(e) **responsable du temps**. Élaborez un code discret qui vous permettra de savoir si vous devez accélérer ou si vous êtes en avance.
- Montrez que vous êtes une équipe. Ne restez pas inactif(ve) pendant que les autres membres du groupe parlent : occupez-vous du diaporama, par exemple !

B Organiser l'épreuve

1. Gérez votre temps

- **Donnez à chacun le même temps de parole** pendant l'exposé et durant l'entretien. Définissez à l'avance le temps et la répartition de la parole.
- **Évitez d'intervenir** et de couper la parole à celui ou celle qui parle.

2. Personnalisez les exposés

- Ne changez pas de locuteur à chaque phrase, mais prenez une part dans chaque axe de la présentation. Évitez de vous répéter les uns les autres !
- Tout en montrant que votre travail est commun, **soulignez la part personnelle de chacun**. Chaque candidat tirera un bilan différent et aura des impressions propres.

> REMARQUE **Même si la soutenance est collective, la note est individuelle.**

29 S'entretenir avec le jury

Durant l'entretien, le jury cherche à vérifier que ton travail est personnel et que tu as compris ce que tu as fait. Pour cela, il va te poser des questions sur ton exposé mais aussi sur des sujets plus larges.

A Parler de son exposé

1. Anticipe les questions

- Dans la première partie de l'entretien, le jury va te poser **des questions précises sur tes connaissances** à propos de ton projet ou te demander de préciser les caractéristiques de l'œuvre présentée.
- Essaie d'imaginer une dizaine de questions que le jury pourrait te poser sur ton exposé et prépare tes réponses.
- Dans ton exposé, **laisse de côté certains points que tu connais** : le jury te questionnera sur ces aspects que tu as volontairement éludés.

> EXEMPLE **Dans un exposé sur Archimède, mentionne l'école d'Alexandrie et les découvertes d'Ératosthène. Le jury te questionnera à la fin de ton exposé sur tes connaissances sur le sujet.**

2. Réponds clairement

- Reprends bien la structure de la question posée. Tu montreras ainsi que tu sais t'exprimer correctement à l'oral.
- Si tu ne connais pas la réponse, dis-le honnêtement. Une absence de réponse ne présume absolument pas de ta note finale.
- Si une question du jury te désarçonne, **réfléchis quelques secondes. Ne te décourage pas** et rebondis sur un autre élément assez proche qui te vient à l'esprit.

> CONSEIL **Ne va pas trop vite, prends le temps de réfléchir avant de répondre.**

B Élargir le propos

Durant la deuxième partie de l'entretien, le jury va davantage te questionner sur ce que t'a apporté personnellement la réalisation de ce travail.

1. Parle de ton expérience

- Le jury te posera quelques questions sur les autres EPI réalisés ou les autres objets d'étude vus dans l'année.
- On peut te demander de **parler** d'autres activités ou expériences que tu as vécues. Réfléchis à l'avance à celles que tu as préférées et qui t'ont le plus intéressé(e).
- Tu peux souligner ce que ces différentes activités t'ont apporté ou si tu as préféré un projet par rapport à un autre. **Explique toujours pourquoi.**
- Tu peux aussi parler d'une activité périscolaire, mais uniquement si elle est en lien avec ton projet.

> ASTUCE **Essaie avec tes réponses d'orienter le jury vers le sujet que tu souhaiterais aborder.**

2. Mets en valeur tes points forts

- Profite de cette deuxième partie pour parler de ce que tu connais et que tu sais le mieux faire.
- Utilise tes connaissances, même si elles ne proviennent pas de ce que tu as appris au collège. Inspire-toi de tes lectures, des films que tu connais. Le jury cherche aussi à cerner ta culture personnelle, tes centres d'intérêt.

> EXEMPLE **Si tu as travaillé sur un scientifique à l'époque gréco-romaine et que l'on te demande une comparaison avec un scientifique d'aujourd'hui, tu peux t'appuyer sur des représentations de scientifiques dans des films historiques que tu as vus, comme Alan Turing dans *Imitation game*.**

- Tu peux parler des problèmes que tu as rencontrés mais mets surtout en avant les solutions que tu as trouvées pour les résoudre. Le jury cherche avant tout à évaluer **ton travail personnel**.
- Si tu n'as pas trouvé de solution pour résoudre les problèmes, **essaie d'envisager les solutions** que tu pourrais mettre en place pour anticiper ce genre de problème à l'avenir.
- Attention, ne cherche pas à montrer au jury que tu en sais plus que lui. C'est peu probable et ce sera mal vu.
- **Reste naturel(le), souriant(e)** et montre que le sujet que tu as étudié t'intéresse et que tu as travaillé honnêtement.

30 Six étapes clés pour réussir l'épreuve orale

Pour réussir ton exposé devant le jury, tu dois être méthodique.

1. Préparer soigneusement son exposé en faisant le **bilan** du travail présenté. Ne pas oublier de citer ses sources.

(→ FICHES 23, 24, 25)

2. **Maîtriser son sujet** et être capable d'expliquer toutes les notions abordées dans l'exposé.

(→ FICHE 27)

3. Préparer des **fiches** faciles à manipuler (une fiche par partie, avec des couleurs pour se repérer) et éventuellement un **diaporama** pour illustrer l'exposé.

(→ FICHES 26, 27)

4. Dans le cas d'une **présentation à plusieurs**, répartir clairement les rôles et savoir ce que chacun doit dire et faire.

(→ FICHE 28)

5. **S'entraîner** à dire l'exposé en soignant son expression et en se chronométrant.

(→ FICHE 27)

6. **Anticiper** l'entretien en réfléchissant aux questions que pourrait poser le jury.

(→ FICHE 29)